Siegfried Bocionek

Modulare Regelprogrammierung

Artificial Intelligence

Künstliche Intelligenz

herausgegeben von Wolfgang Bibel und Walther von Hahn

Künstliche Intelligenz steht hier für das Bemühen um ein Verständnis und um die technische Realisierung intelligenten Verhaltens.
Die Bücher dieser Reihe sollen Wissen aus den Gebieten der Wissensverarbeitung, Wissensrepräsentation, Expertensysteme, Wissenskommunikation (Sprache, Bild, Klang, etc.), Spezialmaschinen und -sprachen sowie Modelle biologischer Systeme und kognitive Modellierung vermitteln.

Bisher sind erschienen:

Automated Theorem Proving
von Wolfgang Bibel

Die Wissensrepräsentationssprache OPS 5
von Reinhard Krickhahn und Bernd Radig

Prolog
von Ralf Cordes, Rudolf Kruse, Horst Langendörfer,
Heinrich Rust

LISP
von Rüdiger Esser und Elisabeth Feldmar

Logische Grundlagen der Künstlichen Intelligenz
von Michael R. Genesereth und Nils J. Nilsson

Wissensbasierte Echtzeitplanung
von Jürgen Dorn

Modulare Regelprogrammierung
von Siegfried Bocionek

Siegfried Bocionek

Modulare Regelprogrammierung

Mit einem Geleitwort
von Hans-Jürgen Siegert

Der Verlag Vieweg ist ein Unternehmen der Verlagsgruppe Bertelsmann International.

Umschlaggestaltung: Peter Lenz, Wiesbaden

ISBN-13: 978-3-528-04770-2   e-ISBN-13: 978-3-322-85972-3
DOI: 10.1007/978-3-322-85972-3

Geleitwort

Die Informatik ist ein fester, nicht mehr wegzudenkender Bestandteil unserer heutigen Welt. In allen Bereichen von Technik, Wirtschaft und Wissenschaft erledigen Rechenprogramme Routineaufgaben dauerhaft, meist zuverlässig und schnell. Der Fortschritt der Rechnertechnologie erlaubt dabei, daß dem Computer immer komplexere Aufgabenstellungen übertragen werden können. Zudem werden immer mehr Bereiche von Programmen erfaßt, die nicht nur *Rechenarbeit*, sondern fast schon *Denkarbeit* erfordern. Wann *Rechenarbeit* aufhört und *Denkarbeit* anfängt, läßt sich natürlich nicht definieren. Im Idealfall kann man sich ein Programm vorstellen, das exakt die Schlußfolgerungsmechanismen des menschlichen Geistes nachvollzieht und gestellte Probleme wie dieser, nur enorm schneller, löst. Mit so einem Programm hätte man dem Rechner, also einer Maschine, künstliche Intelligenz *eingepflanzt*. Ob das grundsätzlich möglich ist, soll hier nicht diskutiert werden.

Künstliche Intelligenz (KI) ist heute das Schlagwort, unter das alle Versuche subsumiert werden, menschliche *Denkarbeit* durch Rechner vornehmen zu lassen. An ein universelles Problemlösungsprogramm (general problem solver), wie es Newell und Simon (und anderen) noch Anfang der 60er Jahre vorschwebte, glaubt heute ernsthaft niemand mehr. Eher wird versucht, auf eng eingegrenzten Gebieten Spezialwissen menschlicher Experten im Rechner zur Verfügung zu stellen, um es einem größeren Anwenderkreis nutzbar zu machen. Dieses Wissen enthält dann nicht nur Daten, sondern auch Algorithmen zu deren Anwendung. Dem Benutzer wird also (z.B. in Expertensystemen für Diagnose) das Wissen und Schließen von Experten im Rechner bereitgestellt.

Die Entwicklung von Expertensystemen stellt häufig wesentlich andere Anforderungen an Programmierwerkzeuge und -methoden als die traditionelle Software-Entwicklung. Kowalski z.B. hatte vor allem die Trennung des Datenwissens vom Anwendungswissen im Auge. Entsprechend wurden neue Arten der Datenrepräsentation (z.B. Fakten, Frames, semantische Netze) wie auch neue Programmierstile (z.B. regelorientiert, objektorientiert) entwickelt und in verschiedenen Kombinationen als sogenannte KI-Programmiersprachen bereitgestellt. Erste Anwendungen dieser Sprachen, zumeist für kleinere Problemstellungen, haben dabei häufig schnelle und überraschende Erfolge erbracht. Insbesondere die Regelprogrammierung (dazu zähle ich auch Logiksprachen wie PROLOG) hat sich - vor allem auf den Gebieten der Diagnose und der Konfigurierung von Maschinen - als besonders leistungsfähig erwiesen. Das liegt daran, daß die Wenn-Dann-Repräsentation von algorithmischem Wissen ziemlich genau das Wenn-Dann-Problemlösungsverhalten menschlicher Experten bei den genannten Aufgaben widerspiegelt.

Der professionelle Einsatz von Expertensystemen hat inzwischen allerdings auch die Schwächen und Grenzen der Regelprogrammierung offen zutage gelegt. Zunächst ist die Einzelregel auch schon das höchste, angebotene Strukturierungsmittel einer

Regelsprache. Daraus resultiert eine Unübersichtlichkeit, die die Entwicklung umfangreicher Anwendungen (z.B. hat das Expertensystem R1/XCON heute ca. 12 000 Regeln) schwierig und sehr fehleranfällig macht. Dasselbe gilt für das Testen der Korrektheit des fertigen Systems und für spätere Änderungen. Ein weiteres Problem ist, daß regelbasierte Programme inhärent langsam sind und bzgl. der Ablaufgeschwindigkeit nicht mit Alternativlösungen in konventionellen Programmiersprachen konkurrieren können.

Im vorliegenden Buch ist der Autor nun daran gegangen, mit Methoden des Software Engineering die oben genannten Probleme zu lösen. Dazu übernimmt er den Begriff des Moduls als selbständige Funktionseinheit und faßt dementsprechend Gruppen von Regeln zusammen. Durch die Aufteilung von Programmen in eine Hierarchie von Moduln kann er dann die obengenannten Schwierigkeiten überwinden, die aus der Unübersichtlichkeit strukturierter Regelprogramme resultieren. Zusätzlich lassen sich unabhängige Moduln auf parallele Rechner verteilen und so die Laufzeit der Gesamtprogramme reduzieren.

Frederick Hayes-Roth hat Ende 1985 angegeben, welche Fortschritte auf dem Gebiet der Regelprogrammierung für die nächsten Jahre erforderlich sind. Die Entwicklung eines Modulkonzepts befand sich unter diesen Punkten. Der Autor des vorliegenden Buches zeigt an diesem Beispiel, daß sich traditionelle Programmentwurfsmethoden sehr wohl mit den neuen Techniken der KI vorteilhaft verbinden lassen.

München im Februar 1990, H.-J. Siegert

Vorwort

Das vorliegende Buch entstand aus meiner Dissertation *Modularisierung als Grundkonzept zur Entwicklung systemunterstützter Programmierumgebungen für parallele Regelprogramme* während meiner Tätigkeit als wissenschaftlicher Angestellter am Lehrstuhl von Prof. Dr. H.-J. Siegert. Sie wurde im Februar 1989 an der Technischen Universität München eingereicht und vom Institut für Informatik im Mai 1989 angenommen. Die Thematik ergab sich aus den Forschungsarbeiten im Sonderforschungsbereich 331, *Informationsverabeitung in autonomen, mobilen Handhabungssystemen*, an dem Prof. Siegert mit zwei Teilprojekten des Schwerpunkts *Aufgabenorientierte Programiertechniken* beteiligt ist.

Von einer Gruppe wird (u.a.) untersucht, wie man autonome Systeme so programmieren kann, daß sie in der Lage sind, selbständig Aufträge auszuführen, auch wenn *unvorhergesehene* Situationen eintreten. Dazu müssen autonome Roboter erkannte Situationen bewerten und geeignete Reaktionen ableiten können, was eigentlich die Fähigkeit des *Wenn-Dann-Schließens* beinhaltet. Will man einem autonomen Roboter solches Wenn-Dann-Wissen verfügbar machen, gelangt man - als einem möglichen Ansatz - zu den IF-THEN-rules regelbasierter Programmiersprachen. Die Beschäftigung mit diesen Sprachen läßt aber bald die Probleme erkennen, wenn man sie für umfangreiche Anwendungen einsetzen will: die Unübersichtlichkeit großer Regelmengen und die langsame Laufzeit der Programme. Diese Probleme zu beheben, ist die Motivation für das in diesem Buch entwickelte Modularisierungskonzept.

Grundlage des Modulkonzepts ist, überschaubare Regelmengen, die gewisse Dienstleistungen anbieten, zu Regelmoduln mit exakt definierten Frage- und Antwortschnittstellen zusammenzufassen. Damit lassen sich diese weitgehend unabhängig entwickeln, modifizieren und zu lose gekoppelten Programmen kombinieren.

Zur graphischen Darstellung von Moduldiensten werden dreischichtige Fragekästchen verwendet, die in Schicht 1 die Anfrage und in Schicht 3 die möglichen Antworten enthalten. Schicht 2 beinhaltet, in Form eines gerichteten, zyklenfreien Graphen, die Aufrufspezifikation verwendeter Moduldienste. In diesem Graphen lassen sich die Ablaufkonstrukte parallele Anfragen, Sammeln von Antworten, Verzweigung und Rekursion formulieren. Auf Iteration wird (zumal sie immer durch Rekursion ersetzbar ist) verzichtet, da sie zuviele zusätzliche Probleme (z.B. bei der Synchronisation) aufwirft.

Auf der Basis der Fragekästchen mit Übergangsgraphen werden dann syntaxgesteuerte Editoren (zur tabellenorientierten Erstellung von Regeln und für die Übergangsgraphen) für eine komfortable Programmierumgebung beschrieben. Die Editoren sind darauf ausgelegt, die Schreibarbeit beim Programmieren zu minimieren, sowie alle Syntax- und viele Semantikfehler abzublocken. Insbesondere die automatische Generierbarkeit von Übergangsregeln aus Kontrollgraphen sichert stets korrektes Aufrufverhalten und bei vollständigen Graphen auch die Terminierung des Dienstes zu.

Als weiterer Bestandteil einer komfortablen Programmierumgebung werden *Meta-moduln* beschrieben, die, einmal erstellt, durch spezielle Instantiierung verschieden interpretierbar sind. Zusätzliche generische Elemente sind *Modul- und Ablaufschemata*, die Algorithmen und komplexe Ablaufkonstrukte für die Regelprogrammierung verfügbar machen, die bis dahin nur in anderer, z.B. funktionaler Repräsentation vorliegen.

Durch die lose Kopplung von Regelmoduln, die lokale Faktenbasen besitzen und deren Dienste durch Zusenden von Anfragen aktiviert werden, ist es möglich, ein Regelprogramm als Menge paralleler Regelmodulprozesse (sowohl Funktions- wie Datenobjektmoduln) zu organisieren, die asynchron über Nachrichten kommunizieren. Ein zentraler Nachrichtenmanager regelt dabei die Erzeugung der Prozesse, die dynamische Ladefaktenzuordnung sowie die korrekte Übermittlung von Fragen, Antworten und sonstigen Nachrichten. Eine aktive, globale Faktenbasis, die Lesezugriff im *Schnappschuß- und im Interessentenmodell* ermöglicht, wird als allgemein verfügbarer Datenobjekt-Regelmodul bereitgestellt.

Zur Implementierung des Konzepts der parallelen Regelmoduln werden der prozeß- und der objektorientierte Ansatz diskutiert. Letzterer wird abgelehnt, da parallele objektorientierte Sprachen heutzutage noch keine Regelinterpreter enthalten und vor allem nur von Forschungslaboratorien erhältlich sind. Der prozeßorientierte Ansatz läßt sich dagegen schon heute ausschließlich mit kommerziellen Programmierwerkzeugen und Softwarebibliotheken realisieren, was für OPS 5 -Programme gezeigt wird, die über VMS-Mailboxes kommunizieren.

Das Buch wendet sich zum einen an Informatiker und Studierende der Informatik, die auf dem Gebiet der Regelprogrammierung tätig sind. Wer aus diesem Personenkreis, z.B. im Rahmen von Diplomarbeiten, größere, regelbasierte Programme zu entwickeln hat, wird nach unseren Erfahrungen in den vorgestellten Problemen viele eigene Schwierigkeiten wiedererkennen. Allerdings kann er sich nun der Systematik, mit der im vorliegenden Buch Anwendungen in überschaubare Moduldienste zerlegt werden, bedienen, um auch ohne die beschriebenen Hilfsmittel seine Programme geeignet zu strukturieren.

Eine zweite Zielgruppe sind Entwickler von Werkzeugen und Programmiersprachen auf dem Gebiet der künstlichen Intelligenz. Sie finden konkrete Spezifikationen komfortabler Graphikeditoren mit angeschlossenen Codeerzeugern, die durchaus als Grundlage zur professionellen Weiterentwicklung entsprechender Bedieneroberflächen dienen können.

Danksagung

Mein Dank für die wissenschaftliche Betreuung gilt Prof. Dr. H.-J. Siegert, der durch seine Diskussionsbereitschaft, permanente Kritik und konstruktives Mißtrauen maßgeblich beeinflußte. Ebenso danke ich Prof. Dr. B. Radig, dessen Unterstützung ebenso wie die Übernahme des Zweitgutachtens zum Erfolg der Arbeit beigetragen haben. Weiterhin habe ich mich bei allen Kollegen unseres Lehrstuhls zu bedanken, die an der Arbeit in (oft heftigen) Diskussionen sowohl über Fragen des Konzepts wie auch der Realisierbarkeit regen Anteil nahmen. Besonders erwähnt sei unser ehemaliger Projektleiter Dr. Hermann Heiß, der die Arbeit mit seinem Optimismus stets voranzutreiben wußte und (auch nach seinem Weggang) die mühsame Tätigkeit des Korrekturlesens der entstehenden Kapitel jederzeit äußerst gründlich vornahm.

Ich möchte mich auch bei allen bedanken, die zum Erscheinen meiner Arbeit in Buchform beigetragen haben: bei Prof. Dr. Radig, der den ersten Anstoß zu dieser Form der Veröffentlichung gab, bei den Herausgebern Prof. Dr. Bibel und Prof. Dr. von Hahn für ihr Interesse, bei Dr. Klockenbusch für seine freundliche Unterstützung und natürlich beim Vieweg Verlag, der mir die Möglichkeit erschließt, meine Dissertation einer breiteren Öffentlichkeit zugänglich zu machen.

Besonders erwähnen will ich meine Frau Andrea, der durch ihr Vertrauen, ihre Ermutigungen und ihre Unterstützung ein wesentlicher Anteil am erfolgreichen Abschluß meiner Dissertation zukommt. Ihr ist dieses Buch gewidmet.

München im Februar 1990, S. Bocionek

Inhaltsverzeichnis

1 Einleitung

"Expertensystem" ist ein häufig umstrittenes Schlagwort, dem man inzwischen in allen Zweigen von Wirtschaft, Technik und Wissenschaft begegnet. Dabei handelt es sich um wissensbasierte Programme oder Programmierumgebungen, die auf eingegrenzte Problemstellungen vor allem der Bereiche Diagnose, Planung, Konfiguration, Beratung und Schulung angesetzt werden und zur Lösung von Problemen der menschlichen Vorgehensweise ähnelnde Heuristiken und Schlußfolgerungsmethoden verwenden.

Zur Nachbildung des Schließens bei Menschen werden verschiedene Ansätze benutzt, hauptsächlich Programmiersprachen, die auf Logikkalküln, Produktionsregeln oder semantischen Netzen basieren. Insbesondere die Produktionsregeln, der älteste Ansatz zur Realisierung von Expertensystemen (z.B. in DENDRAL [Feigenbaum 71], GPS [Newell/Simon 63]), haben sich auf vielen Einsatzgebieten als besonders geeignet erwiesen (z.B. OPS 5 zum Konfigurieren; [McDermott 82], [Buchka 87]).

Bei Produktionsregelsystemen unterscheidet man üblicherweise rückwärts- und vorwärtsverkettende [Krickhahn/Radig 87]. Erstere kommen vor allem in Diagnosesystemen zum Einsatz, wo versucht wird, eine Hypothese (u.U. durch Backtracking) auf die gegebenen Voraussetzungen zurückzuführen. Vorwärtsverkettende Systeme werden dagegen gern zum Planen und Konfigurieren verwendet, indem man ein Problem in geeignete Teilprobleme zerlegt und dann diese (evtl. durch weitere Zerlegung) löst. Entweder erhält man auf diese Weise eine Lösung, oder das Problem ist unter den Ausgangsvoraussetzungen (also den vorhandenen Daten zu Beginn) nicht lösbar [McDermott 78]. Backtracking wird bei einem vorwärtsverkettenden Produktionsregelsystem nicht benötigt. Da jeweils der nächste Schritt des Systems nur davon abhängig ist, was bereits erledigt wurde (also vom momentanen Zustand der Daten), spricht man auch von datengetriebener Programmierung [Brownston 85]. In der vorliegenden Arbeit ist gemäß obiger Klassifizierung mit Regelsystem stets die datengetriebene, vorwärtsverkettende Variante gemeint.

1.1 Motivation

Ein regelbasiertes Programm ist eine Menge von Regeln der Form

Wenn C_1 und C_2 und ... und C_m , **dann** A_1 ; A_2 ; ... ; A_n .

Die C_i sind hierbei *Bedingungen*, d.h. prädikatenlogische Formeln, über einer endlichen (aber variablen) Menge von Grundtermen (*Fakten*), während die A_j eine Sequenz von *Aktionen* darstellen, also ausführbare Programmanweisungen der Regelsprache. Werden alle Bedingungen einer Regel durch die aktuelle Faktenmenge erfüllt, kann die Regel *gezündet*, d.h. ihre Aktionen ausgeführt werden. Bei mehreren vollständig erfüllten Regeln entscheiden systemeigene Strategien, welche von ihnen zur Ausführung kommen.

Bei der Erstellung umfangreicherer Regelprogramme ergeben sich zwei Hauptprobleme :

A: Das Programm wird unübersichtlich ("nahezu unverständlich"; [Tichy 87]) und ist damit schlecht zu verstehen, zu testen und zu warten [Beetz 87].

B: Die Laufzeit (vor allem wenn Backtracking-Algorithmen programmiert werden) ist unakzeptabel (Faktor 100-1000) langsamer als bei Verwendung prozedurorientierter Sprachen [Ishida/Stolfo 85], [Oshisanwo 87].

Zwar sind einzelne Regeln sehr gut verständlich, aber sie bilden auch das höchste angebotene Sprachkonzept [Newell 77], [Brownston 85]. Umfangreichere Einheiten oder Dienste, wie sie in prozedurorientierten Sprachen auf der Ebene von Funktionen oder Moduln angeboten werden, sind durch einzelne Regeln nicht darstellbar. Daher müssen Programmstücke von prozedurähnlichem Umfang durch Gruppen von Regeln realisiert werden; mehrere solche Gruppen bilden schließlich ein Regelprogramm. Innerhalb der Regeln sind dann aber gruppenrelevante wie gruppenübergreifende Zusammenhänge nicht mehr zu erkennen, eben wegen des Fehlens jeglicher Strukturierungskonzepte, die über die *Einzelregel* hinausgingen. Aus diesem Mangel an Strukturierbarkeit resultieren eine Reihe von Schwierigkeiten sowohl bei der Programmierung wie bei Test und Wartung von Regelsystemanwendungen.

Die genannten Probleme sind allen gängigen Regelsystemen (wie OPS 5 [Forgy 81] oder YAPS [Allen 83]) eigen; sie können nur durch geeignete Strukturierungsansätze beseitigt werden, die z.B. den Begriff Modul mit exakter Schnittstellenbeschreibung als Sprachkonzept über die Ebene einzelner Regeln setzen. Damit werden kleinere, überschaubarere Programmteile unabhängig erstellbar und zu Programmsystemen kombinierbar.

Gleichzeitig ist ein solches Modulkonzept auch die Voraussetzung, das zweite Hauptproblem der Regelprogrammierung anzugehen, nämlich die langsamen Laufzeiten. Diese resultieren vor allem daraus, daß der Mustervergleich zwischen den Regeln und Fakten eines Programms und damit jeder Zyklus des Regelinterpreters überaus aufwendig ist. Dabei hängt die dafür benötigte Zeit nicht einmal von der Anzahl der beteiligten Fakten und Regeln ab [McDermott 78], falls ein geeigneter Algorithmus (z.B. "Rete", [Forgy 82]) verwendet wird. Weiterhin erzwingt die statische Faktenbasis explizites Speichern von Wissen; deduzierbares Wissen kann nur durch (zumeist sehr aufwendige, da selten ohne Backtracking mögliche) entsprechend viele Interpreter-Zyklen abgeleitet werden.

Um den Gesamtzeitaufwand bei der Verwendung von Regelprogrammen dennoch zu verkleinern, bedient man sich Techniken der Parallelverarbeitung. Diese sind in drei Ebenen anwendbar:

a. Paralleler Mustervergleich

b. Paralleles Feuern mehrerer Regeln

c. Parallelausführung von Teilaufgaben (subtasks)

Während die ersten beiden Möglichkeiten recht aufwendige Analysen des Regelprogramms erfordern, welche Operationen in ihnen parallel erledigt werden können, legt
bei der dritten der Programmierer fest, welche Teilaufgaben unabhängig erledigt werden
können. Weiterhin lohnt sich der Aufwand bei a. und b. eigentlich erst, wenn eine
genügende Anzahl von Prozessoren zur Verfügung steht, die die sehr einfachen, jedoch
in großer Zahl gleichzeitig möglichen Operationen durchführen (z.B. bei der parallelen
Maschine DADO [Stolfo/Miranker 84] oder den Multiprozessor-Architekturen MAPPS
[Oshisanwo 87] und PESA-1 [Ramnarayan 86]). Dagegen kann die Parallelausführung
von (zumeist nicht allzuvielen) Teilaufgaben auch bei wenigen vorhandenen Rechnern
zu deutlicher Beschleunigung führen.

1.2 Zielsetzung

Ziel der vorliegenden Arbeit ist die Untersuchung, wie eine geeignete Programmierumgebung auszusehen hat, die das Erstellen, Testen und Verifizieren von umfangreichen Regelprogrammen unterstützen und damit vereinfachen kann. Weiterhin muß
diese Programmierumgebung erlauben, die ebenfalls in dieser Arbeit entworfenen Konzepte zur Beschleunigung von Regelprogrammen zu integrieren.

Die Entwicklung dieser komfortablen Programmierumgebung wird stets unter Ge-
sichtspunkten der Realisierbarkeit vorgenommen. Ihre Anwendbarkeit, d.h. die Abbildung der Konzepte auf das Beispiel des Regelsystems OPS 5 wird demonstriert bzw.
wird gezeigt, wo anzusetzen wäre, um eine Regelsprache wie OPS 5 dahingehend zu
erweitern, daß sie als Grundlage einer komfortablen Programmierumgebung verwendet
werden kann.

Ausgangspunkt aller Überlegungen soll die Definition eines Modulkonzepts sein,
das die Erstellung von Regelprogrammen auf der Ebene von Regelmoduln vielfältig
unterstützt. Dadurch, daß die Schnittstellen (ähnlich den Export-Teilen in Modula-2)
eines Moduls exakt festgelegt werden müssen, sind Regelmoduln selbständig erstellbar,
miteinander kombinierbar und bei entsprechender Umgebung auch einzeln testbar.

Zur Schnittstellenüberprüfung ist eine gewisse Typisierung der möglichen ''Ein-
und Ausgaben'' eines Moduls nötig; dazu werden sogenannte Faktentypen eingeführt.
Diese bilden die Grundlage für eine Reihe von (statischen) semantischen Überprüfungen bei der Modulerstellung sowie für die (dynamische) Überwachung von Einschränkungen beim Programmablauf.

Um das Verhalten eines aus Moduln zusammengesetzten Regelprogramms zu beschreiben, soll eine *graphische Verknüpfungssprache* zur Beschreibung der Übergänge

zwischen Moduln entwickelt werden. Für die Verknüpfung von Regelmoduln zum Gesamtregelprogramm kann dann ein geeigneter Graphik-Editor entworfen werden, der aus der Verknüpfungsinformation die nötigen Übergangsregeln automatisch generiert. Dies soll die Programmierarbeit erleichtern und von vorneherein korrekte Übergänge erzeugen, die nicht mehr verifiziert zu werden brauchen.

Zur weiteren Reduzierung des Programmieraufwands werden auch Vorschläge für einen Regelmoduleditor diskutiert, der eine überschaubare Darstellung und Manipulation der Regeln eines Moduls in tabellenähnlicher Form erlaubt. Da die Regeln eines Moduls eigentlich nur viele mögliche Kombinationen von recht wenigen verschiedenen Bedingungen enthalten, kann ein tabellenähnlicher Editor das Erstellen eines konsistenten und vollständigen Regelmoduls in angemessener Weise unterstützen.

Aufbauend auf dem Modulbegriff soll weiterhin die Integrierbarkeit sogenannter Metamoduln sowie Modul- und Ablaufschemata untersucht werden. Sie sollen ebenfalls helfen, den Programmieraufwand zu vermindern, da sie als generische Programme durch entsprechende Instantiierung sofort zu lauffähigen Regelmoduln gemacht und in beliebigen Anwenderprogrammen benutzt werden können.

Schließlich sollen Regelmoduln als eigenständig operierende Einheit betrachtet werden, was die Grundlage zur parallelen Abarbeitung von Teilaufgaben schafft. Die Schnittstellen aus der Moduldefinition bilden jetzt das Zugangsprotokoll der verfügbaren Dienste. Stellt man auch noch Kommunikationsverbindungen zur Verfügung, die nicht-blockierendes Senden erlauben (siehe z.B. [Andrews/Schneider 83]), dann können *Regelmodulobjekte* durch Senden entsprechender Nachrichten parallel gestartet werden.

Ein Regelprogramm soll damit als Menge von lose gekoppelten Moduln (also Prozessen) modelliert werden, die unabhängig Teilaufgaben des Gesamtprogramms abarbeiten, dabei aber miteinander kommunizieren und interagieren können. Zur Realisierung dieses Konzepts sind natürlich Fragen nach der Synchronisation der Regelmoduln zu klären, ebenso wie Fragen nach der Realisierung und dem Zugriff auf eine globale und/oder mehrere verteilte, lokale Faktenbasen.

Das Ergebnis der vorliegenden Arbeit ist der Nachweis, daß auch für Regelsysteme eine geeignete Programmierumgebung aufgebaut werden kann, die zusammen mit Möglichkeiten zur Parallelisierung durchaus Grundlage zur Erstellung komplexer Programme mit eben diesen Systemen sein kann. Dabei werden für viele Anwendungen alle Vorteile symbolischer, regelorientierter (also spezifikationsnaher) Programmierung gegenüber der herkömmlichen, prozedurorientierten ausgeschöpft, ohne daß die Nachteile der Regelsysteme (vor allem bzgl. ihres Laufzeitverhaltens) sich als ein Hindernis für ihren Einsatz erweisen.

1.3 Zusammenfassender Überblick

Kapitel zwei der vorliegenden Arbeit beginnt mit einer Einführung in die regelbasierte Programmierung. Dabei werden in 2.1 zunächst die notwendigen Grundbegriffe und eine für die Arbeit gültige Syntax definiert. Eine Abgrenzung zu und ein kleiner Vergleich mit den Formalismen der Regelsprachen OPS 5 und YAPS wird vorgenommen.

In 2.2 kommen die Hauptprobleme bei regelbasierten Programmen, Unübersichtlichkeit und langsame Laufzeit, zur Diskussion. Dabei werden die Mängel der Strukturierungstechnik *Grouping by Context* und deren Spielarten aufgezeigt: das Fehlen eines Beschreibungsformalismus für die erbringbaren Dienstleistungen einer Kontextgrupe, keine Unterstütztung von Spezifikation und Verifikation für parallel aktive Kontextgruppen, keine übersichtlichen Möglichkeiten zur Strukturierung von Kontextgruppen auch in die Tiefe.

Die diskutierten Lösungsansätze zur Behebung des Problems der langsamen Laufzeit benötigen, auf der Ebene parallelen Mustervergleichs oder paralleler Regelverarbeitung, stets (noch nicht allgemein verfügbare) Mehrprozessorarchitekturen und basieren auf komplexen Analyse- und Verteilungsalgorithmen. Dazu kommt, daß der auf diese Weise zu erwartende Beschleunigungsfaktor in üblichen Regelsystemen höchstens 10 bis 20 beträgt, unabhängig von der Anzahl der benutzten Prozessoren. Weiterhin werden Regelprogramme oft schon bei der Erstellung in vielen Teilen ''sequentiell vorspezifiziert'', was das sinnvolle Ausnutzen mehrerer Prozessoren verhindert.

Daher wird in 2.3 der Parallelisierung unabhängiger Teilaufgaben der Vorzug gegeben, was auch bei wenigen Prozessoren Laufzeitverbesserungen ermöglicht. Der einzige bekannte Ansatz in dieser Richtung [Hsu 87] koppelt die parallelen Prozesse jedoch über ein verteiltes RETE-Netz so eng, daß er große Schwierigkeiten mit der Konsistenz von Duplikaten bekommt, und der Kommunikationsaufwand, nach Hsus Aussagen, bis jetzt zu keinem Zeitgewinn des Gesamtablaufs in seinen Beispielen führte.

In Kapitel 3 wird ein Modulkonzept für Regelprogramme ausgearbeitet. Zunächst erfolgt in 3.1 eine Aufzählung der Anforderungen an so ein Konzept. Die Bewertung existierender Ansätze ergibt, daß wesentliche Forderungen an eine komfortable Programmierumgebung nirgends erfüllt werden, z.B. Darstellbarkeit von Übergangsbeziehungen zwischen Moduln, damit Möglichkeiten der Schnittstellenüberwachung zur Laufzeit, bequemes Kombinieren vorhandener Moduln, Einbeziehen generischer Konstrukte zur Arbeitsersparnis und Unterstützung der Spezifikation und Implementierung paralleler Anwendungen.

In 3.2 werden mögliche Systemarchitekturen bzgl. der Organisation des Faktenwissens, der Kommunikation zwischen Regelmoduln, sowie der Verwendung verschiedener Modulklassen diskutiert. Danach erfolgt die Definition der für die vorliegende Arbeit gültigen Architektur. Modularisierte Regelprogramme bestehen somit aus eindeutigen Datenobjektmoduln zur Verwaltung gemeinsamer Daten und Betriebsmittel, sowie aus beliebig vervielfachbaren, dynamisch erzeugten Funktionsmoduln für Berechnungsalgorithmen. Eine aktive, globale Faktenbasis, realisiert als ein ausgezeichneter Datenobjekt-Regelmodul, steht allen übrigen Moduln als Zentrale für gemeinsames Wissen zur Verfügung, die im Sinne des *Schnappschuß*- und des *Interessentenmodells* ansprechbar ist. Alle Moduln kooperieren durch Austausch von Nachrichten, die durch 5 *Sende-Aktionen* (**sendquery, sendanswer, stopquery, sendinsert, senddelete**) in ihren Regeln erzeugt werden.

Bevor nun ein Regelmodul definiert werden kann, wird in 3.3 ein Konzept zur Typisierung von Fakten eingeführt. Damit lassen sich die Schnittstellen eines Regelmoduls exakt genug definieren, um statische und dynamische Überprüfungen beim Erstellen modularer Regelprogramme und beim Aufruf von Moduldiensten zu ermöglichen. Das bedeutet eine komfortablere und sicherere Verwendung von Regelmoduln als sie in den existierenden Systemen ohne Typkonzept angeboten wird. Es werden zusätzlich Möglichkeiten untersucht, wie mit typisierten Schnittstellen von Regelmoduln Einschränkungen (Constraints) beim Aufruf anderer Moduln an diese weitergegeben werden können.

Abschnitt 3.4 beinhaltet die Definition von Regelmoduln. Zunächst werden die notwendigen Bestandteile eines solchen Moduls festgelegt. Das sind sein Name und Typ, die Schnittstelle nach außen *SNA*, die Beschreibung der *Lade-Fakten* (das ist der initiale Inhalt der lokalen Faktenbasis eines Moduls), sowie die Menge der vom Programmierer des Moduls *Programmierten-Regeln*. Die *SNA* enthält die Beschreibung aller Dienste des Moduls. Zu jedem Dienst gehört die *Anfrage*, die Menge der darauf *möglichen-Antworten*, die *SVA* (Schnittstelle von außen, die beschreibt, welche anderen Dienste zur Implementierung des Dienstes herangezogen werden), sowie die *Kontroll-Info*, ein gerichteter, zyklenfreier Übergangsgraph, der das Zusammenspiel der in *SVA* angegebenen Dienste spezifiziert.

Zur übersichtlicheren Darstellung wird eine graphische Repräsentation von Regelmoduldiensten, dreischichtige *Fragekästchen*, eingeführt. Schicht 1 enthält die *Anfrage*, Schicht 3 die darauf *möglichen-Antworten*. Für die Strukturierung der Schicht 2 von Fragekästchen wird in 3.5 ein Konzept zur Darstellung des Zusammenspiels der Moduln eines Regelprogramms in Form von gerichteten, zyklenfreien Übergangsgraphen entwickelt. Solche Graphen bestehen aus *Fragekästchen*, *Frage*- und *Antwortpfeilen*, sowie *Synchronisationsknoten*. Es erfolgt der Nachweis, daß die Übergangsgraphenrepräsentation als Erweiterung des Modulkonzepts aus 3.4 zur Erfüllung der Anforderungen aus 3.1 geeignet ist.

In Abschnitt 3.6 erfolgt schließlich eine Diskussion über die Mächtigkeit des Übergangsgraphenformalismus zur Darstellung des Kontrollflusses zwischen Regelmoduln. Es wird, in Anlehnung an bekannte Begriffe aus prozedurorientierten Sprachen, untersucht, ob und wie weit sich gängige Kontrollflußelemente wie Parallelismen, Unterprogrammaufruf, Verzweigung, Iteration und Rekursion in den Übergangsgraphen ausdrücken lassen. Auf Iterationen, das bedeutet das Einbringen von Zyklen durch *Rückwärtspfeile*, wird verzichtet. Sie bieten mehr Nach- als Vorteile, da sie die Synchronisation konkurrierend eintreffender Antworten erschweren, Verklemmungen zu programmieren erlauben, sowie bei vielen *Rückwärtspfeilen* den Graph sehr unübersichtlich machen (vergleichbar mit vielen goto-Anweisungen in prozedurorientierten Sprachen). Zudem kann der Nachweis erbracht werden, daß Übergangsgraphen mit Iterationen stets in rekursive transformierbar sind. Ein entsprechender Algorithmus, der diese Transformation durch Einbettung realisiert, wird beschrieben.

Nach der Definition und der Diskussion des Modulkonzepts lassen sich nun in Kapitel 4 die Komponenten einer komfortablen Programmierumgebung auf der Basis dieses Konzepts entwerfen. Die strikte Trennung von Domänen- und Kontrollwissen, in der Literatur als wesentliche Voraussetzung für die Systemunterstützung beim Regelprogrammieren gefordert, wird von den in 4.1 untersuchten, existierenden Ansätzen (ebenso wie vom Modulkonzept der vorliegenden Arbeit durch dessen Trennung von *Programmierten-Regeln* und *Kontroll-Info*) erfüllt. Weitere konkrete Anforderungen von 4.1 an eine komfortable Programmierumgebung sind z.B. Bereitstellung syntaxgeführter Editoren, Möglichkeiten der Vollständigkeits- und Konsistenzprüfungen von Regelmengen, Einbindung generischer Moduln und Unterstützung der Testphase durch entsprechende Analysewerkzeuge. Die in der Literatur beschriebenen Ansätze erfüllen, wenn überhaupt, immer nur einzelene dieser Anforderungen.

Kapitel 4.2 entwirft komfortable, syntaxgesteuerte Editoren zur tabellenorientierten Erstellung der *Programmierten-Regeln* und für die *Kontroll-Info* von Regelmoduln und beschreibt detailliert deren Bildschirmaufbau und Funktionsweise. Die Editoren minimieren den Schreibaufwand beim Programmieren und beschleunigen den Programmiervorgang durch weitgehende syntaktische und semantische Überprüfungen. Insbesondere die Tabellenrepräsentation der Regeln ermöglicht komplexe semantische Analysen bzgl. der Vollständigkeit und Konsistenz von Regeln oder ganzen Regelmengen.

Kapitel 4.3 beschreibt, wie aus den Tabellen- und Graphenrepräsentationen der Editoren Regeln zu erzeugen sind. Dazu gehören nicht nur die vom Programmierer explizit spezifizierten, sondern zusätzlich automatisch miterzeugbare. Das sind z.B. Regeln für dynamische Typentests, ELSE-Regeln zu nicht vollständig spezifizierten *bedingten Synchronisationsknoten*, Fehlerbehandlungsregeln beim Empfang nichterwarteter Antworten, sowie TIMEOUT- und CATCH-Regeln zur definierten Reaktion bei parallel kooperierenden Moduln, wenn keine Antworten eintreffen oder Abläufe in Submoduln gestört sind.

Der Komfort einer Programmierumgebung für Regelmoduln läßt sich durch Einbinden generischer Elemente weiter steigern. *Metamoduln*, die sich wie andere Moduln programmieren lassen, sind z.B. durch verschiedene Instantiierungen von Faktenklassen-, Regel-, Attribut- und Operatornamen unterschiedlich interpretierbar. Zusätzlich besteht die Umsetzmöglichkeit funktionaler Spezifikationen von Algorithmen oder Ablaufskeletten in *Modul-* und *Ablaufschemata*. *Modulschemata* (z.B. für die allgemeine lineare Rekursion) sind dann wie ein *Metamodul* durch Instantiierung für beliebige Anwendungen einsetzbar. *Ablaufschemata* ersparen dem Programmierer das eigenständige Nachbilden komplexer Abläufe (wie z.B. Breadth-First-Backtracking). Er kann sich auf das Ausprogrammieren der Unterdienste konzentrieren (beim Backtracking wären das Abbruchtest, Tiefenabstieg und Auswahl der nächsten Variante einer Suchebene), da der korrekte Übergang zwischen den Unterdiensten aus den *Ablaufschemata* generierbar ist.

Zur Komplettierung der komfortablen Programmierumgebung gehört weiterhin eine entsprechende Testumgebung. Abschnitt 4.5 diskutiert dazu Möglichkeiten der dynamischen Laufzeitüberwachung, der Bereitstellung von Trace- und Debug-Werkzeugen, sowie der Erzeugung von Testbetten und Testdaten aus den Schnittstellenspezifikationen von Moduldiensten.

Das Kapitel 5 wendet sich dann der Problematik der Parallelisierung von Regelmoduln zu. In 5.1 werden u.a. die Ziele parallele Bearbeitung unabhängiger Teilaufgaben, parallele Mehrfachbearbeitung und Kooperation durch Nachrichtenaustausch formuliert. Aus ihnen lassen sich eine Reihe von Anforderungen ableiten, vor allem nach asynchroner Kommunikation, dynamischem Erzeugen und Abbrechen von Funktionsmoduln, dynamischer Ladefaktenzuordnung, rekursivem Senden von Anfragen, sowie nach Bereitstellung einer zentralen, aktiven Faktenbasis für alle Moduln eines Programms. Die (wenigen) existierenden Ansätze erfüllen immer nur einzelne dieser Anforderungen.

In 5.2 werden Entwurfsaspekte für eine Regelsystemarchitektur mit parallelen Moduln diskutiert. Dazu gehören die Einsatzmöglichkeiten für Funktions- und Datenobjekt-Regelmoduln, die Organisation der Schnittstellen eines Moduls, das Problem der dynamischen Zuordnung von Ladefakten, Möglichkeiten der Bereitstellung einer aktiven, globalen Faktenbasis, sowie die Organisation des Erzeugens und von Modulprozessen und der Kommunikation zwischen ihnen.

Somit sind Regelprogramme eine Menge von parallelen Regelmodulprozessen, wobei eindeutige, permanent existierende Datenobjekt-Regelmoduln zur Verwaltung gemeinsamer Daten und Betriebsmittel einsetzbar sind, und Funktions-Regelmoduln für Berechnungsalgorithmen in beliebig vielen parallelen Inkarnationen dynamisch bei Bedarf erzeugt werden. Eine aktive, globale Faktenbasis (für das gemeinsame Wissen aller Moduln des Programms), die Zugriff im Sinne des *Schnappschuß-* und des *Interessentenmodells* erlaubt, wird als ausgezeichneter Datenobjekt-Regelmodul zur Verfügung gestellt.

Das dynamische Erzeugen von Funktions-Regelmoduln, die dynamische Zuordnung ihrer Ladefakten, sowie das korrekte Übermitteln von Nachrichten zwischen Moduln organisiert ein zentraler Nachrichtenmanager. Die einzelnen Moduln sind damit von dem Aufwand zur Verwaltung von Prozessidentifikatoren und Auftragsnummern befreit. Zustellen einer Nachricht bedeutet das asynchrone Eintragen eines Sendefaktums in die lokale Faktenbasis des Adressaten. Diesem bleiben damit alle Freiheiten zur Reaktion auf Nachrichten überlassen, z.B. zum definierten Abbruch einschließlich Freigeben aller gesperrten Betriebsmittel nach Eintrag eines STOP-Faktums. Auf diese Weise ergibt sich eine Systemarchitektur mit lose gekoppelten Regelmodulprozessen, die Teilaufgaben eines größeren Programms im Sinne der Zielsetzungen dieser Arbeit parallel bearbeiten können.

In Kapitel 5.3 werden schließlich noch 2 Implementierungsvorschläge für das Konzept der parallelen Regelmodulprozesse diskutiert. Der prozeßorientierte Ansatz geht von parallelen OPS 5 Prozessen in einer VMS Umgebung aus, die über Mailboxes kommunizieren. Es wird beschrieben, wie die Probleme des asynchronen Fakteneintrags in laufende OPS 5 Interpreterzyklen, sowie ein passives Warten *arbeitsfreier* Datenobjektmoduln implementierbar ist.

Die zweite Möglichkeit ist, objektorientierte Programmierumgebungen als Implementierungsgrundlage für parallele Regelmoduln zu verwenden. Dabei erweist sich der Vorteil, auf dem bereits vorhandenen Nachrichtenkonzept der Objekte aufsetzen zu können, als nicht besonders gravierend, da notwendige Varianten wie ''sende+erzeuge_Funktionsmodul'' nicht gegeben sind. Die Bewertung beider Ansätze zieht für eine Implementierung beim heutigen Stand der Technik den prozeßorientierten Ansatz vor, insbesondere weil keine der existierenden objektorientierten Sprachen vorwärtsverkettende Regelinterpreter enthält und weil solche Sprachen bis jetzt nur Prototypen in Forschungslaboratorien und damit (falls überhaupt erhältlich) kommerziell noch nicht einsetzbar sind.

Das Abschlußkapitel 6 faßt schließlich die wichtigsten Ergebnisse der Arbeit zusammen, beschreibt kurz den momentanen Stand der Implementierungen, und gibt schließlich einen Ausblick auf interessante Fragestellungen bzgl. der weiteren Ausbaufähigkeit der komfortablen Programmierumgebung, zusätzlicher Alternativen zur Beschleunigung von Regelprogrammen, sowie der Verallgemeinerung bzw. Übertragbarkeit des Modulkonzepts auch auf andere Programmiersprachen oder -stile.

2 Regelbasierte Programmierung

Wie schon in der Einleitung festgelegt, ist mit regelbasierter Programmierung stets das Programmieren mit datengetriebenen, vorwärtsverkettenden Produktionensystemen wie OPS 5 [Forgy 81] und YAPS [Allen 83] gemeint. Abschnitt 2.1 wird kurz die Grundlagen der Programmierung mit Produktionensystemen vorstellen, während in 2.2 die Probleme beim Einsatz solcher Systeme für umfangreichere Programmieraufgaben aufgezeigt und bereits existierende Lösungsansätze zur Behebung dieser Probleme diskutiert werden. Welche Folgerungen aus der Untersuchung des *State of the Art* im Bereich Regelprogrammierung zu ziehen sind, beleuchtet schließlich 2.3.

2.1 Grundlagen der Regelprogrammierung

Aus Lesbarkeitsgründen wird in diesem Abschnitt eine eigene Syntax benutzt, auf die sich das in den Folgekapiteln entwickelte Modulkonzept besser aufsetzen läßt als auf OPS 5- oder YAPS-Syntax. Zunächst soll kurz der Zusammenhang zwischen der eigenen Syntax und OPS 5 und YAPS beschrieben und die Erweiterungen und Veränderungen begründet werden.

Von OPS 5 wird der Zwang zur Einteilung der Fakten in Faktenklassen übernommen. Damit ist übersichtlicheres Programmieren und einfacheres Testen und Verifizieren möglich. Zudem kann eine gezieltere Überwachung von Faktenmanipulationen sowie bessere Unterstützung durch Systemkomponenten wie Editoren, Browsern und Compilern erfolgen.

Aus denselben Gründen ist die in OPS 5 zwar vorhandene, aber nicht notwendig erforderliche, explizite Angabe der Attributbezeichner in Fakten und Bedingungen verbindlich.

Ein zusätzlicher Zwang besteht darin, wie in YAPS in allen Fakten und Bedingungen stets alle Attribute aufführen zu müssen. Nicht relevante können dabei mit dem *any-Symbol* <-> belegt werden.

Zwei wichtige Ideen aus YAPS wurden in die Syntax der vorliegenden Arbeit integriert. Die Verwendung des *with-Konstrukts* (allerdings nicht mit dem Schlüsselwort *with*), das die Formulierung von Einschränkungen negierter Existenzbedingungen zuläßt. Es stellt eine echte Erweiterung gegenüber den Möglichkeiten von OPS 5 dar, denn es sind Bedingungen in einer einzigen Regel ausdrückbar, die in OPS 5 nur durch mehrere Regeln erfaßt werden können.

Die zweite Idee ist das Trennen von Filterprädikaten über Attributen von Existenzbedingungen von den Bedingungen selbst. [Fickas 85] streicht als die Vorteile dieser Trennung zum einen die einfachere Syntax und damit die geringere Fehleranfälligkeit beim Programmieren heraus. Zum zweiten ergibt sich für Mustervergleich und Prädikatenanwendung der Vorteil der logischen Trennung in der Regel sowie der zeitlichen

Trennung beim Interpretieren. Das erleichtert vor allem das Debugging, da Breakpoints wesentlich sinnvoller gesetzt werden können als wenn Prädikatenanwendungen bereits innerhalb eines einzelnen Mustervergleichs stattfinden.

Als drittes dürfen auf Attributposition selbst ganze Faktenmuster stehen, d.h. Faktenklassen können (wie record-Typen in PASCAL) beliebig tief geschachtelt werden. OPS 5 erlaubt dagegen nur eine einzige Schachteltiefe, und die auch nur durch Bereitstellung eines Vektorattributs an letzter Stelle in Faktenmustern, das nur noch indizierbare Elemente enthält, keine benannten.

Um Fakten zu löschen werden wie in OPS 5 Existenzbedingungen auf der linken Seite von Regeln markiert. In der Syntax der vorliegenden Arbeit kommen allerdings - zur Verkürzung der Schreibarbeit und zur Reduzierung der Symbolmenge im Regelprogramm - Zahlenmarken und keine Bezeichner wie in OPS 5 zur Anwendung.

Im Gegensatz zu allen gängigen Regelprogrammiersprachen werden Schlüsselwörter eingeführt, die lesende und schreibende Zugriffe auf die Faktenbasis auf linker wie rechter Seite einer Regel explizit ausdrücken lassen. Übereinkünfte wie in OPS 5 oder YAPS, z.B. daß ein Faktenmuster *ohne alles* auf der linken Seite von Regeln als Existenzbedingung zu interpretieren ist, sind nicht mehr nötig. Mit den Schlüsselwörtern ist eine lesbarere Programmierung möglich und die Implementierung eigener Konzepte auf beliebigen existenten Regelsystemen wird erleichtert. Z.B. können hinter den Schlüsselwörtern beliebige Funktionsaufrufe oder Makrodefinitionen verborgen werden, über die verschiedene Realisierungen des Zugriffs auf Faktenbasen möglich sind (Zugriff auf gemeinsamen Speicher über Adressen, Zugriff auf verschiedene Rechner über Prozeßkommunikation usw.).

Die vollständige Syntaxdefinition der in der vorliegenden Arbeit verwendeten Regelsprache, einschließlich der Erweiterungen für Moduln und Parallelisierung, findet sich in Anhang A1.

2.1.1 Definitionen und Beispiele

Atome

Atome sind die *Basiselemente* einer Regelsprache (ähnlich den Konstanten eines Logikkalküls). I.a. werden darunter Zahlen (ganze und/oder reelle), Symbole und Strings gezählt.

Beispiele : 77 , -4 , 3.14 , Roboter_3 , ''PUMA 560''

Fakten

Fakten sind Tupel bestehend aus einem (Symbol für einen) Klassenbezeichner und einer Liste von Attributname/Attributwert-Paaren. Die Attributnamen sind Symbole, während als Attributwerte Atome sowie Listen von Atomen und/oder Fakten möglich sind.

```
Beispiele : (WEKZEUG  art:bohrer
                      durchmesser:12
                      geeignet_für:(alu , stahl , walzblech))
           (ROBOTER  typ:puma
                     achsen:6
                     tüv_abnahme:(DATUM  tag:10  monat:3  jahr:1985))
```

Faktenbasis (fact base, working memory)

Die Faktenbasis ist die Liste aller Fakten, die während des Programmlaufs um Elemente erweitert oder verkleinert werden kann. Jene sind in der Reihenfolge ihrer Einfügung durchnumeriert, also mit einem Zeitstempel versehen. Gemäß dieser Numerierung ist die Faktenbasis geordnet; Lücken sind möglich (nämlich nach dem Löschen von Fakten).

Bedingungen

Bedingungen sind *Faktenmuster (Patterns)*, die überprüfen, ob in der Faktenbasis Elemente des vorgegebenen Musters aktuell vorhanden oder nicht vorhanden sind (das sogenannte *matching*). Die betroffenen Fakten können zudem durch Prädikate über ihren Attributen eingeschränkt werden.

Faktenmuster sehen Fakten sehr ähnlich (s.u.), dürfen jedoch als Attributwerte auch Variablenbezeichner der Form ''<Symbol>'' besitzen. In diesem Fall kann ein Faktenmuster zu einer ganzen Menge von Fakten im Faktenspeicher passen.

Da Attributwerte stets an ihre Attributnamen gekoppelt sind (das ist in OPS 5 und YAPS nicht so), ist die Reihenfolge der Aufschreibung in einer Bedingung ohne Belang (außer bei Bindungen innerhalb einer Bedingung !). Attributwerte, die in einer Bedingung ohne Belang sein sollen, werden mit dem *any-Symbol* ''<->'' markiert. ''<->'' ist damit ein vordefinierter Variablenbezeichner, der auch nach einer Bindung niemals referenziert werden kann.

Beispiele für Faktenmuster :

```
(WEKZEUG art:bohrer
         durchmesser:12
         geeignet_für:(alu , stahl , walzblech))
(ROBOTER  typ:puma
          achsen:<n> tüv_abnahme:(DATUM  tag:10  monat:<m>  jahr:1985))
(MOTOR  typ:<t>  zylinder:<z>)
```

Nach [Bocionek 86] unterscheidet man vier Arten von Bedingungen :

   a. Existenzbedingungen für Fakten

   b. Filterprädikate über Attributen von Existenzbedingungen

   c. Nichtexistenzbedingungen für Fakten

   d. Restriktionen über Attributen von Nichtexistenzbedingungen.

In den Existenzbedingungen auftretende Variable (der Form "<Symbol>"; s.o.) bekommen die Werte der entsprechenden Attribute des *gematchten* Faktums zugewiesen.
Ab diesem Zeitpunkt sind die Variablen für alle folgenden Bedingungen sowie die
Aktionen der Regel **gebunden**. Variable aus Nichtexistenzbedingungen können nur
innerhalb zugehöriger Restriktionen gebunden werden (s.u.).

   Die verschiedenen Arten von Bedingungen werden durch die Schlüsselwörter
isfact, **not** und **test-attr** gekennzeichnet. Folgende Beispiele sollen diese Konstrukte
verdeutlichen; die komplette Syntax entnehme man dem Anhang A1.

a. Existenzbedingungen

   isfact (MOTOR typ:otto zylinder:<z>)

Solche Bedingungen sind erfüllt, wenn im Faktenspeicher eine oder mehrere Fakten
existieren, die mit der Bedingung unifizierbar sind.

b. Filterprädikate über Attributen von Existenzbedingungen

   isfact (MOTOR typ:otto zylinder:<z>) **and**
   test-attr (> <z> 4)

Hier wird geprüft, ob unter den vorhandenen "otto-Motoren" auch welche mit mehr als
4 Zylindern in der Faktenbasis vorhanden sind. Als Filterprädikate kommen beliebige
LISP-Ausdrücke (zu deren Definition vgl. z.B. [Winston/Horn 81]), bzw. Boolesche
Ausdrücke jeder anderen Wirtssprache eines Regelsystems in Frage. Da sie durchaus
über Variablen aus mehreren Existenzbedingungen gebildet werden können, dürfen sie
an beliebiger Stelle auf der linken Seite einer Regel stehen (natürlich erst, nachdem alle
getesteten Variablen gebunden wurden).

c. Nichtexistenzbedingungen

   not (**isfact** (MOTOR typ:diesel zylinder:4))

   not (**isfact** (MOTOR typ:<-> Zylinder:<->))

Das erste Beispiel testet, ob ein ganz bestimmtes Faktum *nicht* in der Faktenbasis
existiert, das zweite, ob überhaupt kein Element der Klasse MOTOR vorhanden ist.

Variable in solchen Bedingungen sind sinnlos, da sie (eben wegen der Nichtexistenz) an keine Werte gebunden werden können. Erst im Zusammenhang mit einschränkenden Prädikaten werden sie auch hier benötigt (s.u.). Da hier noch kein einschränkendes Prädikat vorliegt, sind die Attributpositionen der zweiten Bedingung mit dem any-Symbol <-> belegt (s.o.).

d. Restriktionen von Attributen in Nichtexistenzbedingungen

```
not ( isfact (MOTOR  typ:diesel  zylinder:<z>)
         test-attr (> <z>  8)
    )
```

Hier wird geprüft, ob es keinen "Diesel-Motor" mit mehr als 8 Zylindern gibt. Im Unterschied zu Filterprädikaten (s.o.) müssen Restriktionen immer innerhalb des **not**-Ausdrucks geschrieben werden. Man darf auch zunächst mehrere Nichtexistenzbedingungen in einem **not**-Ausdruck aneinanderreihen, damit danach Restriktionen formulierbar sind, die sich über Variablen aus allen jenen erstrecken. Weiterhin ist es möglich, in Restriktionen auch gebundene Variable aus Existenzbedingungen einzubeziehen. Die Eleganz dieses Konstrukts soll am Beispiel einer Regel aus der YAPS-Implementierung eines Würfelspiels vorgestellt werden :

Beispiel :

```
(rule test_max
   isfact (GEWORFEN  spieler:<s1>  anzahl:<a1>)
   not (isfact (GEWORFEN  spieler:<s2>  anzahl:<a2>)
        test-attr (and (<> <s1> <s2>) (> <a2> <a1>))
       )
-->
   write ("Spieler " <s1> " hat das Maximum " <a1>)
)
```

Im Beispiel wird der Spieler bestimmt, der das Maximum gewürfelt hat.

Bei Restriktionen sind wie bei Filterprädikaten (s.o.) beliebige LISP-Ausdrücke zugelassen.

(Anm.: Restriktionen erhöhen die Ausdrucksmächtigkeit einer einzelnen Regel. In YAPS [Allen 83] eingeführt, bilden sie (neben anderem) eine echte Erweiterung von OPS 5 [Forgy 81].)

Aktionen

Als Aktionen sind die Faktenbasis verändernde und nicht verändernde möglich. Zur ersten Kategorie gehören

a. das Einfügen neuer Fakten in die Faktenbasis

b. das Löschen von Fakten aus der Faktenbasis
c. das Modifizieren von Fakten in der Faktenbasis

während

d. Ein/Ausgabeanweisungen
e. numerische und symbolische Berechnungen
f. Aufruf von Funktionen (auch externen)

zur zweiten gerechnet werden. Oft ist auch das Hinzufügen und Löschen von Regeln in die Regelbasis erlaubt. Damit steht ein Mechanismus zur Verfügung, durch Selbstmodifikation z.B. lernfähige Regelprogramme zu entwickeln.

Im folgenden interessieren uns nur die Aktionen a. und b., die als grundlegende Sprachkonstrukte zur Realisierung eines datengetriebenen, vorwärtsverkettenden Regelprogramms ausreichen ("primitive but complete"; [Forgy/McDermott 77]). Für sie werden die Sprachelemente **makefact** und **deletefact** eingeführt. (Das Modifizieren muß jetzt allerdings durch ein Löschen gefolgt von einem Neueintrag des geänderten Faktums nachgebildet werden.)

Beispiel zur Erzeugung eines Faktums :

makefact (MOTOR typ:diesel zylinder: ^(+ <x> 2))

Das Beispiel zeigt, daß bei der Erzeugung von Fakten beliebige Rechenausdrücke (hier LISP-expressions; s.o.) als Werte von Attributen erlaubt sind. Um auszu*wertende Ausdrücke* von mengenartigen *Werten* zu unterscheiden, ist im ersten Fall die Kennzeichnung durch das Evaluierungssymbol '' ^ '' notwendig. Im auszuwertenden Ausdruck vorkommende Variable (im Bsp. ist das <x>) müssen zuvor an einen konkreten Wert gebunden worden sein. Das ist implizit auf der Bedingungsseite der Regel (LHS, left-hand-side) beim Unifizieren möglich, in OPS 5 auch explizit durch die bind-Aktion auf der Aktionsseite (RHS, right-hand-side) einer Regel.

In einer Löschaktion können beliebig viele durch Existenzbedingungen auf der LHS ausgewählte Fakten aus der Faktenbasis gelöscht werden. Die Existenzbedingungen müssen dabei durch Zahlen auf der LHS markiert sein:

```
(rule xxx
    isfact (MOTOR  typ:k400  zylinder:<->) : [1]
    isfact (MOTOR  typ:k500  zylinder:6)
    isfact (MOTOR  typ:<-> zylinder:12) : [2]
-->
    deletefact (1,2)
)
```

Beispiele für Ein- und Ausgaben sind die Aktionen

read (<a>, <b>)

write (''Ergebnis ist '', <x>)

Der Aufruf einer externen Prozedur, z.B. "potenz" zur Berechnung von x^n, erfolgt mit der Aktion

call (potenz, <x>, <n>).

2.1.2 Funktionsweise von Regelsystemen

Wie schon kurz in der Einleitung beschrieben, ist ein Regelprogramm eine Menge von Regeln der Form

Wenn C_1 und C_2 und ... und C_m , **dann** A_1 ; A_2 ; ... ; A_n

mit Bedingungen C_i und Aktionen A_j.

Eine Regel ist erfüllt, wenn all ihre Bedingungen erfüllt sind. Erfülltsein bedeutet hier *geglückte Unifizierung* aller C_i der Regel untereinander und zusammen mit allen Termen der Faktenbasis. (Die durch die Unifizierung entstandenen Bindungen werden danach in die Liste der Aktionen übernommen). Unter allen erfüllten Regeln wird nach vorgegebenen Strategien vom System eine selektiert und ausgeführt; man sagt, sie *zündet.*

Da unter den Aktionen einer erfüllten Regel auch solche sein können, die die Faktenbasis verändern, d.h. alte Fakten löschen oder modifizieren, sowie neue hinzufügen, sind beim *nächsten Mal* andere Regeln erfüllt und können somit andere Aktionen ausgeführt werden.

Diese Idee des Manipulierens einer Faktenmenge als Grundlage zur Ablaufsteuerung eines Algorithmus ist der Ausgangspunkt für die regelbasierte Programmierung.

Herz des Regelsystems ist der Regelinterpreter, oft auch die Inferenzmaschine genannt. Nach [Brownston 85] führt er folgende vier Interpretationsschritte pro Zyklus aus:

MATCH : vergleiche alle Fakten mit allen Regeln

BUILD CONFLICT SET : markiere alle momentan erfüllten Regeln

SELECT : wähle aus den momentan erfüllten Regeln eine aus

EXECUTE : zünde diese Regel

Diese vier Interpretationsschritte sind in der Literatur als der sogenannte "recognize-act cycle" eines Regelsystems bekannt [McDermott 78].

Entscheidende Bedeutung für das logische Verhalten eines Regelprogramms haben dabei die im SELECT-Schritt verwendeten Auswahlstrategien. ([Krickhahn/Radig 87] zählen z.B. für OPS 5 die Strategien Einmaligkeit, Neuheit, Spezifität und Willkür auf.)

Für die Effizienz beim Ablauf ist dagegen hauptsächlich die Implementierung des MATCH-Schrittes ausschlaggebend, denn 90 Prozent der Zeit für einen Zyklus werden durch diesen Schritt verbraucht [Stolfo/Miranker 84]. Da [Forgy 82] mit seinem Rete-Algorithmus ein Verfahren entwickelt hat, das nahezu unabhängig von der Anzahl der beteiligten Fakten und Regeln das MATCH in konstanter Zeit durchführen kann [McDermott 78], ist eine Verbesserung des Algorithmus selbst kaum noch möglich, wogegen sich an dessen Implementierung doch einiges machen läßt (vgl. 2.2.2).

Nachdem die nötigen Grundlagen über Aufbau und Funktionsweise von Regelsystemen vorgestellt wurden, sollen nun die Probleme bei der Verwendung solcher Systeme für umfangreichere Anwendungen vorgestellt und diskutiert werden. Dabei wird auch untersucht, inwieweit existierende Abhilfeversuche diese Probleme lösen können, bzw. wo diese Ansätze nicht ausreichen.

2.2 Hauptprobleme und existierende Lösungsansätze

In der Einleitung wurden zwei Hauptprobleme bei der Arbeit mit Regelsystemen genannt, die Unübersichtlichkeit und die langsame Laufzeit von Regelprogrammen. Die Konsequenzen daraus für den Einsatz bei umfangreichen Programmen, z.B. Expertensystemen für industrielle Anwendung, sollen in den zwei folgenden Abschnitten ausgearbeitet werden. Wieweit bisher bekannte Ansätze diese Probleme zu lösen bzw. nicht zu lösen imstande sind, wird ebenfalls diskutiert.

2.2.1 Unübersichtlichkeit

Einzelne Regeln eines Regelprogramms sind wegen ihrer Spezifikationsnähe sehr gut verständlich, wie folgendes Beispiel aus einem Expertensystem zur Konfigurierung von Ladeportalen [Buchka 87] zeigt :

"Die Länge der X-Achsen-Energieführung muß größer als der
Verfahrweg und kleiner als der Führungsträger sein."

Diese Regel lautet in der für die vorliegende Arbeit definierten Regelsystemsyntax:

```
(rule X1
    isfact (COMPONENT name : verfahrweg
                      länge : <x>
                      zustand : bereits_konfiguriert)
    isfact (COMPONENT name : führungsträger
                      länge : <y>
                      zustand : bereits_konfiguriert)
    -->
    makefact (FIND_COMPONENT name : x_achsen_energieführung
                             eingeschränktes_attr : länge
                             untere_schranke : <x>
                             obere_schranke : <y>)
)
```

Durch obige Regel wird ein Faktum in die lokale Faktenbasis eingetragen, das weitere Regeln zur Auswahl einer geeigneten X-Achsen-Energieführung anstoßen soll.

Leider sind einzelne Regeln auch das höchste Sprachkonzept, das einem bei der Programmierung zur Verfügung steht [Newell 77], [Brownston 85]. Ursprünglich (siehe z.B. [Buchanan/Shortliffe 84]) sollten sie ''unabhängige Einheiten von Wissen'' darstellen; die Festlegung der Reihenfolge der Anwendung dieses Wissens, also der Kontrollfluß zwischen den Regeln, sollte vom Regelprogrammersteller ferngehalten werden. Das führt allerdings dazu, daß das Ablaufverhalten eines größeren Regelprogramms kaum noch zu durchschauen ist [Davis/King 77], [Tichy 87], was im einzelnen folgende Konsequenzen nach sich zieht:

- Das Zusammenspiel der Regeln bzw. das Übergangsverhalten zwischen Regelgruppen ist schlecht erkennbar, nachvollziehbar und damit testbar.

- Das vollständige Erfassen aller notwendigen Kombinationen von verschiedenen Bedingungen ist nahezu unmöglich. Damit sind die Verifikation oder auch nur Fragen nach der Konsistenz, Vollständigkeit oder Korrektheit eines Regelprogramms nur schwer zu beantworten.

- Der Vorteil der einfachen Erweiterbarkeit von Regelprogrammen geht bei deren zunehmendem Umfang verloren; bei der Erweiterung hinzukommende Einwirkungen auf den Kontrollfluß und die Vollständigkeit und Konsistenz bzgl. der Bedingungen in den bisherigen Regeln sind nicht mehr zu überblicken.

- Das Fehlen einer exakten Schnittstellenbeschreibung verhindert den formalen Nachweis der Leistungsfähigkeit eines Regelprogramms. Damit kann es nur schlecht mit anderen Programmen kombiniert, oder teils modifiziert mit jenen wieder/weiterverwendet werden.

- Das Fehlen der Schnittstellenbeschreibung verhindert weiterhin die Formulierung von generischen oder abstrakten Regelprogrammen, die problemabhängig instantiiert werden können.

- Aufgrund des undurchsichtigen Kontroll- und Datenflusses ist es sehr schwierig, potentielle Nebenläufigkeiten im Regelprogramm (auf subtask-Ebene) zu erkennen. Das ist aber unabdingbar, wenn parallele Prozessoren zur beschleunigten Abarbeitung eingesetzt werden sollen.

Um den undurchsichtigen Kontrollfluß in größeren Regelprogrammen in den Griff zu bekommen, muß man sich des üblichen Weges zur Realisierung komplexer Aufgaben (nicht nur im Bereich des Programmierens) bedienen, nämlich der Zerlegung oder Strukturierung in Teilaufgaben. Dies kann man dann auch für die Teilaufgaben solange fortführen (''stepwise refinement''; [Wirth 71]), bis jede von ihnen auf überschaubaren Umfang reduziert worden ist.

Für die Regelprogrammierung heißt das konkret, ein größeres Programm derart zu strukturieren, daß es schließlich aus einer Menge von *übersichtlichen* Regelgruppen besteht, die alle gewisse Teilaufgaben erledigen. Nach [Krickhahn/Radig 87] sollte so eine Regelgruppe (auch Kontext genannt) nicht mehr als zwei bis drei Dutzend Regeln enthalten.

Bei dieser Größe sind Abhängigkeiten zwischen den Regeln eines Kontextes untereinander und zwischen benachbarten Kontexten noch überschaubar. Das erleichtert sowohl Fehlersuche und Verifikation wie auch die bei wissensbasierten Systemen besonders wichtige Erweiterung bei Veränderungen in der modellierten Domäne [Krickhahn/Radig 87].

Die Überschaubarkeit der Abhängigkeiten zwischen den Regelgruppen ist allerdings stark abhängig von ihrer Anzahl und der Vielfältigkeit der Beziehungen zwischen ihnen. Bei ungünstiger Programmierung bekommt man u.U. beliebige "jeder-mit-jedem" Beziehungen, die zwar eine Ebene höher als die zwischen einzelnen Regeln angesiedelt, aber dennoch nicht besser beherrschbar sind. Es fehlt ein Konzept zur Formalisierung der Abhängigkeiten auf der Ebene von Regelgruppen.

Eine verbreitete Technik zur Programmierung mit Regelgruppen ist das *Grouping by Context* [Brownston 85]. Es soll an dieser Stelle kurz vorgestellt und seine Mängel bzgl. der Lösung oben angeführter Probleme diskutiert werden.

A. Grouping by Context

Grouping by Context bedeutet, daß die Regeln eines Programms, in Anlehnung an die Zerlegung der bearbeiteten Aufgabe, in Regelgruppen partitioniert werden (s.o.). Dabei werden spezielle Fakten (sogenannte Steuerfakten) nur zu dem Zweck manipuliert (also erzeugt und vernichtet), um bestimmte Regelgruppen als *aktuell relevant* zu markieren. Das heißt, nur die Regeln der markierten Gruppe sind für eine Reihe von Zyklen potentiell erfüllbar; die aller anderen Gruppen können in dieser Zeit niemals erfüllt sein und brauchen damit aktuell nicht betrachtet zu werden.

In jeder Regel einer Gruppe gibt es eine (oder mehrere) Existenzbedingung(en), die genau das Vorhandensein des oder der Steuerfakten (auch Kontextfakten) für diese Gruppe abprüfen. Wenn das Programm z.B. dafür sorgt, daß in der Faktenbasis stets nur genau ein Steuerfaktum existiert, dann ist auch stets nur genau eine Regelgruppe *relevant* (s.o.). "Unter der Aufsicht" des zugehörigen Steuerfaktums arbeitet die Regelgruppe dann ihre Teilaufgabe ab. Ist sie damit fertig, muß die als letztes feuernde Regel der Gruppe dafür sorgen, daß das eigene Steuerfaktum gelöscht und das der Regelgruppe für die nächste Teilaufgabe in die Faktenbasis eingetragen wird.

Mit einer derartigen Verwendung von Fakten zur Aufrufsteuerung von Regelgruppen definiert der Programmierer eine eigene, problemabhängige Inferenzmaschine [Krickhahn/Radig 87] im Gegensatz zu den problemunabhängigen Heuristiken (s.o.), die im Regelinterpreter verwendet werden. (Mit dieser Technik kann man z.B. ein backward-chaining System durch den forward-chaining OPS 5 Interpreter realisieren.)

Neben der Bereitstellung der Grundlagen zu eigenen, problemorientierten Inferenz-strategien bietet das Konzept der Regelgruppe i.w. die folgenden Vorteile :

- Die Übersicht innerhalb einer Regelgruppe ist gewährleistet; die Abhängigkeiten zwischen ihren (2 - 3 Dutzend; s.o.) Regeln sind beherrschbar. Daher kann man einzelne Regelgruppen relativ einfach erstellen, testen und verifizieren.

- Ausbau eines Programms bedeutet jetzt Erweiterung *von* oder Erweiterung *um* Regelgruppen. Ersteres ist weitgehend unabhängig von den Regeln anderer Gruppen möglich; letzteres kann einfach sein, wenn nicht allzu viele Regelgruppen von der Erweiterung betroffen sind, d.h. in Abhängigkeit mit den Regeln der neuen Gruppe stehen.

Wenn man allerdings die Mängel des Grouping by Context dagegenhält, sieht man sehr schnell, daß diese Technik zwar eine Verbesserung der Regelprogrammierung, nicht aber eine Lösung ihrer Probleme bedeutet:

- Die Verifikation des gesamten Ablaufs eines Regelprogramms, vor allem, wenn mehrere Regelgruppen parallel aktiv sein können, wird nicht erleichtert.

- Die Lösung von Synchronisationsproblemen [Krickhahn/Radig 87] bei parallel aktiven Regelgruppen wird nicht unterstützt.

- Es fehlt ein Beschreibungsformalismus für die erbringbaren Dienstleistungen einer Regelgruppe, der ein *Zusammenbauen* eines Gesamtprogramms aus solchen Gruppen leicht ermöglichen würde.

- Eine Grundlage zur Lösung von a. - c. wäre ein Formalismus zur Beschreibung des Übergangs zwischen Regelgruppen; er fehlt bei Grouping by Context.

- Es wird nur ein Zerlegen von Problemen *in die Breite* unterstützt (analog zum *Konfigurieren in die Breite*; [Bocionek 87b]); rekursives Zerlegen einer Regelgruppe *in die Tiefe* wird sehr bald undurchschaubar.

Insgesamt kann man sagen, daß das Programmieren mit Regelgruppen durchaus Er-leichterungen gegenüber dem Erstellen unstrukturierter Regelprogramme bringt. Für Aufgaben, bei denen eine sequentielle Abarbeitung von Unteraufgaben vorgenommen wird (z.B. beim VAX-Konfigurierer R1 [McDermott 82]), kann diese Technik sogar besonders geeignet sein. Bei größeren Programmen allerdings, die eine beliebige Ver-feinerung und Unterstrukturierung ihrer Teilabläufe erfordern und verschiedenste Über-gänge zwischen diesen erlauben, reicht das Grouping by Context nicht mehr aus. Ebenso ist die unabhängige Entwicklung von Teilprogrammen, deren späteres Kom-binieren sowie das Wiederverwenden bereits vorhandener Regelgruppen fast unmög-lich, da die Schnittstellen der Gruppen nicht formalisiert werden können.

Neben dem Grouping by Context gibt es weitere Ansätze zur Verbesserung des Programmierens mit Regeln. Sie werden im folgenden Absatz B. vorgestellt.

B: Weitere Ansätze

i. Im DPS-System von [Hsu 87] wird ein Regelprogramm in Mengen von rule-clusters zerlegt. Die Mengen selbst können parallel auf verschiedenen Rechnern arbeiten. Durch Regelattribute (also nicht Kontextfakten) werden die Regeln eines cluster's gekennzeichnet. Eine focus-Anweisung als Aktion von Regeln erlaubt, innerhalb einer cluster-Menge einen bestimmten cluster zu "starten". Primär wurde dieses System entwickelt, parallele OPS 5 Programme mit *remote condition tests* in den Faktenbasen verschiedener cluster-Mengen zu realisieren; Beschreibung der Schnittstellen eines cluster's und eine Formalisierung des Zusammenspiels sowohl zwischen clusters als auch cluster-Mengen fehlen. Da überdies durch die focus-Anweisung die Übergänge zwischen clusters explizit programmiert werden müssen, ist insgesamt an ein komfortables Erstellen größerer Regelprogramme aus vorhandenen Moduln nicht zu denken. Es ergeben sich, bis auf Zeitgewinne durch die Parallelisierung, dieselben Nachteile wie bei Verwendung des Grouping by Context.

ii. Zur Verbesserung der Programmierschnittstelle dient dagegen der Ansatz von [Surko 86]. In diesem Ansatz zerlegt man eine Aufgabe in OPS 5 Moduln, die mit Hilfe der UNIX-Tools MAKE, LEX und YACC zum Gesamtprogramm zusammengebunden werden. Die Steuerung der Übergänge geschieht durch Grouping by Context; ein *control-graph* beinhaltet die nötige Information, welcher Modul von welchem benutzt wird. Da Schnittstellenbeschreibungen fehlen, müssen die Übergangsregeln nachträglich von einem "Spezialisten" geschrieben und in das fertig zusammengebundene OPS-Programm eingefügt werden. Insgesamt bringt die Idee keine Verbesserung der Regelprogrammierung und auch nicht des Grouping by Context. Man macht sich die Vorteile von MAKE für die Erstellung von OPS 5 Programmen zunutze (z.B. konsistente Versionsverwaltung, minimale Compilerlaufzeiten usw.).

iii. Das ORBS-Environment von [Fickas 85] gruppiert Regeln in rule-packages. Ziel ist, dem Programmierer einen Katalog von wiederverwendbaren und kombinierbaren Programmstücken zur Verfügung zu stellen, mit denen er neue Programme aufbauen kann. Mehrere rule-packages bilden ein ORBS-System; mehrere ORBS-Systeme können parallel arbeiten und kommunizieren über message-passing. Innerhalb eines solchen Systems wird ein activity-pointer manipuliert, der stets das einzig aktive package bezeichnet. Die Gruppierung erfolgt wie bei [Hsu 87] mit Hilfe von Regelattributen. Eine Besonderheit ist die Möglichkeit, für jedes package die Selektionsstrategien getrennt zu wählen und sogar nach Bedarf neue Strategien zu implementieren. Weiterhin werden, im Gegensatz zu den OPS-Sprachen, statt flacher Tupel frame-artige Strukturen als Fakten zugelassen.

Zusammen mit dem Entwicklungssystem KATE gibt ORBS dem Regelprogrammierer ein sehr komfortables Werkzeug in die Hand, das über alle anderen Ansätze deutlich hinausgeht. Es fehlen allerdings auch hier Formalismen zur Beschreibung der Schnittstellen und vor allem des Übergangsverhaltens zwischen packages sowie ORBS-Systemen. Die daraus erwachsenden Probleme sind dieselben wie bei [Hsu 87] (s.o.).

Das bedeutet vor allem, daß auch hier das *Programmieren-im-Großen* [deRemer/Kron 75] nicht unterstützt wird. Genau dieser Punkt ist aber, neben der Beschleunigung von Regelprogrammen, ein Hauptziel der vorliegenden Arbeit. In Kapitel 3 und 4 werden die hierfür notwendigen Erweiterungen entwickelt.

2.2.2 Langsame Laufzeit

Das zweite Teilziel dieser Arbeit ist, ein Konzept zur Verbesserung der langen Laufzeiten von Regelprogrammen zu erarbeiten. Ursache dieses Mankos sind (vgl. auch Kapitel 1) der Mustervergleich (Matching), der den zeitaufwendigsten Bestandteil eines recognize-act-Zyklus darstellt ([Stolfo/Miranker 84] sprechen von 90%) und das Fehlen von Deduktionsmechanismen innerhalb eines Zyklus.
Aus beiden Punkten resultieren für den *Regelprogrammierer* folgende Nachteile :

1. Um große Anwendungen zeiteffizienter zu machen, kann er eine Reihe von Faustregeln beim Programmieren einhalten wie z.B.

   * "lieber viele spezielle als wenige allgemeine Regeln im Programm verwenden",

   * "Einzelbedingungen mit hoher Selektivität an den Anfang einer Regel stellen",

   * "Steuerelemente von nicht aktiven Regelgruppen als passiv kennzeichnen".

   (In [Krickhahn/Radig 87] sind noch weitere Faustregeln dieser Art aufgezählt). Das führt u.U. aber zu großer Unübersichtlichkeit oder sogar Fehleranfälligkeit, nämlich wenn die Anwendung der Faustregeln nur aus Gründen des Zeitgewinns die ursprüngliche Programmstruktur oder Wissensrepräsentation verändert.

2. Die Realisierung von Backtracking-Algorithmen mit vorwärtsverkettenden Regelsystemen verbietet sich fast von selbst, da sie schon bei kleinen Programmen zu nicht mehr akzeptablen Laufzeiten führen. Solche Algorithmen sind aber häufig Grundlage verschiedenster Suchverfahren gerade in den Bereichen (z.B. Expertensysteme), für die Regelsysteme speziell entwickelt wurden.

   (Anm.: Mit dem rückwärtsverkettenden PROLOG wäre zumindest depth-first-Backtracking sehr einfach und bei compilierenden Versionen auch effizient zu realisieren. Doch für praktisch alle übrigen Aufgabenstellungen gibt es noch zuviele Probleme, um PROLOG allgemein einzusetzen [Tichy 87], [Bocionek 86].)

3. Da der Mustervergleich (das Matching) nur Unifikation bedeutet, muß der Programmierer alle weitergehenden *Deduktions*mechanismen (z.B. Resolution) selbst implementieren. D.h., wenn ihm z.B. die Nichtexistenz eines Faktums in der Faktenbasis nicht ausreicht und er auch die Nichtdeduzierbarkeit überprüfen möchte, muß er das in einer Vielzahl von Zyklen erledigen und dabei u.U. beliebig oft die "teuren" Operationen des Hinzufügens und wieder Löschens nur für Zwischenwerte in An-

spruch nehmen.

Um den Mustervergleich zu beschleunigen, wurden in neuerer Zeit einige Verbesserungen am Rete-Algorithmus [Forgy 82] vorgenommen, z.B. mit dem TREAT-Algorithmus [Miranker 87] oder in PAMELA [Barachini 88a,b,c], einem OPS 83 Derivat, das auch für Echtzeitaufgaben einsetzbar sein soll. TREAT gewinnt seine Beschleunigung durch (im Gegensatz zum ursprünglchen Rete) dynamisches Verketten der Konfliktmenge mit den Knoten des Rete-Netzes nach jedem MATCH-Schritt. Im Widerspruch zu [Miranker 87] weist [Nayak 88] jedoch nach, daß (vor allem beim Einsatz des modernen Regelsystems SOAR [Laird 87]) TREAT fast immer langsamer ist als Rete. Barachini erzielt dagegen eine wirkliche Beschleunigung des Mustervergleichs durch (statisches) Umsortieren und Komprimieren des Rete-Netzes. Er stellt allerdings in [Barachini 88c] fest, daß die Optimierungsmöglichkeiten auf Einprozessormaschinen wohl ausgereizt sind und zur weiteren Beschleunigung auf jeden Fall Parallelverarbeitung notwendig sein wird.

In der Literatur sind eine Reihe von Versuchen zu finden, die langsamen Laufzeiten von Regelprogrammen durch Parallelisierung zu verbessern, was die Implementierung von Backtrackingprogrammen und Deduktionsalgorithmen durch Regeln wieder interessant erscheinen ließe. Grundsätzlich werden dabei Parallelisierungsbestrebungen auf drei Ebenen unterschieden; paralleles Match, parallele Ausführung von Regeln und Parallelausführung unabhängiger Unteraufgaben. Dabei gehen die Ansätze zur Parallelisierung auf den beiden ersten Ebenen vom Vorhandensein einer Maschine mit sehr vielen Prozessoren aus. DADO [Stolfo/Miranker 84] ist zur Zeit mit 1023 baumartig angeordneten Prozessoren ausgestattet und soll noch erweitert werden; [Oshisanwo 87] untersucht die Architektur MAPPS mit 640 Prozessoren; in [Ramnarayan 86] werden für die Architektur PESA-1 zur beabsichtigeten Anzahl der Prozessoren keine näheren Angaben gemacht.

Der zu erwartende Gewinn hält sich allerdings in Grenzen. [Kibler 85] nennt es einen allgemein bekannten Satz (folk theorem), daß in AI-Programmen der Parallelismusfaktor nie größer als 10 ist, unabhängig von der Anzahl der verwendeten Prozessoren. [Oflazer 84] und [Forgy 84] veröffentlichen ähnliche Zahlen. Ein weiteres, interessantes Ergebnis von [Kibler 85] ist, daß Suchverfahren, die ja die am häufigsten vorkommenden Algorithmen in AI-Anwendungen sind, durch Parallelisierung maximal 4-6 mal beschleunigt werden können. Das resultiert aus der Tatsache, daß gute Heuristiken i.d.R. uninteressante Zweige sehr schnell verlassen und exhaustive Algorithmen wegen der meist riesigen Suchräume praktisch nie verwendet werden.

Voraussagen auf größere Beschleunigung als 10 bis 20 werden stets im Zusammenhang mit weiterentwickelten Hardwarearchitekturen getroffen. So multipliziert [Forgy 84] die Zahl 10 für den problemabhängigen Parallelismus noch mit maximal 16 für RISC-Architekturen auf der Basis schneller ECL-Gatter und prophezeit dadurch eine maximalen Gewinn um den Faktor 160. [Ramnarayan 86] will mit PESA-1 100-

fache Beschleunigung erzielen; in diesem System ist eine Pipeline-Architektur mit
schnellen Buskoppelungen für Teile eines verteilten Rete-Netzes vorgesehen. Weiter
steigern lassen sollen sich die Werte mit modernsten Hypercube-Architekturen, bei
denen das message passing zwischen den Prozessoren nur noch 2-3 Mikrosekunden in
Anspruch nimmt [Gupta/Tambe 88].

i. Paralleles Match

[Gupta 84] stellt einen Algorithmus vor, die Parallelmaschine DADO (s.o.) zu
benutzen, um alle parallel möglichen Vergleiche beim Matching auf einmal zu erledigen. Dabei wird darauf verzichtet, wie im Rete-Algorithmus Zustandsinformation über
erfolgte (Teil-) Bindungen zu halten, die bei Änderungen nur inkrementell fortgeschrie-
ben zu werden braucht. Der Zustand wird hier jedesmal unter *hohen Kosten* [Gupta 84]
wiederberechnet. Das Verfahren würde im Idealfall voraussetzen, daß soviele Prozessoren zur Verfügung stehen wie Bedingungen im ganzen Programm vorhanden sind. Ist
das nicht der Fall, muß das gesamte Match in mehrere Schritte aufgeteilt werden, was
wieder die Frage nach dem günstigen Scheduling der Bedingungen aufwirft und wie
man redundante Prüfungen vermeiden kann. Falls man zu diesem Zweck gleiche Bedingungen in verschiedenen Regeln erkennen will, erfordert das eigentlich wieder das
Vorhandensein eines Rete ähnlichen Netzwerks.

Ein weiteres in [Gupta 84] beschriebenes Verfahren regt an, das gesamte Rete-
Netzwerk eines Regelprogramms direkt auf die Prozessorknoten von DADO abzubilden. Damit würde direkt die Parallelisierung auf Knotenebene (node-level-parallelism)
unterstützt. Die Realisierbarkeit dieser Idee durch verschiedene andere Parallelarchitek-
turen wird in [Ramnarayan 86] für PESA-1 und in [Oshisanwo 87] für MAPPS beschrieben.

ii. Parallele Ausführung mehrerer Regeln

[Forgy 84] definiert mehrere Arten: Paralleles Erledigen aller Aktionen einer Regel,
Paralleler Test aller Bedingungen einer Regel und Parallelausführung ganzer Regeln.
Der erste Ansatz ist nicht sehr interessant, wenn nur eine einzige Regel ausgeführt
werden kann, da normalerweise nur wenige Aktionen pro Regel auszuführen sind (2-4,
[Forgy 84]).

Beim zweiten Ansatz, dem Parallelisieren auf Bedingungsebene, werden alle Bedingungen der LHS einer Regel durch eigene Prozesse mit der Faktenbasis gleichzeitig
verglichen. Durch Abhängigkeiten zwischen den Bedingungen (nämlich über verwendete Attributvariable) ergibt sich ein gewisser Kommunikations-Overhead. Da in der
Praxis nicht mehr als 3-6 Bedingungen pro Regel vorkommen, ergibt sich ähnlich wie
beim ersten Ansatz, keine sonderliche Beschleunigung [Forgy 84]. Verwendet man
Ansatz 2 gleichzeitig für alle Regeln, ergeben sich dieselben Probleme wie in i.

beschrieben.

Bei MAPPS [Oshisanwo 87] wird die Parallelisierung auf Bedingungsebene daher nur als ein Bestandteil der kombinierten Beschleunigungsansätze für alle Phasen des Interpreterzyklus angesehen.

Der dritte Ansatz, Parallelausführung von mehreren ganzen Regeln, beinhaltet das Problem, m Regeln so auf n Prozessoren zu verteilen, daß alle Partitionen möglichst viel gleichzeitig erledigen können. Dies bedeutet nicht eine Aufteilung im Sinne von Unteraufgaben (z.B. durch den Programmierer; s.u.), sondern eine automatische Verteilung der Regeln durch geeignete Analyseprogramme. Untersuchungen dazu sind in [Gupta 84], [Oflazer 84] und [Ishida/Stolfo 85] zu finden.

Der Erfolg dieses Ansatzes ist allerdings häufig dadurch gefährdet, daß die Regelprogramme vom Programmierer oft schon (mehr oder minder) unbewußt *sequentiell vorspezifiziert* wurden [Ishida/Stolfo 85]. Daher findet das Partitionierungsprogramm meist nur sehr wenige Regelgruppen, die über die gesamte Programmdauer wirklich parallel arbeiten können.

iii. Parallelausführung von Teilaufgaben

Parallelausführung von Teilaufgaben benötigt im Gegensatz zu den zwei anderen Ansätzen nur wenige Prozessoren oder Rechner, um dennoch akzeptable Laufzeitgewinne zu erzielen. Dies beruht vor allem auf der Tatsache, daß nach wie vor eines der Hauptprobleme bei sehr vielen Prozessoren die Verteilung der Aufgaben auf sie darstellt, wenn ständig eine möglichst große Auslastung der Prozessoren gegeben sein soll. Gerade bei wenigen, und damit überschaubar vielen Rechnern, hat der Programmierer selbst noch die Möglichkeit, diese Verteilung geeignet vorzunehmen.

[Oshisanwo 87] spricht bei der von ihm entwickelten MAPPS-Architektur, die u.a. auch obigen Ansatz verfolgt, von *Concept-Level Parallelism*. In seiner Architektur teilen sich alle unabhängigen Regelmengen eine gemeinsame (also globale) Faktenbasis, was *Interferenzen* zwischen ihnen verursacht. Teilweise können diese bereits statisch zur Übersetzungszeit erkannt und behandelt werden; teilweise treten sie allerdings auch erst zur Laufzeit auf und man benötigt zu ihrem Erkennen sehr aufwendige Analyseverfahren.

Für den Programmierer bedeutet das eigentlich, seine Programm derartig zu zerlegen, daß möglichst wenig Laufzeitinterferenzen auftreten können. Da das natürlich i.a. eine kaum zu erfüllende Forderung ist, werden in [Oshisanwo 87] die automatische Partitionierung der Regelmenge in nicht interferierende Gruppen zur Übersetzungszeit vorgenommen (und zusätzlich Laufzeittests ermöglicht). Da solche Gruppen letztlich keine Teilaufgaben im Sinne der logischen Strukturierung einer größeren Aufgabe sind, gehört die Methode eher zu den in ii. beschriebenen Verfahren.

Regelgruppen im Sinne von Teilaufgaben werden dagegen im DPS-System von [Hsu 87] verwendet. Sie heißen dort *clusters of rules* und gruppieren OPS 5 ähnliche Regeln. Mehrere clusters können zu einem *Subsystem* zusammengefaßt werden; während innerhalb eines Subsystems immer nur ein rule-cluster aktiv sein kann (wie eine Regelgruppe beim Grouping by Context; s.o.), arbeiten die Subsysteme parallel auf eigenen Rechnern und kommunizieren über Botschaften.

Neu ist der *remote condition test*, der es den Regeln eines Subsystems erlaubt, die Faktenbasis anderer anzusprechen. Alle Faktenbasen bilden ein *virtual integrated Retenetwork*, auf dem einzelne cluster Fakten als lokal (und damit für andere nicht zugänglich) markieren können. In verschiedenen Subsystemen gemeinsam verwendete Fakten werden jeweils kopiert, und der *working memory controller* jedes Subsystems sorgt bei Veränderung eines gemeinsamen Faktums für das Weitersenden von Kopien an die betroffenen anderen Subsysteme.

Die Hauptprobleme in DPS liegen bei der Konsistenzerhaltung der global verwendeten Fakten und bei der Synchronisation des Zugriffs auf sie. Beides erfordert einen ziemlichen Zeitaufwand. Insgesamt ist der Geschwindigkeitsgewinn durch die Parallelisierung von Regel-Subsystemen wesentlich niedriger als erwartet; [Hsu 87] führen das allerdings nur auf die Unzulänglichkeiten und Mängel des verwendeten Kommunikationssystems zurück.

Meiner Meinung nach könnte der Ansatz (über die Beseitigung der oben beschriebenen Mängel bzgl. der Modularisierung hinaus) vor allem dadurch verbessert werden, daß statt des *virtual integrated network* Konzepte mit strenger Trennung von globaler und lokalen Faktenbasen eingeführt werden. Dies zeigen z.B. [Tokoro/Ishikawa 84] mit ihrem ORIENT 84/K System, das Objekte (im Sinn der objektorientierten Programmierung) mit eigenen lokalen Wissensbasen ausstattet und die Objekte parallel arbeiten läßt. Ihr Ansatz zielt auf die Erweiterung von Objekten um PROLOG-ähnliche Deduktionskomponenten; es kennt aber keine globale Wissensbasis, über die sich Objekte gemeinsames Faktenwissen teilen könnten. In beiden Punkten unterscheiden sich [Tokoro/Ishikawa 84] wesentlich von der vorliegenden Arbeit, die sich erstens mit vorwärtsverkettenden Produktionssystemen befaßt (PROLOG [Clocksin/Mellish 81] ist rückwärtsverkettend), und bei der zweitens eine globale Wissensbasis als wichtiger Bestandteil des entwickelten Modulkonzepts zu sehen ist.

2.3 Folgerungen

Die Untersuchung der existierenden Ansätze zur Beseitigung der Hauptprobleme von Regelsystemen zeigt, daß sowohl auf dem Gebiet der Modularisierung großer Regelprogramme wie beim Beschleunigen ihres Ablaufs noch eine Reihe von Problemen nicht gelöst sind.

Im ersten Fall gibt es keine Konzepte zur Beschreibung von Modulschnittstellen und auch keine Formalismen zur Festlegung der (Aufruf-) Beziehungen zwischen Moduln. Beides ist aber eine Minimalanforderung, wenn eine komfortable Programmierumgebung für Regelprogramme entworfen werden soll, in der z.B. aus einmal erstellten Moduln mit möglichst wenig zusätzlichem Aufwand neue Programme entstehen können.

Weiterhin sind exakte Beschreibungen von Schnittstellen und Modulübergängen Voraussetzung für syntaxgesteuerte Editoren, für bzgl. semantischer Überprüfungen mächtige Compiler und für komfortable Laufzeit- und Debuggingsysteme zur Entwicklung umfangreicher Regelprogramme.

Und schließlich kann eine Abbildung von Regelmoduln auf verteilte Prozesse nur sinnvoll vorgenommen werden, wenn die Kommunikationsprotokolle zur sicheren und effizienten Zusammenarbeit paralleler Moduln auf einheitlichen und eindeutigen Modulschnittstellen aufsetzen.

Die diskutierten Parallelisierungsansätze zur Beschleunigung von Regelprogrammen befassen sich hauptsächlich mit Ebenen des parallelen Mustervergleichs (Matching) und der gleichzeitigen Ausführung mehrerer Regeln. Alle vorgestellten Varianten gehen von der Existenz hochparalleler Multiprozessorsysteme aus, wobei bis auf DADO (wenn auch noch nicht im Stadium des endgültigen Ausbaus; [Stolfo/Miranker 84]) keine Architektur konkret realisiert wurde. Die in der Literatur (vor allem bei [Ramnarayan 86], [Oshisanwo 87]) gemachten Aussagen beziehen sich daher zumeist auf Ergebnisse von Vorüberlegungen, Entwürfen und bestenfalls Simulationen. Entsprechende Maschinen werden also noch für Jahre nicht kommerziell verfügbar sein.

Die fortschreitende Entwicklung der Expertensystemtechnik (z.B. auf den Gebieten Planen und Konfigurieren; [Hertzberg 87], [Ochs/Weule 87]) macht jedoch die Verfügbarkeit von komfortablen Implementierungswerkzeugen für effiziente Applikationen schon heute notwendig. Damit wird aber der Ansatz der Parallelisierung von Unteraufgaben eines größeren Regelprogramms für industrielle Anwendungen interessant. Je nach Verfügbarkeit kann hier nämlich auch schon bei wenigen Prozessoren oder Rechnern ein beträchtlicher Zeitgewinn beim Ablauf erzielt werden.

Die existierenden Ansätze zur Parallelisierung auf subtask-Ebene sind jedoch noch zu weit von einer Lösung entfernt, die, außer die Beschleunigung von Abläufen zu verbessern, auch die Erstellung paralleler Regelprogramme genügend erleichtert. Daher ist die Einführung eines umfassenden Konzepts, das beiden Ansprüchen gerecht wird, eines der Ziele der vorliegenden Arbeit. Eine zentrale Rolle kommt dabei der Definition des *Modulkonzepts für Regelprogramme* zu, auf dessen Basis die oben angeführten Mängel beseitigt und weitere Verbesserungen zum Aufbau einer komfortablen Programmierumgebung für Regelsysteme realisiert werden können. Im folgenden Kapitel 3 wird dieses Konzept entwickelt.

3 Das Modulkonzept für Regelprogramme

Ein Regelmodul kann als *Baustein* für ein Regelprogramm bezeichnet werden, der eine gewisse Teilaufgabe des durch das Gesamtprogramm zu behandelnden Problems übernimmt. Für solche Bausteine soll nun ein Beschreibungsformalismus ihres Ein- und Ausgabeverhaltens sowie ihres Übergangsverhaltens untereinander eingeführt werden. Gemäß der Einteilung in [Lewerentz 84] sind als Bausteine Funktionsmoduln oder Datenobjektmoduln möglich. Funktionsmoduln haben kein *Gedächtnis*, sondern erbringen ihre Dienstleistungen immer beginnend im selben Initialzustand. Dagegen besitzen Datenobjektmoduln speichernde Strukturen, deren Inhalt sich durch Aktivierung des Moduls ändern kann. Das heißt aber, daß bei jedem weiteren Aufruf eines Diensts des Moduls (selbst bei gleichen aktuellen Parametern) andere Ergebnisse möglich sind, da die Abarbeitung des Diensts evtl. in einem neuen Zustand beginnt.

Abschnitt 3.1 dieses Kapitels zählt in detaillierter Form die Anforderungen an ein Modulkonzept für regelbasierte Programmierung auf. Danach werden in 3.2 verschiedene Regelsystemarchitekturen diskutiert und Möglichkeiten des Zusammenspiels zwischen ihnen untersucht. Ein wichtiger Punkt bei der Beschreibung von Modulschnittstellen ist die Überprüfbarkeit von Ein- und Ausgabeparametern. Um dies zu ermöglichen, werden in 3.3 sogenannte *Faktentypen* eingeführt.

Mit den nötigen Voraussetzungen aus 3.2 und 3.3 kann dann in 3.4 die Syntax eines Regelmoduls definiert werden. Zusätzlich wird eine Möglichkeit der graphischen Repräsentation von Regelmoduln eingeführt. Sie bildet die Grundlage für den in 3.5 definierten Formalismus zur Beschreibung des Übergangsverhaltens der Moduln eines Regelprogramms durch gerichtete Graphen.

In Abschnitt 3.6 erfolgt schließlich eine ausführliche Diskusson über die *Mächtigkeit* des Graphen-Formalismus. Dabei wird, in Anlehnung an bekannte Begriffe aus prozedurorientierten Sprachen, untersucht, ob und wie weit sich gängige Kontrollflußelemente wie Parallelismus, Unterprogrammaufruf, Verzweigung, Iteration und Rekursion in den Übergangsgraphen ausdrücken lassen. Gleichzeitig kommen mögliche Varianten für die Übergangsgraphen zur Sprache, die mit dem gewählten Formalismus aus 3.5 verglichen werden. Dabei wird die dort getroffene Entscheidung jeweils begründet.

3.1 Anforderungen an ein Modulkonzept für Regelprogramme

Einige der im folgenden aufgezählten Anforderungen sind nicht typisch für die Modularisierung von Regelprogrammen, sondern sie stellen sich gleich oder ähnlich für die Zerlegung beliebiger Programmsysteme. Man findet sie häufig in der Literatur über Konzepte zum *Programmieren-im-Großen*, z.B. bei [DeRemer/Kron 75] oder [Lewerentz 84,85].

a. Unabhängige Erstellbarkeit

Moduln müssen unabhängig erstellbar und (bei vorhandener Testumgebung) einzeln testbar sein. Wenn Dienstleistungen anderer Moduln bei der Implementierung verwendet werden, ist nur das Wissen über deren Schnittstellenformalismus und Dienstleistungssemantik notwendig.

b. Schnittstellenüberwachung zur Laufzeit

Der Schnittstellenformalismus zur Realisierung von a. soll nicht nur die statische Formulierung von *Modulaufrufen* unterstützen, sondern muß zusätzlich Hilfsmittel zur dynamischen Überwachung und Überprüfung von Eingaben in und Ausgaben aus dem Modul bereitstellen.

c. Rekursive Verfeinerbarkeit

Moduln müssen *rekursiv* verfeinerbar sein, damit auch *in die Tiefe strukturierte Probleme* ohne Schwierigkeiten übersichtlich programmiert werden können.

d. Unabhängige Veränderbarkeit

Das Erweitern oder Verfeinern eines Moduls bei gleichbleibenden Schnittstellen und gleichbleibender Dienstleistungssemantik darf keine Auswirkungen auf andere Moduln haben, die diesen benutzen.

e. Kombinierbarkeit

Regelmoduln sollten wiederverwendbare Programmstücke [Fickas 85] sein, die in verschiedenen Anwendungen möglichst problemlos und in eindeutiger Weise miteinander kombiniert werden können.

f. Möglichkeit der Bereitstellung von Modulschemata

Das Modulkonzept sollte die Formulierung von *Modulschemata* erlauben, die ähnlich wie *generische Funktionsmoduln* bei [Lewerentz 84] jeweils für eine Klasse von Aufgaben (z.B. transitive Hüllenberechnungen) Algorithmen zur Verfügung stellen und für ein spezielles Problem nur noch entsprechend instantiiert zu werden brauchen.

g. Darstellbarkeit der statischen Übergangsbeziehungen zwischen Moduln

Das Modulkonzept muß eine einfache und übersichtliche Darstellung des *Zusammenspiels* der Moduln in einem Regelprogramm ermöglichen. Bei [Lewerentz 84] entspricht das der *aktuellen Benutzungsbeziehung*. Mit einer geeigneten Darstellung kann zusätzlich die Verifikation des Übergangsverhaltens von Regelmoduln deutlich erleichtert werden.

h. Möglichkeiten zur Constraint-Propagation

Die Schnittstellen der Regelmoduln müssen die Weitergabe von Einschränkungen beim Übergang zu anderen Moduln erlauben. Damit können dynamisch unterschiedliche Verhaltensweisen von Regelmoduln gezielt und kontrollierbar ausgenutzt werden.

i. Einfaches Erkennen von Parallelismen

Aus der Darstellung des *Zusammenspiels* von Regelmoduln sollen mögliche Parallelismen beim Ablauf (auf Modul-, also Subtask-Ebene) einfach erkennbar sein. Mit dieser Information können zur Beschleunigung von Regelprogrammen mehrere Rechner oder Prozessoren auch ohne aufwendige Analyse des Programms eingesetzt werden.

j. Voraussetzungen zum Aufbau einer komfortablen Programmierumgebung

Das Modulkonzept muß darauf ausgerichtet werden, eine wesentlich komfortablere Programmierumgebung für Regelprogramme aufzubauen als bisher z.B. in [OPS5 85] oder [YAPS 83] angeboten.

k. Formalismus geeignet zur Abbildung auf Objekte

Der Formalismus für Regelmoduln sollte so gewählt werden, daß sich Regelmoduln, wenn erwünscht, auch einfach auf Objekte (im Sinne der objektorientierten Programmierung; siehe z.B. [Rathke 86]) abbilden lassen, um die Vorteile des objektorientierten Paradigmas (Datenkapselung, Schnittstellenprotokoll usw.) zu nutzen. Die Abbildung von Regelmoduln auf Objekte würde weiterhin erlauben, ein Smalltalk-80-ähnliches Konzept [Goldberg/Robson 83] mit message-passing zur Parallelisierung der Regelmoduln zu benutzen.

Alle bekannten Ansätze zur Modularisierung von Regelprogrammen und alle existenten Systeme erfüllen nur wenige der genannten Anforderungen.

Grouping by Context [Brownston 85]:

Grouping by Context, eingeführt für OPS 5, bedeutet eher eine Einteilung von Regelprogrammen in Regelgruppen als eine Modularisierung. Für jede Gruppe ist die unabhängige Erstellbarkeit und Modifizierbarkeit (Anforderungen a. und d.) sichergestellt. Eine beliebige rekursive Verfeinerung (Anforderung c.) ist nur bedingt möglich [Bocionek 87b]. Da die Aktivierung jeder Gruppe aufgrund eines fehlenden Schnittstellenformalismus nicht formal beschrieben werden kann, ist eine automatisierte dynamische Schnittstellenüberwachung (Anforderung b.) ebenso unmöglich wie das Beachten von Einschränkungen beim Benützen der Schnittstellen (Anforderung h.). Aus demselben Grund sind auch größere Programme nur sehr schwer durch Kombination aus vorhandenen Regelgruppen erstellbar (Anforderung e.) und generische Moduln praktisch überhaupt nicht zu realisieren (Anforderung f.). Eine Abbildung auf Objekte (Anforderung k.) ist ohne Schnittstellen ebenfalls unmöglich. Die Aufrufbeziehungen zwischen den Regelgruppen sind bei Grouping by Context nicht formal ausdrückbar (Anforderung g.), weshalb auch mögliche Parallismen zwischen Regelgruppen (Anforderung i.) nur sehr schwer festgestellt werden können. Insgesamt lassen die genannten Mängel auf keinen Fall den Aufbau einer komfortablen Programmierumgebung für Regelprogramme (Anforderung j.) zu.

DPS [Hsu 87]:

Das DPS (Distributed Production System) ist vornehmlich zur Realisierung paralleler Regelgruppen (rule-clusters) entwickelt worden, die Zugriff auf verschiedene lokale Faktenbasen haben (remote condition test). Dabei hat es alle Nachteile des Grouping by Context behalten. Der Gewinn liegt in der Beschleunigung von Regelprogrammen durch Aufteilung in kleine, lokale Faktenbasen (und damit kleine Rete-Netze) und durch parallele Abarbeitung von Teilaufgaben. Ein Modulkonzept mit formaler Schnittstellenbeschreibung wurde nicht definiert.

MOPSY [Surko 86]:

Das Modulare OPS-System MOPSY benutzt einen gerichteten, zyklenfreien Graphen (DAG) zur Darstellung der Aufrufreihenfolge von OPS-Contextgruppen. Es stellt keine Verbesserung des Grouping by Context im Hinblick auf ein Modularisierungskonzept dar, aber es erlaubt die konsistente Erstellung und Wartung (project bookkeeping) von aus Regelgruppen zusammengesetzten *OPS-Projekten*. Durch Einsatz der UNIX-Tools MAKE, LEX und YACC erfolgt eine automatische Modulintegration durch Auswertung eines Übergangsgraphen (augmented transition net). Einer der wesentlichen Schwachpunkte von MOPSY ist, daß aufgrund einer fehlenden Schnittstellenbeschreibung der Regelgruppen die Übergangsregeln zum Aufruf einer Gruppe nachträglich von einem Spezialisten (z.B. dem System-Manager) hinzugefügt werden müssen. Bei formalisierten Schnittstellen wären sie aus ihnen sowie dem Übergangsgraphen automatisch generierbar.

ORBS [Fickas 85]:

In ORBS (Oregon Rule-Based System) werden Regelgruppen (rule packages) definiert, die eigenständig erstellbar und modifizierbar (Anforderungen a. und d.) sind. Darüber hinaus sind diese Regelgruppen in Katalogen zusammengefaßt, die eine gezielte Wiederverwendung in neuen Applikationen (Anforderung e.) ermöglichen. Allerdings gibt es auch hier keine Beschreibung der Schnittstellen von Regelgruppen, weshalb die Anforderungen b., f., und h. nicht erfüllt werden können.

Die Darstellung des Übergangsverhaltens (Anforderung g.) ist weder auf der Ebene von rule-packages noch auf der von parallel arbeitenden ORBS-Systemen möglich. Damit sind Parallelismen nur schwer erkennbar (Anforderung i.). Durch Einbeziehung objektorientierter Datenstrukturen kann jedoch eine Implementierung von solchen ORBS-Systemen als eigenständige Objekte erfolgen. Es gibt allerdings keinen Formalismus, der eine solche Abbildung auf Objekte einfach ermöglichen würde (Anforderung k.). Die Stärke von ORBS ist das dazugehörige Entwicklungssystem KATE, das syntaxgesteuert ein effizientes Erstellen, Testen und Warten von ORBS-Programmen ermöglicht (Anforderung j.). Durch geeignete Schnittstellenbeschreibung und einen

Übergangsgraphenformalismus ließe sich KATE jedoch noch wesentlich verbessern und zwar weg vom syntaxgeführten Editor für die Programmierung-im-Kleinen hin zum Programmsynthesizer [Teitelbaum/Reps 81] für die Programmierung-im-Großen [Lewerentz 84].

Ähnlich wie KATE sind auch die Programmierumgebungen hybrider Expertensystem-Schalen wie LOOPS [Loops 83] oder KEE [KEE 85] zu bewerten, die eine hochstehende Art syntaxgesteuerten Editierens einzelner Regeln erlauben, wobei die Editoren alle Raffinessen moderner Fenster- und Maus-Techniken bieten. Für das Programmieren auf der Ebene von Moduln bieten sie nichts an.

YAPS [Allen 83]:

YAPS (Yet Another Production System) ist eine Reimplementierung von OPS 5 auf der Basis eines objektorientierten FLAVOR-Pakets der Universität Maryland. YAPS ermöglicht wie OPS 5 Grouping by Context und besitzt damit alle Mängel dieses Ansatzes. Allerdings wurde in YAPS erstmals eine strikt objektorientierte Implementierung eines Regelsystems vorgenommen, was die Abbildung von Regelgruppen auf Objekte (Anforderung k.) prinzipiell ermöglicht. Durch den Mangel an Schnittstellenbeschreibungen und eines Übergangsformalismen zwischen den Objekten fehlen jedoch jegliche Voraussetzungen zum Aufbau einer komfortablen Programmierumgebung (Anforderung j.). YAPS wird hier dennoch erwähnt, da die objektorientierte Realisierung eine Grundlage darstellt, wie ein Modulkonzept mit parallelen Regelmoduln implementiert werden kann.

Insgesamt kann man feststellen, daß keines der bekannten Systeme zur Regelprogrammmodularisierung ein Modulkonzept mit exakten Schnittstellenformalismen bietet. Dies liegt an dem in allen Fällen zugrunde liegenden Ansatz des Grouping by Context, der außer unabhängiger Erstellbarkeit und Veränderbarkeit (Anforderungen a. und d.) sowie bedingter rekursiver Verfeinerbarkeit (Anforderung c.) den gestellten Anforderungen nicht genügt. Weiterhin ist die Formalisierung des Übergangsverhaltens außer bei [Surko 86] nirgends vorhanden, so daß kaum Möglichkeiten zum komfortablen Programmieren-im-Großen (also auf Modulebene) oder gar zum Aufbau entsprechender Programmierumgebungen (Anforderung j.) gegeben sind. Die Definition eines Modulkonzepts mit exakter Schnittstellenbeschreibung und Formalisierung des Übergangsverhaltens zwischen Moduln ist daher wichtigste Voraussetzung für die in der vorliegenden Arbeit durchgeführte Entwicklung eines komfortablen Programmiersystems für modulare, parallele Regelprogramme.

3.2 Architekturen von Regelsystemen

Bevor nun ein umfassendes Modulkonzept entwickelt wird, das allen Anforderungen gerecht wird, müssen verschiedene Regelsystemarchitekturen untersucht werden. Die Architektur, die sich auch bzgl. der Parallelisierungsbestrebungen als am günstigsten erweist, wird als Grundlage für das Modulkonzept und alle weiteren Untersuchungen in dieser Arbeit gewählt.

Unter dem Begriff *Architektur* sind hier vor allem drei - allerdings nicht voneinander unabhängige - Aspekte von modularen Regelsystemen zu sehen, die verschiedene Entwurfsentscheidungen bei deren Realisierung zulassen:

* Die Organisation des Zugriffs der Regelmoduln auf das Faktenwissen;

* Das Aufrufverhalten von, bzw. die Kommunikation zwischen Regelmoduln;

* Die Art der zu realisierenden Regelmoduln gemäß der Klassifizierung von [Lewerentz 84] in Funktions-, Daten-, und Datenobjektmoduln.

In den nachfolgenden Abschnitten 3.2.1 bis 3.2.3 sollen zunächst die unterschiedlichen Möglichkeiten bei jedem Aspekt untersucht werden, um dann in 3.2.4 eine Festlegung zu treffen und zu begründen, die sich für das angestrebte Modulkonzept und alle weiteren in der Arbeit verfolgten Ziele als die günstigste erweist.

3.2.1 Organisation des Faktenwissens

Bei in Moduln strukturierten Regelprogrammen sind drei Arten des Zugriffs auf Fakten vorstellbar :

i. Alle Regelmoduln haben Zugriff auf eine globale Faktenbasis; in ihr steht sämtliches gemeinsames Faktenwissen des Regelprogramms.

ii. Jeder Regelmodul hat seine eigene lokale Faktenbasis; globales Wissen ist nicht vorhanden, bzw. wird nicht an einer zentralen *Stelle*, also in einer globalen Faktenbasis verwaltet.

iii. Jeder Regelmodul besitzt eine eigene lokale Faktenbasis und hat zusätzlich Zugriff auf eine globale Faktenbasis. Evtl. kann er auch die lokalen Faktenbasen weiterer Moduln ansprechen wie in [Hsu 87].

Die Architektur i. ist die in gängigen Regelsystemen wie OPS 5 oder YAPS (solange dort nur eine YAPS_DATABASE existiert). Sie ist leicht zu implementieren und der Datenaustausch zwischen Moduln (als Kontextgruppen realisiert) ist einfach. Dies würde bei parallel arbeitenden Moduln die Kommunikation zwischen Moduln sehr erleichtern, da man die globale Faktenbasis als das *shared memory* benutzen könnte. Als nachteilig erweist sich dabei natürlich, daß Synchronisation beim Zugriff auf gemeinsame Fakten notwendig werden kann und lokal zu interpretierende Fakten eines Moduls extra gekennzeichnet werden müßten (z.B. durch ein Kontextattribut; vgl. [Krickhahn/Radig 87]). Nur so wäre *Interferenzen* mit anderen Moduln vorzubeugen und der Initialzustand beim Verlassen eines Moduls wiederherstellbar, wenn es sich um *Funktionsmoduln ohne Gedächtnis* [Lewerentz 84] handelt.

Das Konzept ii. vermeidet gerade die letztgenannten Nachteile von i.; Markierung lokaler Fakten ist wegen der *Abgeschlossenheit* des Moduls nicht nötig und der Mustervergleich innerhalb eines Moduls muß wesentlich weniger Fakten berücksichtigen. Abbildung von Regelmoduln auf unabhängige Objekte (vgl. Anforderung k. in 3.1) ist hervorragend möglich.

Ein Problem bildet hier Faktenwissen, das von mehreren Moduln gemeinsam (global) genutzt werden soll. Duplikate für alle beteiligten Moduln zu schaffen ist speicherplatzaufwendig; der Faktenaustausch über Nachrichten (z.B. bei [Hsu 87]) führt zur Zeitineffizienz und die Verwaltung und Synchronisation kooperierender Moduln birgt dieselben Schwierigkeiten wie in i.

Aus den Bewertungen von i. und ii. kann man nur folgern, daß die beste Lösung im Verwalten globalen Wissens an zentraler Stelle liegen muß, wobei gleichzeitig jeder Modul seinen eigenen, autonomen Speicherbereich (seine lokale Faktenbasis) besitzt. Damit ist die Variante iii. die als am vorteilhaftesten anzusehende.

Hier kann man ohne großen *Markierungsaufwand* dennoch lokale Fakten (also Implementierungsdetails) von Regelmoduln verbergen, gleichzeitig aber gemeinsam interessierendes Wissen in einer globalen Faktenbasis nutzen. Der Nachrichtenaustausch zwischen Moduln kann auf das Senden von Anfragen und Rückantworten beschränkt werden, also auf das Erbringen von Dienstleistungen. Um eine möglichst einheitliche Strukturierung der *Bestandteile* eines Regelprogramms zu erhalten und auch die Syntax nicht weiter aufzublähen, sollte die globale Faktenbasis als ''normaler'' Regelmodul behandelbar sein. Ihr Name muß dann allen anderen Moduln bekannt sein, und alle haben gleichberechtigt Zugriff auf sie. Die Schnittstellen zum Zugriff können bei diesem Vorgehen in derselben Weise definiert werden, wie bei allen anderen Moduln auch.

Zusätzlicher Aufwand zur Aktualisierung gemeinsamen Wissens bei allen Interessenten, wie es ii. erfordern würde, ist ebenfalls nicht mehr notwendig. Allerdings bleibt die Synchronisation beim Zugriff auf die globale Fakten zu erledigen, die aber bei einer einzigen globalen Faktenbasis einfacher zu realisieren ist als die Synchronisierung der Zugriffe beliebiger Moduln auf beliebige lokale Faktenbasen wie in ii. Das entspricht der Reduzierung einer many-to-many auf eine many-to-one Beziehung [Andrews/ Schneider 83].

3.2.2 Kommunikation zwischen Regelmoduln

Kommunikation bedeutet in diesem Kapitel, wie der ''Aufruf'' eines Moduls von einem anderen zur Erbringung einer Dienstleistung vorgenommen werden soll.

Die Techniken des Grouping by Context und ihre Varianten aktivieren Regelgruppen durch gezieltes Eintragen von Steuerfakten. Ein *Rückkehren zum Aufrufer* ist nicht vorgesehen; er wird irgendwann wieder aktiviert und *verläßt* sich dann darauf, daß in der einzig vorhandenen, also globalen Faktenbasis die gewünschten Ergebnisfakten vorliegen.

Die als am günstigsten erkannte Variante mit einer globalen und beliebig vielen lokalen Faktenbasen kommt mit dem Konzept des Grouping by Context nicht aus, da Moduln keinen Zugriff auf lokale Faktenbasen von anderen haben. Nur wenn Parameter und Ergebnisse stets explizit über die globale Faktenbasis ausgetauscht würden, könnte auch Grouping by Context benutzt werden. Das würde allerdings der Idee der globalen Faktenbasis als Ort des gemeinsamen Wissens für alle Moduln widersprechen.

Besser sind eigene Sende- und Empfangsaktionen, mit denen sich Regelmoduln unter ihrem Namen gegenseitig *ansprechen* und ähnlich wie in prozedurorientierten Programmiersprachen Dienstleistungen *aufrufen* können. Dadurch wird die Aktivierung eines Moduls über das Eintragen von Kontextfakten durch die Aktivierung per Anfrage ersetzt. Dieser Ansatz ist auch im Hinblick auf die Parallelisierung von Regelmoduln vorzuziehen, da er sich unmittelbar auf die Prinzipien der Prozeßkommunikation abbilden läßt.

3.2.3 Mögliche Modulklassen

[Lewerentz 84] unterscheidet Moduln zur funktionalen und zur Datenabstraktion. Zu beiden Arten definiert er zusätzlich generische Varianten für die Spezifikation variabel instantiierbarer Moduln.

Funktionale Abstraktion bedeutet bei ihm, daß ein Funktionsmodul durch Aufruf einer seiner Schnittstellenoperationen eine entsprechende Dienstleistung ausführt, die Eingabedaten in Ausgabedaten transformiert. Da solche Moduln kein *internes Gedächtnis* besitzen, ist die Transformation stets eindeutig [Lewerentz 84]. Diese Art von Modul ist immer dann sinnvoll einsetzbar, wenn Dienstleistungen oder Berechnungen zur Verfügung gestellt werden sollen, die nur für den Aufrufer Bedeutung haben. Der Modul verhält sich dann wie eine Funktion oder Prozedur in einer prozedurorientierten Sprache, die nur auf lokalen Variablen arbeitet und nirgendwo Seiteneffekte verursacht. Generische Funktionsmoduln lassen gewisse Freiheiten bzgl. der Spezifikation des Moduls zu (bei Lewerentz ist vor allem die Typspezifikation der Schnittstellenparameter gemeint) und sind damit ein Ansatz zur Erfüllung der Anforderung f. in 3.1, also zur Realisierung von Modulschemata.

Die zweite Möglichkeit ist, Regelmoduln auch als Datenobjektmodul zu implementieren. Im Sinne eines abstrakten Datentyps stünden den Benutzern eines solchen Moduls (also den ihn verwendenden Moduln) eine Reihe von Zugriffsoperationen zur Verfügung, um Dienstleistungen des Moduls aufzurufen. Nun hat aber der Datenobjektmodul ein *Gedächtnis*, nämlich seine verkapselten Datenstrukturen, die beliebige Zustände annehmen und dann auch beibehalten können. Daher wird dieser Modultyp i.d.R. für *speichernde Datenstrukturen* verwendet, wie z.B. Keller, Schlange und Datenbank, sowie für *verwaltende Programme*, die abhängig von einem inneren Zustand reagieren, wie z.B. Server- oder Managerprogramme zur Auftragsverteilung in einem Betriebssystem.

Um in Regelprogrammen maximale Flexibilität beim Entwurf vor allem großer Anwendungen zur Verfügung zu stellen, müssen beide Modularten zugelassen werden. Nur so lassen sich alle denkbaren Aufgabenstellungen, rechnende Algorithmen ebenso wie Verwaltungsprogramme für gemeinsame Daten oder Betriebsmittel, auch regelbasiert bearbeiten. Insbesondere sind Datenobjektmoduln für die globale, evtl. sogar für die lokalen Faktenbasen eine geeignete Struktur. Hier werden im Fall der globalen Faktenbasis bzw. der Faktenbasen aller (globalen) Datenobjektmoduln die Daten eines *ganzen Regelprogramms* während dessen Laufzeit gespeichert. Für die lokalen Faktenbasen von Funktionsmoduln bestünde der Inhalt aus den Daten *eines Regelmoduls* während der Abarbeitungszeit eines Dienstes (initiale Ladefakten sowie Zwischenergebnisse).

Der Vorteil des Konzepts der Datenobjektmoduln für Faktenbasen besteht darin, daß (wie bei abstrakten Datentypen [Liskov/Zilles 74]) die Syntax der Zugriffsfunktionen die Implementierung vollkommen verbirgt. Man kann die Faktenbasen z.B. auf mehrere Rechnern verteilen oder ein zentrales, partitioniertes shared-memory wählen. Das führt zu einer Entwurfsentscheidung, die die Effizienz des gesamten Regelsystems wesentlich beeinflußt. Weiterhin lassen sich mit Datenobjektmoduln zentrale Datenspeicher für Programme zur Verfügung stellen, ohne daß neue Begriffe eingeführt zu werden brauchen, die zur Komplizierung des Modulkonzepts beitragen würden. Durch diese Einheitlichkeit kann letztlich die Implementierung des Konzepts deutlich vereinfacht werden, ohne daß irgendwelche Abstriche an der Leistungsfähigkeit zu machen sind.

Insgesamt kann nun festgelegt werden, daß Regelprogramme stets aus Funktionsmoduln zur Erbringung von Dienstleistungen und aus Datenobjektmoduln zur Verwaltung von gemeinsamen Daten und Betriebsmitteln aufgebaut sind. Unter dieser einheitlichen Sichtweise werden im folgenden Abschnitt Syntax und Semantik für die Kooperation von Regelmoduln in größeren Regelprogrammen definiert, so wie sie für die weiteren Kapitel der vorliegenden Arbeit benötigt werden.

3.2.4 Festlegung der Regelsystemarchitektur für das Modulkonzept

Unter Regelsystemarchitektur wird an dieser Stelle zum einen der *Mechanismus* (Syntax und Semantik) für die vorliegende Arbeit festgelegt, unter dem Regelmoduln *aufgerufen* werden können und wie sie selbst andere Moduln zur Erbringung von Dienstleistungen *aufrufen*. Statt *Aufruf eines Regelmoduls* sagen wir ab jetzt, es wird eine Anfrage an einen Regelmodul gesandt, auf die er eine Antwort an den Anfragenden zurücksendet (Aktivierung per Anfrage).

Das Senden erfolgt jeweils nicht-blockierend, da in Hinsicht auf die Beschleunigung von Regelprogrammen durch Parallelisierung ein Verbund von lose gekoppelten Regelmoduln angestrebt wird, die als eigenständige Prozesse, möglichst auf mehreren Prozessoren, unabhängige Teilaufgaben gleichzeitig bearbeiten.

Desweiteren gehört zur Festlegung der Regelsystemarchitektur die Entscheidung, wie das Faktenwissen auf globale und lokale Faktenbasen aufgeteilt und der Zugriff organisiert werden soll.

Für die vorliegende Arbeit wird von folgender Regelsystemarchitektur ausgegangen:

- Ein modularisiertes Regelprogramm besteht aus Funktions-Regelmoduln und Datenobjekt-Regelmoduln (F-RM und DO-RM; Klassifikation gemäß [Lewerentz 84]). Alle DO-RMn werden zu Programmbeginn gestartet; von jedem DO-RM existiert genau eine Inkarnation. Die F-RMn werden dynamisch im Laufe des Programms beim Empfang einer Anfrage gestartet; von ihnen sind beliebig viele Inkarnationen möglich. Regelmoduln können von den Regeln anderer Regelmoduln mit den Aktionen **sendinsert, senddelete, sendquery, sendanswer** und **stopquery** angesprochen werden.

- Auf seine lokale Faktenbasis greift jeder Regelmodul mit **isfact, makefact** und **deletefact** zu (vgl. 2.1). Es gibt *keine*, durch Zeitstempel des Systems *unterscheidbaren Duplikate* eines Faktums (wie z.B. in OPS 5). Bei Neueintrag desselben Faktums mit **makefact** oder **sendinsert** wird lediglich der Zeitstempel aktualisiert.

- Ein permanent existierender DO-RM ist mit dem Namen **globale_FB** ausgezeichnet. Er dient dazu, globales Faktenwissen für alle anderen Regelmoduln bereitzustellen.

  Für ihn gilt:
  Jeder andere Modul darf alle Aktionen an **globale_FB** absetzen; **sendanswer** wird jedoch nicht gebraucht, da die globale Faktenbasis selbst keine Anfragen verschickt auf die geantwortet werden müßte.
  globale_FB benutzt nur die Aktionen **sendanswer, sendinsert** und **senddelete**, um andere Regelmoduln anzusprechen.
  Die genaue Beschreibung der Dienste der globalen Faktenbasis erfolgt in 5.2.2.

- Jeder Modul bearbeitet stets nur eine Anfrage ''gleichzeitig''. Bei F-RMn wird dazu jeweils eine neue Inkarnation mit eigener Faktenbasis erzeugt, in die die Anfrage eingetragen wird (s.u.). Bei DO-RMn wird die in die Faktenbasis eingetragene Anfrage wie in einer Warteschlange behandelt, bzw. der Modul entscheidet in seinen Regeln, ob sie bevorzugt an die Reihe kommt (z.B. bei rekursiven Anfragen, s.u.).

- Hat ein F-RM seine Antwort rückgesendet, wird er abgebrochen. Ein Abbruch ist auch möglich, wenn der anfragende Modul während der Bearbeitung seiner Anfrage ein **stopquery** absetzt (s.u.).

- Wenn ein Regelmodul ''X'' die Aktion

  sendquery (Y , X , Nr , Loadfacts , Pattern)

  verwendet, wird in die lokale Faktenbasis von ''Y'' das Faktum

  (QUERY from:X order:Nr fact:Pattern)

  eingetragen. ''X'' zusammen mit dem Auftragsbezeichner ''Nr'' sind für die spätere Zusendung der Antwort an die korrekte Inkarnation von ''X'' notwendig. (Die Organisation der korrekten Empfängerzuordnung wird in 5.2.3 beschrieben.) ''Pattern'' enthält die eigentliche Anfrage. Nach dem Absetzen der Anfrage braucht ''X'' nicht zu warten (non-blocking send). Falls ''Loadfacts'' ungleich NIL ist, wird die über diesen Parameter angesprochene Faktenmenge in die lokale Faktenbasis von ''Y'' geladen. (Nur bei F-RMn sind Ladefakten möglich.)

- Wenn ein Regelmodul ''Y'' die Aktion

  sendanswer (X , Y , Nr , Pattern)

  verwendet, wird in die lokale Faktenbasis (der korrekten Inkarnation; vgl. 5.2.3) von ''X'' das Faktum

  (ANSWER from:Y order:Nr fact:Pattern)

  eingetragen. ''Pattern'' enthält die eigentliche Antwort. Nach dem Absetzen der Antwort braucht auch hier nicht gewartet zu werden. Ist ''Y'' ein FR-M, wird er nach Senden der Antwort abgebrochen. In einem DO-RM wird die nächste Anfrage in der Warteschlange bearbeitet.

- Wenn ein Regelmodul ''X'' die Aktion

  stopquery (Y , X , Nr)

  verwendet, wird in die lokale Faktenbasis (der korrekten Inkarnation) von ''Y'' das Faktum

  (STOP from:X order:Nr)

  eingetragen. Der empfangende Modul kann dann entscheiden, wie er dieses Faktum auswertet. Die standardmäßigen Schnittstellenregeln bewirken bei F-RMn einen Abbruch, bei DO-RMn die Bearbeitung der nächsten Anfrage der Warteschlange (s.o.).

- Wenn ein Regelmodul ''X'' die Aktion

  sendinsert (Y , X , Nr , Pattern) bzw.

  senddelete (Y , X , Nr , Pattern)

  verwendet, wird in die lokale Faktenbasis (der korrekten Inkarnation) von ''Y'' das Faktum

  (INSERT from:X order:Nr fact:Pattern) bzw.

  (DELETE from:X order:Nr fact:Pattern)

  eingetragen. Der empfangende Modul kann dann entscheiden, wie er dieses Faktum auswertet. Die standardmäßigen Schnittstellenregeln bewirken den Eintrag bzw. Löschen des eigentlichen Faktums ''Pattern''. Der Auftragsbezeichner ''Nr'' kann belanglos sein, z.B. wenn in **globale_FB** eingetragen wird, oder zur Zuordnung von korrekten Modulinkarnationen dienen. "Pattern" muß bei **sendinsert** ein konkretes Faktum sein, da variable Faktenmuster nicht eingetragen werden können.

- Jeder F-RM ist *ohne Gedächtnis*, d.h. seine lokale Faktenbasis besitzt einen eindeutigen Initialzustand. Falls sich F-RMn *rekursiv* aufrufen sollen, muß, da eine neue Inkarnation erzeugt wird, evtl. notwendige Statusinformation über frühere Inkarnationen mit Hilfe der Parameter der Anfrageschnittstelle der Dienste weitergegeben werden.

- Wenn DO-RMn sich selbst Anfragen (rekursiv) senden, wird diese Anfrage, um Verklemmungen zu vermeiden, stets als nächste ausgeführt. Das QUERY-Faktum für die alte Anfrage wird dann als noch nicht vollständig erledigt markiert.

- Jeder Regelmodul enthält *Standardregeln* zum Auswerten der STOP-, INSERT- und DELETE-Fakten (s.o.). Zusätzlich gehören zu ihm vom Programmierer geschriebene Regeln. Durch solche eigene Regeln kann der Programmierer die *Standardregeln* auch ersetzen, wenn er ein anderes Kooperationsverhalten in einem Modul erreichen will. Weiterhin sind Regeln in einem Modul möglich, die aus dem *Übergangsgraph* (vgl. 3.5, 3.6) der im Modul benutzten anderen Moduln automatisch generiert wurden.

Mit den getroffenen Festlegungen über die Architektur des im weiteren zugrunde gelegten Regelsystems können Regelprogramme mit parallel arbeitenden Funktions- und Datenobjekt-Regelmoduln erstellt werden (F-RM und DO-RM). Die F-RMn besitzen ihre eigenen lokalen Faktenbasen zur dynamischen Versorgung mit dem notwendigen *Anfangswissen* (= Initialzustand), für *Zwischenberechnungen* und zur Abwicklung der Kommunikation mit anderen Moduln. Bei DO-RMn, wie z.B. **globale_FB**, stellt die lokale Faktenbasis den inneren Zustand dar.

Explizite Sprachmittel zum Senden und Empfangen von Anfragen und Antworten ermöglichen die Aktivierung von Regelmoduln *per Anfrage*, anstatt durch Eintragen von Steuerfakten wie beim Grouping by Context.

Bei mehreren Anfragen für einen F-RM werden zur Bearbeitung einer jeden eigene, parallel ablaufende Inkarnationen von ihm benutzt. Es ist weder eine Warteschlange für Anfragen nötig (wie sie beim Grouping by Context entstehen würde), noch müssen (oft sehr komplexe und zeitaufwendige) Algorithmen für die verschränkte Bearbeitung mehrerer Anfragen gleichzeitig in einem Modul entwickelt werden. Da bei DO-RMn die Anfragen in die lokale Faktenbasis eingereiht werden, kann der Modul in seinen eigenen Regeln entscheiden, ob er Anfragen sequentiell oder bevorzugt abarbeitet.

Durch das Erzeugen von neuen Inkarnationen bei F-RMn bzw. der möglichen Vorzugsbearbeitung von Anfragen in DO-RMn läßt sich das rekursive Senden von Anfragen in allen Fällen korrekt vornehmen. Wären dagegen DO-RMn Warteschlangen *außerhalb vorgeschaltet*, dann ergäben sich beim rekursiven Senden dieselben Verklemmungsprobleme wie in Orient84/K [Ishikawa/Tokoro 86]. Dort konnten diese Probleme nur durch Einführung einer Ausnahmebehandlung (rekursives *Senden* ist kein *Senden*, sondern ein Prozeduraufruf innerhalb des Kontexts eines Objekts) gelöst werden, was die eigentliche Semantik des Sendens in Orient/84K verletzt.

Die zwei Modularten und die Möglichkeit der Vervielfältigung von F-RMn ist eine gute Voraussetzung zur Aufteilung von unterschiedlichen ebenso wie von gleichen Unteraufgaben. Damit, und wegen der Festlegung, daß die Kooperation von Moduln explizit über Senden von Fragen und Antworten erfolgt, ist der Grundstein gelegt, die Parallelisierung auf subtask-Ebene zur Beschleunigung großer Regelprogramme erfolgreich einzusetzen.

Bevor nun eine genaue Festlegung der Regelmodulsyntax erfolgen kann, soll im folgenden Abschnitt 3.3 das Ausehen der "patterns" in Anfrage- und Antwortschnittstellen eines Moduls genauer untersucht werden. Dazu wird eine Typisierung von Fakten eingeführt, die gewisse semantische Überprüfungen empfangener Fragen und Antworten ermöglicht. Weiterhin ist das Typenkonzept auch geeignet, Einschränkungen bzgl. der Parameter in den Schnittstellen eines Moduls auszudrücken. Dadurch ist es möglich, Dienste eines Moduls im Bedarfsfall zu spezialisieren und das Ergebnis der Dienste gemäß der Spezialisierung dynamisch zu überprüfen.

3.3 Typisierung von Fakten

Im vorangehenden Abschnitt wurde die Regelsystemarchitektur definiert, die allen nachfolgenden Untersuchungen zugrunde liegen soll. Dabei sind die *Zugriffsfunktionen* der Regeln auf globale und lokale Faktenbasen sowie *Sende- und Empfangsfunktionen* für die Kommunikation zwischen Regelmoduln festgelegt worden. Die meisten der Funktionen besitzen einen, bis jetzt noch nicht näher spezifizierten Parameter "pattern". Dieser ist ein Faktenmuster, wie es in Existenzbedingungen Verwendung findet. Das bedeutet, ein "pattern" ist ein Tupel, das aus einem Faktenklassenbezeichner und einer Liste von Attributname/Attributwert-Paaren besteht. Als Attributwerte sind sowohl konkrete Belegungen (atomar oder strukturiert), als auch Variable (singulär oder als Bestandteil eines strukturierten Werts) möglich. Während ein "pattern" mit ausschließlich konkreten Belegungen der Attribute stets nur zu genau einem Faktum in der Faktenbasis *paßt*, können "patterns" mit Variablen oder dem any-Symbol "<->" durch eine ganze Faktenklasse oder eine Teilmenge daraus erfüllt werden.

Diese Möglichkeiten lassen jedoch noch keine genügend feinen Unterscheidungen für die Parameterwerte beim Senden von Anfragen und Empfangen von Antworten zu, wie sie für statische und auch dynamische Schnittstellenüberprüfungen beim Verwenden von Regelmoduln unabdingbar sind. Insbesondere kann man keine Einschränkungen des Wertebereichs von variablen Attributen vornehmen und man kann den Attributen auch keinen Typ im Sinne einer Programmiersprache mit Typvereinbarungen für Variable zuordnen. Deshalb wird im folgenden Abschnitt 3.3.1 ein entsprechendes

Konzept eingeführt, das diesem offensichtlichen Mangel existenter Regelsysteme (wie OPS 5 und YAPS) abhilft. Danach folgt in 3.3.2 eine Untersuchung, wie das zuvor definierte Typkonzept dazu eingesetzt werden kann, Einschränkungen bei der Verwendung von Modulschnittstellen festzulegen.

3.3.1 Überprüfbare Modulschnittstellen durch typisierte Faktenmuster

Bei gängigen Regelprogrammiersprachen fehlen jegliche Möglichkeiten zur Typisierung der Attributwerte eines Faktenmusters. Damit sind beliebige Fehler in einem Regelprogramm möglich, ausgelöst durch "ungeeignete" Werte, die nicht wie von einer Schnittstelle "geplant" interpretiert werden können. Z.B. ist es syntaktisch korrekt, wenn statt eines erwarteten integer-Wertes für ein Attribut "alter" der String "dreißig" in einem Antwortpattern auftaucht. Die auftretenden Fehler bei Anwendung von integer-Operatoren auf den String führen dann zum Fehlerabbruch des Programms.

Solange nur Regelprogramme nicht allzu großen Umfangs von einem einzigen Programmierer erstellt werden, sind dergleichen Fehler wahrscheinlich vermeidbar. Werden aber größere Anwendungen aus Regelmoduln kombiniert, die von unterschiedlichen Personen programmiert sind, wird eine Typisierung der Schnittstellen unerläßlich (3.1, Anforderung b). Nur auf diese Art und Weise ist ein weitgehend problemloses Kombinieren von Regelmoduln in eindeutiger Weise (3.1, Anforderung e) möglich und es wird zusätzlich die Verifikation des Übergangsverhaltens zwischen Moduln deutlich erleichtert (3.1, Anforderung g).

Neben der Zuordnung von Basistypen (wie integer, real, string usw.) zu Variablen ist es weiterhin oft wünschenswert, mit selbstdefinierbaren Typen Unterbereiche dieser Basistypen sowie Aggregate oder Verbunde über ihnen ausdrücken zu können (vgl. z.B. die Syntax von PASCAL; [Jensen/ Wirth 78]).

In der Regelsprachensyntax, die in 2.1 als Grundlage für das Modulkonzept der vorliegenden Arbeit festgelegt wurde, sind Mengen als Attributwerte sowie strukturierte "patterns" durch Schachtelung von Faktenmustern auf Attributwertposition bereits vorgesehen. Zusätzlich werden noch folgende Möglichkeiten bei der Definition von Faktenmustern angeboten:

a. Die Angabe von Basistypen für Attributwert-Variable;

b. Die Angabe von Unterbereichen über Basistypen;

c. Eine allgemeine Syntax für die Erweiterung von Faktenmustern zu typisierten Faktenmustern bzw. Faktentypen.

Als Basistypen bieten sich die in allen Programmiersprachen gängigen an, die die übliche Klassifizierung von Variablen in **integer**, **real**, **bool**, **char** und **string** erlauben (die vollständige Definition befinden sich in Anhang A2). Weiterhin wird der Basistyp **symbol** zugelassen, den man für beliebige Bezeichner verwenden kann. Alle Attributwerte, die einem Basistyp angehören, sind Atome der Regelsprache.

Unterbereiche von Basistypen können **Ausschnitt- oder Aufzählungstypen** sein.
Mit beiden läßt sich ausdrücken, daß ein Attributwert Element einer bestimmten Teilmenge des zugrundeliegenden Basistyps sein muß. Für die nicht-aufzählbaren Basistypen **real** und **string** sind Ausschnittypen wie in [Bocionek/Meyfarth 88] beschrieben
möglich. (Die exakte Syntax für die vorliegende Arbeitet befindet sich in Anhang A2.)

Grundidee für die Syntax typisierter Faktenmuster ist, daß man ein Faktenmuster
beliebig genau innerhalb der durch seine Faktenklassendefinition gegebenen Möglichkeiten festlegen können will. Somit ist das gröbste Faktenmuster in einer Klasse eines,
das ausschließlich any-Symbole als Attributwerte besitzt wie z.B.

(ROBOTER typ:<-> achsen:<->);

feinste Faktenmuster einer Klasse sind dann alle, die nur konkrete Attributwertbele-
gungen besitzen wie z.B.

(ROBOTER typ:PUMA_560 achsen:6);

Dazwischen "liegen" alle Faktenmuster, die irgendwelche typisierten oder nichttypi-
sierten Variablen beinhalten. Das folgende Beispiel soll kurz eine Vorstellung von den
Möglichkeiten typisierter Faktenmuster bieten:

```
(AUTO marke :<s>:symbol
      typ :<t>:enum_symbol  (opel,ford,vw)
      zulassung:(DATUM  tag:<d>:range_int(1,31)
                        monat:<m>
                        jahr:1985 ))
```

Es handelt sich um ein Faktum der Faktumklasse AUTO, dessen Attribut "marke" nur
mit Werten des Typs **symbol** (= Bezeichner) belegt werden darf. Das Attribut "typ"
darf ausschließlich eines der aufgezählten Symbole "opel", "ford" oder "vw" als
Wert haben, und der Wert von "tag" muß im integer-Ausschnitt von 1 bis 31 liegen.
Die vollständige Syntax für typisierte Faktenmuster ist in Anhang A2 definiert.

Jedes Faktum der Faktenbasis kann jetzt natürlich zu verschiedenen typisierten
Faktenmustern *passen*. Formal ausgedrückt paßt ein Faktum zu allen Faktentypen, die
aus ihm bottom-up als Satzform gemäß der im Anhang A2 definierten Syntax erzeugt
werden können. Als feinste Typisierung ist damit jedes Faktum Typ von sich selbst.

Mit den Faktentypen können jetzt in einem Regelmodul sowohl die Export- wie die
Importschnittstelle exakt spezifiziert werden, d.h., zu jedem Attribut eines Anfrage-
oder Antwort-Faktenmusters ist sein Typ festlegbar. Die Überwachung der Einhaltung
von Typeinschränkungen zur Laufzeit erfolgt dann automatisch. Dazu geht man wie
folgt vor:

Man notiert seine typisierten Faktenbedingungen gemäß der Syntax im Anhang A2:

```
isfact (QUERY   from:<M1>  order_no:<N>
                fact:(AUTO  marke:<s>:symbol
                            typ:<t>:enum_symbol  (opel,ford,vw)
                            zulassung:(DATUM  tag:<d>:range_int(1,31)
                                              monat:<m>
                                              jahr:1985 )))
```

Ein Vorübersetzer transformiert bei der Übersetzung des Regelmoduls jede Regel mit typisierten Faktenbedingungen in gleichwertige mit Filterprädikaten.

```
isfact (QUERY  from:<M1>  order_no:<N>
               fact:(AUTO marke :<s>
                     typ :<t>
                     zulassung:(DATUM tag:<d>
                                      monat:<m>
                                      jahr:1985 )))
test-attr (isin_symbol  <s>)
test-attr (isin_enum_symbol  <t>  '(opel ford vw))
test-attr (isin_range_int  <d>  '(1 31))
```

In den Testattributen werden boolesche Funktionen aufgerufen, die die korrekte Typzugehörigkeit der Attributvariablen testen. Diese Testfunktionen sind aus der Typangabe der Variablen generierbar. Aus Effizienzgründen ist es jedoch sinnvoll, gemäß der Typsyntax für die Attributvariablen einen vollständigen Satz Testfunktionen von vornherein zur Verfügung zu stellen und nur noch den Aufruf durch den Vorübersetzer zu generieren. Wie ein solches Typenkonzept in der Praxis realisiert werden kann, ist am Beispiel einer objektorientierten Wissensbasis in LISP durch [Bocionek/Meyfarth 88] beschrieben und durch [Schweiger 88] implementiert worden. Das Konzept ist sofort auf die Kommunikationsfunktionen für aus Moduln zusammengesetzte Regelprogramme übertragbar.

Während des Regelprogrammablaufs werden die Testfunktionen als Filterprädikate beim Mustervergleich aufgerufen. Die Regel mit den typisierten Faktenbedingungen ist nur dann erfüllt, wenn auch alle Filterprädikate ein positives Ergebnis geliefert haben.

Das beschriebene Vorgehen zur Realisierung dynamischer Typüberprüfungen kann auf einfache Weise in jedes Regelsystem integriert werden, ohne daß die Algorithmen des Mustervergleichs direkt erweitert werden müßten. Dies ist insbesondere von großem Vorteil, wenn keine Programmquellen des Regelsystems (wie z.B. beim kommerziellen OPS 5) zur Verfügung stehen.

Mit dem Konzept des Vorübersetzers kann natürlich auch sofort eine zweite Regel erzeugt werden, die durch ODER-Verknüpfung der negierten Testattribute eine explizite Reaktion auf Typenfehler zuläßt:

```
isfact (QUERY  from:<M1>  order_no:<N>
                   fact:(AUTO  marke :<s>
                                 typ :<t>
                                 zulassung:(DATUM  tag:<d>
                                                     monat:<m>  jahr:1985 )))
         not (test-attr (and (is_symbol  <s>)
                              (isin_enum_symbol  <t>  '(opel ford vw))))
```

Diese zweite Regel kann z.B. automatisch Fehlermeldungen erzeugen oder eine Fehlerantwort an den aufrufenden Modul senden. Im Kapitel 4 wird mit dem beschriebenen
Ansatz die Fehlerbehandlung beim Empfangen von Anfragen an und von Ergebnissen
aus aufgerufenen Moduldiensten realisiert.

3.3.2 Einschränkung von Modulschnittstellen

Über das Faktentypenkonzept kann nicht nur eine weniger fehleranfällige Anwendung von Moduldiensten durch Typisierung der Schnittstellenvariablen erreicht werden,
sondern es beinhaltet zusätzliche Möglichkeiten zur dynamischen Modifikation der
Antwortschnittstellen durch den benutzenden Modul . Damit sind die *möglichen* Antworten eines Dienstes auf eine, den benutzenden Modul *interessierende* Teilmenge
einschränkbar. Die Einschränkungen können dynamisch auf dieselbe Weise überprüft
werden wie die Einhaltung von Variablentypen in der Anfrage.

Beispiel:

Ein Modul PLAN_ROBOT bearbeitet die (parameterlose) Anfrage ''(plan_rob)''; eine
der möglichen Antworten dieses Dienstes ist

    (found_robot rob:<r>:symbol).

Ein Anwenderprogramm zur Erstellung von Transportplänen in einer Fabrikumgebung
mit autonomen mobilen Robotern benutzt den Dienst ''(plan_rob)'' des Moduls
PLAN_ROBOT, hat aber nur für die Roboter AR1, AR2 und AR4 Verwendung. Diese
Bedingung kann in der Antwortschnittstelle des Dienstes mit dem Faktentypenkonzept
sofort ausgedrückt werden, indem die mögliche Antwort ''(found_robot rob:<r>:symbol)'' auf die erwartete Antwort

    (found_robot rob:<r>:enum_symbol (AR1 AR2 AR4))

eingeschränkt wird. Somit wird der Typ des Attributs ''rob'' in der Antwort als eine
endliche Aufzählung von bestimmten Elementen des allgemeinen Typs **symbol** festgelegt.

In der Import-Schnittstelle des den Dienst aufrufenden Moduls kann diese Einschränkung formuliert werden. Die Verträglichkeit der Einschränkung mit der Definition in der Antwortschnittstelle des Dienstes ist statisch auf einfache Weise gemäß der
Ordnung der Typen (vgl. Anhang A2) überprüfbar. Dynamisch kann die Einschränkung

in der Import-Schnittstelle auf zwei Arten ausgewertet werden:

i. Beim Aufruf des Dienstes wird die *Einschränkung* als zusätzlicher System-Parameter mit übergeben. Der Dienst muß dann so realisiert sein, daß er versucht, die Anfrage gezielt bzgl. der Einschränkung zu beantworten.

ii. Der aufrufende Modul prüft beim Empfang der Antwort des Dienstes die Einhaltung seiner Einschränkungen nach.

Die dynamische Überprüfung der Antwort gemäß ii. ist in jedem Fall notwendig. Selbst wenn i. verwirklicht ist, besteht ja die Möglichkeit, daß der Dienst keine Antwort findet, die der Einschränkung genügt. Realisiert wird die Überprüfung ii. genauso wie die Typüberwachung selbst (vgl. 3.3.1), also durch Testattribute in den Regeln, die die Antwort empfangen. Im Beispiel würde so eine Empfangsregel wie folgt aussehen:

```
(rule PLAN_ROBOT_Rxxx
    isfact (ANSWER  from:PLAN_ROBOT  order_no:<->
                                     fact:(found_robot  rob:<r>))
    test-attr (isin_enum_symbol  <r>  '(AR1 AR2 AR4))
-->
    ...
)
```

Die dazugehörige Fehlerbehandlungsregel für den Fall des Nichterfülltseins der Einschränkung hat denselben Bedingungsteil, außer daß das Testattribut negiert werden muß.

```
(rule PLAN_ROBOT_Rxxy
    isfact (ANSWER  from:PLAN_ROBOT  order_no:<->
                                     fact:(found_robot  rob:<r>))
    not (test-attr (isin_enum_symbol  <r>  '(AR1 AR2 AR4)))
-->
    ...
)
```

Die Testfunktion "isin_enum_symbol" ist wieder eine zum Typkonzept gehörige Standardfunktion des Systems.

Während die dynamische Überprüfung eines eingeschränkten Ergebnisses keinerlei Schwierigkeiten bereitet, ist die Verwirklichung einer *gezielten Beantwortung* von Anfragen gemäß i. sehr problematisch. Insbesondere lassen sich beim Erstellen des Algorithmus für einen Dienst alle denkbaren Einschränkungen beliebiger zukünftiger Benutzer sicher nicht vollständig berücksichtigen. Eher wäre schon denkbar, den Algorithmus in einen allgemeinen Suchrahmen einzubetten, der ihn solange ablaufen läßt, bis ein die Einschränkung erfüllendes Ergebnis gefunden ist. Dieselbe Suche könnte natürlich auch der Anwender selbst vornehmen; dadurch wäre der Dienst von Zusatzarbeit befreit, die mit ihm selbst nichts zu tun hat. Eine günstigere Möglichkeit zur Realisierung von Algorithmen mit Frageeinschränkungen in Fällen, wo eine Angabe von Einschränkungen oder Wünschen an das Ergebnis einer Anfrage stets (oder häufig) benötigt wird, kann durch Einführung eines expliziten Parameters beim Dienst selbst erfolgen. Der im Falle einer allgemeinen Einführung von i. nötige Zusatzaufwand bei Diensten, die nie eingeschränkt werden (sollen), entfällt. Probleme mit der Vollständigkeit der Einschränkungsbehandlung in den Diensten sind nicht zu lösen. Daher wird in der vorliegenden Arbeit die Möglichkeit des automatischen Einbringens von Ergebniseinschränkungen in aufgerufene Dienste nicht weiter verfolgt. Sollte der Bedarf nach Moduln mit dynamisch einschränkbaren Algorithmen dennoch auftauchen, kann dies durch Einführung eines eigenen Parameters jederzeit nachträglich realisiert werden.

3.4 Definition eines Regelmoduls

Nach Festlegung der Architektur eines Regelsystems zur Erstellung von Regelprogrammen aus Moduln und mit dem Typenkonzept für Fakten kann nun die Definition eines einzelnen Regelmoduls vorgenommen werden. Aus den Anforderungen ergeben sich die folgenden Bestandteile als notwendig:

a. Ein eindeutiger Modulname einschließlich der Angabe des Modultyps. Über den Modulnamen wird der Austausch von Anfragen und Antworten *adressiert*. Die Typangabe ist nötig, um zu entscheiden, ob (im Fall F-RM) bei einer neuen Anfrage eine neue Inkarnation des Moduls zu erzeugen ist, oder ob direkt in die lokale Faktenbasis eines existenten DO-RMs eingetragen werden kann.

b. Die Schnittstelle nach außen (SNA, auch export-interface); das ist die Menge der verfügbaren Dienste eines Regelmoduls. Jeder Dienst beinhaltet :
b1. Das typisierte Faktenmuster für seine Anfrage.
b2. Die typisierten Faktenmuster aller auf die Anfrage möglichen Antworten.
b3. Die Schnittstelle von außen (SVA, auch import-interface); das ist die Menge der Anfragen (jeweils mit den pro Anfrage *erwarteten* Antworten; das kann eine Teilmenge der *möglichen* Antworten sein; s.o.), die der Dienst an andere Regelmoduln eventuell (d.h. abhängig vom Kontrollfluß in ihm) sendet. Die Faktenmuster in Anfragen und Antworten sind wie in b1 und b2 ebenfalls typisiert. In der *SVA* ist auch noch für jeden benutzten Modul der Parameter für den dynamisch zuzuordnenden Ladefaktensatz enthalten.
b4. Die Kontrollinformation; das ist ein gerichteter Übergangsgraph, der für den Dienst beschreibt, in welcher Reihenfolge und unter welchen Bedingungen welche Anfragen in ihm an andere Regelmoduln gesendet werden (er beschreibt damit die Verwendung seines import-interfaces). Aussehen, Verwendung und Zweck der Übergangsgraphen werden in 3.5 detailliert behandelt.

c. Die Ladefakten des Regelmoduls; das ist die Menge von Fakten, die im Initialzustand des Moduls in seiner lokalen Faktenbasis vorhanden sind.

d. Die programmierten Regeln des Regelmoduls; das ist die Menge aller vom Programmierer explizit für den Modul niedergeschriebenen Regeln. Daneben kann ein Modul noch generierte Regeln besitzen, die automatisch aus der Kontrollinformation (vgl. b4) erzeugt wurden. Da die Information über generierbare Regeln dort bereits enthalten ist (wenn auch in der Graphen-Repräsentation), werden generierte Regeln in expliziter Form nicht extra in die Modulbeschreibung aufgenommen.

Ein Regelmodul mit einer wie in b. beschriebenen Schnittstelle nach außen erfüllt die Forderungen nach eigenständiger Erstellbarkeit (Anforderung 3.1.a), beliebiger Verfeinerbarkeit (Anforderung 3.1.c) und unabhängiger Veränderbarkeit (Anforderung 3.1.d). Andere Moduln können seine Dienste (also seine Anfrageschnittstelle) benutzen, ohne deren Implementierung zu kennen. Durch das festgelegte Typenkonzept wird (wie in 3.1.b. gefordert) eine dynamische Überprüfung der Übergabewerte beim Benutzen der SNA eines Regelmoduls ermöglicht; zusätzlich kann man die Weitergabe von Einschränkungen realisieren (Anforderung 3.1.h).

Über die SNA-Definitionen der Regelmoduln können aus ihnen größere Regelprogramme in eindeutiger Weise beliebig zusammengesetzt werden (Forderung 3.1.e). Dabei ist in der SVA-Schnittstelle jedes Moduldienstes festgehalten, welche anderen Moduln (bzw. welche von deren Diensten) er benutzt, und in der Kontrollinformation, wie er dies tut. Somit kann das Zusammenspiel der Moduln eines Regelprogramms übersichtlich dargestellt werden (Anforderung 3.1.g). Wegen der Übersichtlichkeit sind auch sofort alle möglichen Parallelismen (bei der Bearbeitung der abgesendeten Anfragen) im Modul erkennbar (Anforderung 3.1.i).

Die Form der SNA eines Regelmoduls gestattet sofort, Anfragen als Nachrichten z.B. in Smalltalk-80 ähnlicher Syntax [Goldberg/Robson 83] zu formulieren. Damit ist eine wichtige Voraussetzung, wenn man Regelmoduln in objektorientierter Umgebung implementieren will, in natürlicher Weise erfüllt (Anforderung 3.1.k).

Nachdem die notwendigen *Bestandteile* eines Regelmoduls festgelegt sind, nun die formale Definition. Ein Regelmodul ist eine Struktur

REGELMODUL
    Name,
    SNA,
    Lade-Fakten,
    Programmierte-Regeln
END_REGELMODUL;

Name ist ein Paar (*Modultyp, Modulbezeichner*).
    Modultyp kann F-RM oder DO-RM sein.
    Modulbezeichner ist der eindeutige Bezeichner des Regelmoduls.

SNA (die Schnittstelle nach außen) ist eine Menge von Diensten, die der Modul bereitstellt. Jeder Dienst wird jeweils durch das folgende Quadrupel dargestellt :

(Anfrage, mögliche-Antworten, SVA, Kontroll-Info)
Anfrage ist ein gemäß 3.3 typisiertes Faktenmuster.
mögliche-Antworten ist eine Menge gemäß 3.3 typisierter Faktenmuster, die als Antwort auf *Anfrage* möglich sind. Eine Standard-Fehlerantwort wird stets zur Menge der *möglichen-Antworten* automatisch hinzugenommen, auch wenn sie vom Benutzer nicht explizit formuliert wurde. Sie besteht aus dem Faktenmuster

(ERROR kind:<?>:symbol attr:<?>:symbol var:<?>:symbol text:<?>:string)

SVA (die Schnittstelle von außen) ist eine Menge von Quadrupeln,

(verwendeter-Modul, Ladefaktensatz, Anfrage, erwartete-Antworten)

die die Verwendung fremder Moduldienste im Dienst beschreiben.
verwendeter-Modul ist das Paar aus dem eindeutigen Namen und dem Typ eines verwendeten Moduls
Ladefaktensatz (LFS) bezeichnet die Ladefaktenmenge, die vor Arbeitsbeginn eines F-RMs in dessen lokale Faktenbasis dynamisch geladen wird. In DO-RMn und falls in F-RMn keine Ladefakten benötigt werden, ist *LFS* gleich NIL zu setzen.
Anfrage ist ein gemäß 3.3 typisiertes Faktenmuster
erwartete-Antworten ist eine Menge gemäß 3.3 typisierter Faktenmuster, die vom benutzenden Dienst als Antwort auf *Anfrage* akzeptiert werden. Das kann eine Teilmenge der auf *Anfrage* möglichen Antworten sein. Eine Standard-Fehlerantwort gehört ebenfalls stets zu jeder Menge von *erwarteten-Antworten*, auch wenn sie vom Benutzer nicht explizit formuliert wurde. Sie besteht aus dem Faktenmuster

(ERROR kind:<?>:symbol attr:<?>:symbol var:<?>:symbol text:<?>:string)

Kontroll-Info ist ein (evtl. leerer) Übergangsgraph, der die Verwendung der *SVA* des Dienstes beschreibt. Sie wird in 3.5 exakt definiert. *Kontroll-Info* kann die Verwendung der *SVA* allerdings nicht vollständig beschreiben, da aus den *Programmierten-Regeln* (s.u.) eines Moduls ebenfalls mit anderen Moduln kommuniziert werden darf.

Lade-Fakten ist die Menge der Fakten, die die lokale Faktenbasis des Moduls im Initialzustand enthält.

Programmierte-Regeln ist die Menge der vom Programmierer explizit formulierten Regeln.

Das folgende Beispiel zeigt einen Funktions-Regelmodul zur Planung von Transporten in einer Fabrik mit autonomen mobilen Robotern (vgl. dazu die Ziele des SFB 331, *"Informationsverarbeitung in autonomen mobilen Handhabungssystemen"*; [SFB331_Antrag 86]). Dort bearbeitet der Modul TRANSPORT_PLANNING z.B. 4

verschiedene Anfragen und stellt damit 4 entsprechende Dienste zur Verfügung.

Der (im Beispiel detaillierter beschriebene) Dienst1 für die Anfrage "(plan_trans what:<?> from:<?> to:<?>)" erstellt einen Transportplan, um ein Objekt "what" von einem Ort "from" zu einem anderen "to" in der Fabrik zu bringen. Das Ergebnis ist die Antwort "(trans_plan used_rob:<?> path:grasp_plan:<?>)", in dem der zu benutzende Roboter "used_rob", der zu fahrende Weg "path" und der zum Aufnehmen des Objekts geeignete Greifplan "grasp_plan" festgelegt sind. Um den Transportplan zu erzeugen, bedient sich der Modul TRANSPORT_PLANNING vier weiterer Unter-Regelmoduln PLAN_ROBOT, PLAN_PATH, PLAN_GRASP und JOIN_PATHES, an die er die Anfragen "(plan_rob)", "(plan_p rob:<?> p1:<?> p2:<?>)", "(plan_g rob:<?> object:<?>)" und "(join_pathes path1:<?> path2:<?>)" sendet. Bei PLAN_ROBOT ist der Ladefaktensatz LFS = NIL, bei den anderen Untermoduln sind im *Kontrollgraph* noch zu besetzende freie Variable <?> angegeben (s.u.). Falls von allen Anfragen die positiven Antworten "(rob_exists rob:<?> loc:<?>)", "(path_exists path:<?>)" bzw. "(joining_ok path:<?>)" und "(g_plan_exists gp:<?>)" zurückkommen, kann ebenfalls die positive Antwort "(trans-plan ...)" von TRANSPORT_PLAN-NING zurückgesendet werden.

Falls von den Untermoduln eine Teilaufgabe nicht gelöst werden konnte, (z.B. alle Roboter sind belegt oder der einzige Zugang zu "to" ist blockiert), also eine der Antworten "(no_rob)", "(no_path)", "(no_grasp)" oder "(no_join)" vorliegen, ist die Antwort des aufrufenden Moduls TRANSPORT_PLANNING "(no_plan)". Die Reihenfolge der Anfragen, die Abhängigkeiten der Untermoduln von vorhergehenden Antworten und die Zuordnung von Konstanten- oder Variablenbezeichnern zur Bindung aller freien Parameter <?> wird in der *Kontroll-Info* (siehe 3.5 und Bild 2) festgelegt.

Im vorliegenden Beispiel gibt es keine *Programmierten-Regeln*; der Modul arbeitet ausschließlich unter Verwendung der Export-Schnittstellen anderer Moduln, die die Teilaufgaben erledigen. *Lade-Fakten* sind im Modul ebenfalls nicht vorhanden. In den Definitionen wird noch kein Variablenbezeichner vergeben, sondern ein Fragezeichen <?> verwendet. Ansonsten müßte jeder Dienst, der mehrfach in der *SVA* eines Dienstes gebraucht wird, auch mehrfach unter verschiedenen Belegungen der Variablen auf-geschrieben werden. Im Beispiel gruppieren runde Klammern Tupel, geschweifte Klam-mern Mengen.

REGELMODUL

> *Name* : (F-RM, TRANSPORT_PLANNING)
>
> *SNA* : {Dienst1 = (*Anfrage* = (plan_trans what:<?> from:<?> to:<?>),
>   *mögliche-Antworten* =
>   { (no_plan),
>   (trans_plan used_rob:<?> path:<?> grasp_plan:<?>)
>   },
>   *SVA* =

```
                    { ( (DO-RM , PLAN_ROBOT),
                        LFS:NIL, /* kein Ladefaktensatz in DO-RMn */
                        (plan_rob),
                        {(no_rob), (rob_exists rob:<?> loc:<?>)}
                      ),
                      ( (F-RM , PLAN_PATH),
                        LFS:<?>, /* Ladefakten für Wegsuche */
                        (plan_p rob:<?> p1:<?> p2:<?>),
                        {(no_path), (path_exists path:<?>)}
                      ),
                      ( (F-RM , PLAN_GRASP),
                        LFS:<?>, /* Ladefakten für Greifplanung */
                        (plan_g rob:<?> object:<?>),
                        {(no_grasp), (g_plan_exists gp:<?>)}
                      ),
                      ( (F-RM , JOIN_PATHES),
                        LFS:<?>, /* Ladefakten für Wegsuche */
                        (join_pathes path1:<?> path2:<?>),
                        {(no_join), (joining_ok path:<?>)}
                      )
                    }
                Kontroll-Info siehe 3.5
              ),

        Dienst2 = ... ,

        Dienst3 = ... ,

        Dienst4 = ...

      }
    Lade-Fakten : { }

    Programmierte-Regeln : { }
END_REGELMODUL;
```

Die Zuordnung von Variablennamen zu den <?>-Symbolen erfolgt erst bei der Definition der *Kontroll-Info* jedes Dienstes. Dann wird auch der Ladefaktensatz für die aktuelle Anwendung festgelegt.

Aus Lesbarkeitsgründen (und wegen der Darstellung der Kontroll-Info) stellen wir ab sofort jedes Element der SNA (also jeden Dienst) eines Regelmoduls als sogenanntes 3-schichtiges Fragekästchen (oder nur Fragekästchen) dar. In Schicht 1 steht eine Anfrage aus der SNA; in Schicht 3 stehen die auf die Anfrage möglichen Antworten; Schicht 2 beinhaltet zunächst den Modulnamen, Modultyp und den Parameter für den

Ladefaktensatz. Damit ergibt sich für den Dienst1 des vorigen Beispiels als Fragekästchen das Bild 1.

Die mittlere Schicht 2 des Fragekästchens soll neben Modulnamen, Modultyp und Ladefaktensatz auch den Übergangsgraphen (falls vorhanden) für die Anfrage enthalten, d.h. die zur Anfrage gehörende *Kontroll-Info.*

<table>
<tr><td colspan="2">(plan_trans   what:<?>   from:<?>   to:<?>)</td></tr>
<tr><td colspan="2">F - R M   TRANSPORT_PLANNING
LFS : <?></td></tr>
<tr><td>(no_plan)</td><td>(trans_plan   used_rob:<?>   path:<?> grasp_plan:<?>)</td></tr>
</table>

Bild 1: Fragekästchen zu Dienst1 des Regelmoduls TRANSPORT_PLANNING

Im folgenden Abschnitt 3.5 werden die Übergangsgraphen definiert und ihre Darstellung in den Fragekästchen beschrieben.

3.5 Verknüpfung von Regelmoduln durch Übergangsgraphen

Nach der im letzten Abschnitt gegebenen Definition eines Regelmoduls gehört zu jedem seiner Dienste auch die sogenannte *Kontroll-Info.* Die *Kontroll-Infos* sind eine Menge von gerichteten Übergangsgraphen, die die Implementierungsdetails bzgl. der Verwendung anderer Moduln beschreiben, also *wann* jeder Moduldienst *welche* Anfragen an andere Moduln sendet und *wie* er deren Antworten weiter verwertet. D.h., zu jedem Element der *SNA* (also zu jeder Anfrage) gehört höchstens ein Übergangsgraph, der den Zusammenhang zwischen gesendeter Anfrage und zu deren Bearbeitung aufgerufenen Moduln definiert. Bevor wir die Elemente zur Darstellung von Übergangsgraphen festlegen, soll an dieser Stelle ein Übergangsgraph für den Regelmodul TRANSPORT_PLANNING (für dessen im Beispiel von 3.4 und Bild 1 beschriebenen Dienst1) vorgestellt werden. Die Parameterversorgung aller Fragekästchen im Übergangsgraph geschieht nun über Zuordnung von Variablennamen an die Attributpositionen der Schichten 1 und 3. Ebenso kommen jetzt in allen Fragekästchen die Namen der Ladefaktensätze (LFS) in Schicht 2 hinzu.

Man sieht in Bild 2, daß zur Beantwortung der Frage aus Schicht 1 des Frage-

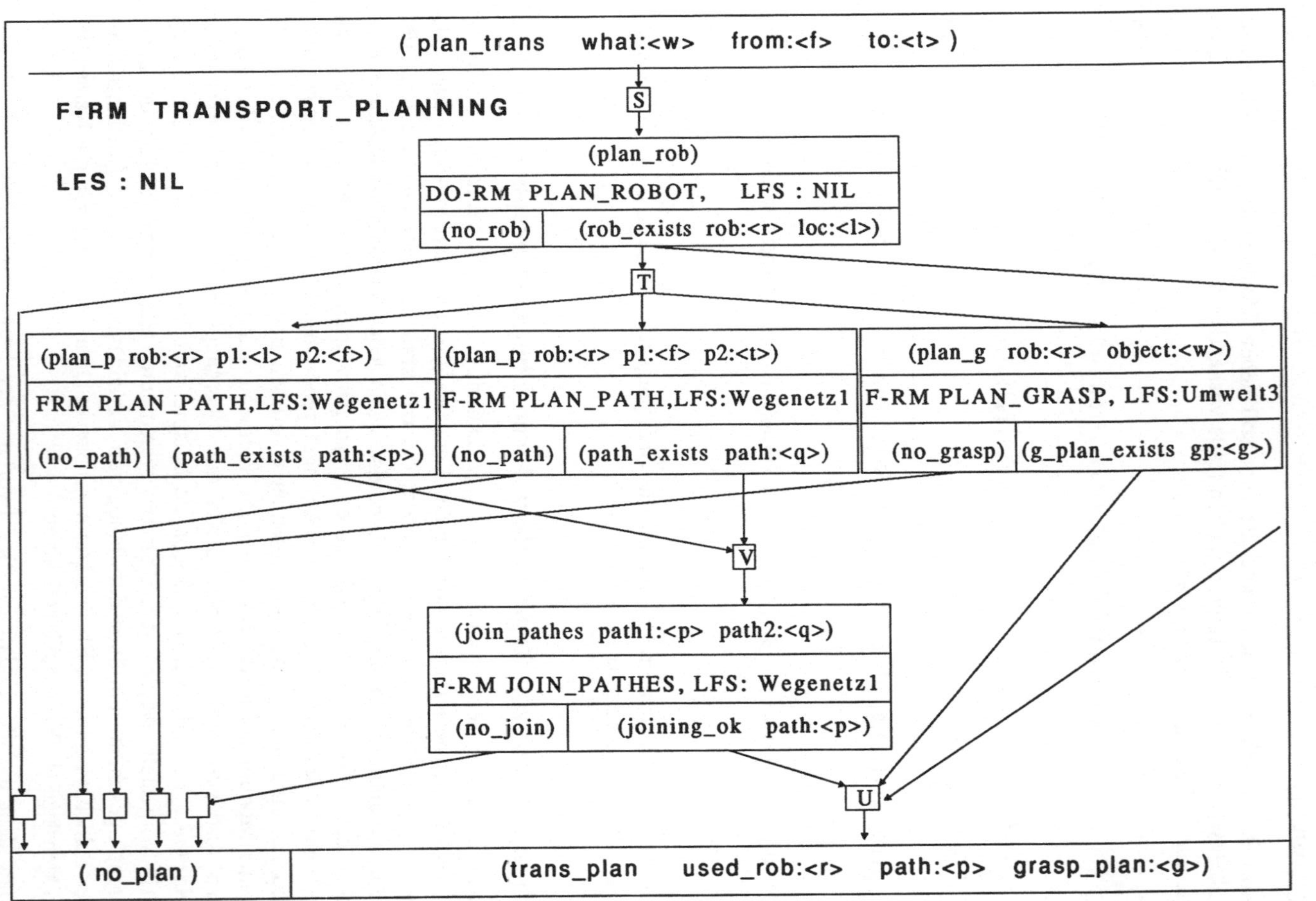

Bild 2: Dienst1 des Regelmoduls TRANSPORT_PLANNING mit Uebergangsgraph

kästchens zunächst Modul PLAN_ROBOT aufgerufen werden muß, um einen freien Roboter zu finden. Ist ein Roboter frei, kann an die Moduln PLAN_PATH und PLAN_GRASP eine Anfrage gemäß ihrer Anfrageschnittstelle (vgl. Schicht 1 in den entsprechenden Fragekästchen in Bild 2) gesendet werden, um die notwendigen Fahrwege und Greifpläne berechnen zu lassen. Dabei werden jeweils die konkreten Ladefaktensätze, "Wegenetz1" und "Umwelt3" spezifiziert. Diese zwei Unteraufgaben können parallel abgewickelt werden, was aus den vom selben *Synchronisationsknoten* T ausgehenden Pfeilen zu den Fragekästchen ersichtlich ist (s.u.). Der Synchronisationsknoten V sorgt schließlich noch dafür, daß die Teilwege vom Standort "loc" des Roboters zum Ausgangsort und von da zum Ziel im Modul JOIN_PATHES zusammengefügt werden. Dann *sammelt* der Synchronisationsknoten U die Teilergebnisse aller aufgerufenen Moduln zur Erzeugung der positiven Antwort in Schicht 3 von Modul TRANSPORT_PLANNING. Bei negativer Antwort irgend eines der Sub-Moduln wird gleichfalls die negative Antwort des umgebenden Moduls, im Bild 2 "(no_plan)" zurückgesendet.

Nun zur genauen Definition von Übergangsgraphen und ihren *Bestandteilen*: Ein Übergangsgraph wird in Schicht 2 eines Fragekästchens plaziert und verbindet die ebenfalls als Fragekästchen dargestellten Elemente aus der *SVA* des zugehörigen Regelmoduls durch gerichtete Kanten (genannt Frage- und Antwortpfeile; s.u.). Dabei werden zwischen die verwendeten Kästchen noch Synchronisationsknoten (s.u.) eingefügt. Schicht 1 und Schicht 3 des umgebenden Fragekästchens sind der Ausgangsort bzw. das Ziel des Übergangsgraphen (zumindest eines *geschlossenen*; s.u.). Zyklen im Graph sind nicht erlaubt.

Ein Übergangsgraph kann *geschlossen* oder *zusammenhängend* sein oder sogar aus mehreren *isolierten* Teilstücken bestehen. Geschlossen wird er genannt, wenn nur *vollständige Pfade* von der Anfrage (Schicht 1) eines Fragekästchens zu den möglichen Antworten (Schicht 3) führen. Pfade sind vollständig, wenn keine *blinden* Frage- und Antwortpfeile (s.u.) im Graph vorkommen.

Teilstücke eines Übergangsgraphen sind isoliert, wenn keine gemeinsamen Teilpfade zwischen den Stücken existieren. Zusammenhängend ist der Graph, wenn er weder geschlossen ist, noch aus isolierten Teilstücken besteht.

Da jedes Fragekästchen eines Übergangsgraphen in seiner Schicht 2 natürlich wieder einen eigenen Graphen besitzen kann, ist eine Verfeinerbarkeit in die Tiefe beliebig möglich (vgl. Anforderung 3.1.c).

Im Detail ist jeder Übergangsgraph aus den folgenden Elementen aufgebaut:

Fragekästchen :
Ein 3-schichtiges Kästchen wie in 3.4 definiert.

Synchronisationsknoten :
Ein Synchronisationsknoten ist ein kleines Quadrat, in das m $>=$ 1 nicht-blinde

Antwortpfeile (s.u.) hineinführen und von dem n >= 1 nicht-blinde Fragepfeile (s.u.) ausgehen. Der Knoten stellt sicher, daß zu einem *an ihm hängenden* Frage-kästchen erst gesendet wird, wenn alle Antworten mit zum Knoten führenden Antwortpfeilen vorliegen. Gehen mehrere Fragepfeile von einem Synchronisa-tionsknoten aus, verursachen die entsprechenden Anfragen parallelen "Aufruf" der betroffenen Fragekästchen.

Aus Lesbarkeitsgründen bekommen die Synchronisationsknoten häufig Namen oder Nummern (vgl. das Bild 2 mit den Knoten S, T, U und V). Der Synchronisations-knoten direkt nach der Anfrageschicht (in Bild 2 ist das "S") heißt auch *Startkno-ten*; alle Knoten direkt vor der Antwortschicht (in Bild 2 z.B. "U") heißen auch *Endeknoten*.

Im Bild 3 unten ist ein Übergangsgraph mit drei Synchronisationsknoten X, Y und Z dargestellt. Sendet Fragekästchen B die Antwort b2, dann kann Knoten Z die Fragekästchen D und E parallel aufrufen.

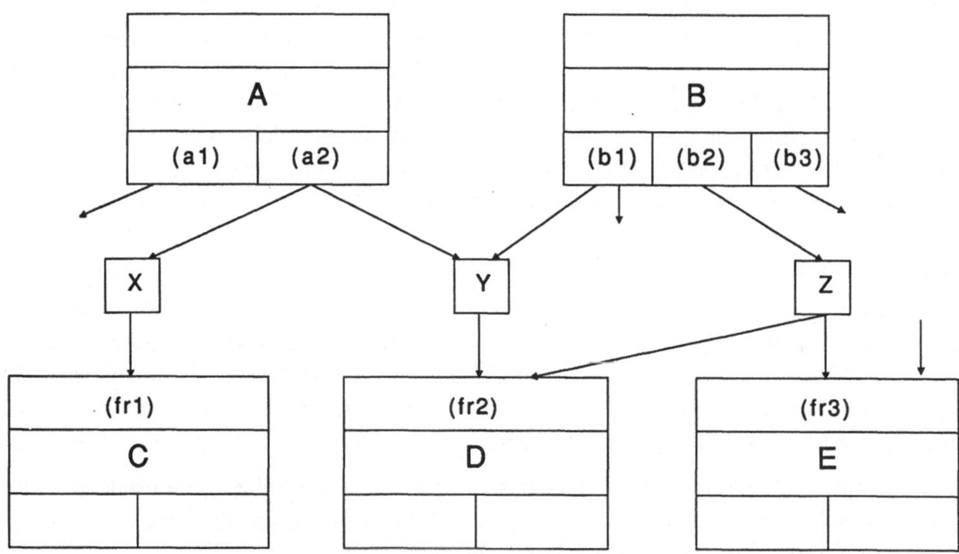

Bild 3: Beispiel eines Übergangsgraphen

Aus dem Kontrollgraphen lassen sich jetzt die Übergangsregeln zum Aufruf von *inneren Moduln* automatisch generieren. Dabei wird jeder Synchronisationsknoten im Graph in genau eine Übergangsregel umgesetzt. In Bild 3 würde aus Knoten Y eine Regel erzeugt, die erst testet, ob die Antworten (a2) und (b1) vorhanden sind, und dann die Anfrage (fr2) an Modul D sendet. Das ergibt folgende Regel:

```
(rule Y
   isfact (ANSWER  from:A  order_no:<->  fact:(a2))
   isfact (ANSWER  from:B  order_no:<->  fact:(b1))
-->
   sendquery (D,  umgebender_Modul,  Auftragsnr,  (fr2))
)
```

"umgebender_Modul" wäre der Name des Moduls, in den der Graph von Bild 3 eingebettet ist. Die "Auftragsnr" muß der Regelgenerator eindeutig erzeugen. Da jeder Übergangsregel ein Synchronisationsknoten entspricht, sind im Graph aus Einheitlichkeitsgründen auch *Startknoten* sowie *Endeknoten* nur mit einem eingehenden Antwortpfeil vorgesehen, obwohl in diesen Fällen eigentlich nichts zu synchronisieren ist. Die entsprechenden Regeln bedienen dann die Schnittstellen des umgebenden Fragekästchens. Sie empfangen die ankommende Frage und starten die ersten Aktivitäten, bzw. sie senden die Antworten aus Schicht 3 des umgebenden Fragekästchens an den Auftraggeber zurück.

Welche Vorteile der Übergangsgraphenformalismus noch bietet, welche Möglichkeiten zur Generierung von Regeln weiter bestehen, und wie entsprechende Generatorprogramme auszusehen hätten, ist der Inhalt von Abschnitt 4.2.

Antwortpfeil :

Bei den im Übergangsgraph verwendeten Fragekästchen werden in der Schicht 3 nur noch die gemäß der *SVA* jedes Dienstes *erwarteten-Antworten* plaziert. (Das kann eine Teilmenge der auf die Anfrage *möglichen-Antworten* sein.) Von jeder Antwort in Schicht 3 eines Fragekästchens können $r > 0$ Antwortpfeile ausgehen. Für $r = 0$ nimmt man an, daß die Antwort aktuell nicht vorkommen kann, denn sie ist zwar eine *mögliche* Antwort des Fragekästchens, aber keine vom umgebenden Modul *erwartete*. Deshalb wird auf ihre Darstellung im Graph verzichtet.

Führt ein Antwortpfeil zu einem Synchronisationskästchen, so ist er eine der Vorbedingungen für die durch das Kästchen synchronisierten Aufrufe. Zu jedem Synchronisationsknoten kann höchstens ein Antwortpfeil von ein und derselben Antwort hinführen. Führt ein Antwortpfeil nicht zu einem Synchronisationsknoten, so heißt er *blind*.

Blinde Antwortpfeile bilden (neben blinden Fragepfeilen; s.u.) eine der Schnittstellen zu den *Programmierten-Regeln* des Regelmoduls. Wenigstens eine dieser Regeln enthält dann Bedingungen bzgl. der Antwort, von der der blinde Antwortpfeil ausgeht.

Synchronisationsknoten werden auch benötigt, wenn wie bei Knoten X in Bild 3 nur ein Antwortpfeil hinein und ein Fragepfeil hinausführt, obwohl (wie beim Startknoten, s.o.) auch hier nichts zu synchronisieren ist. Der Grund ist (wie beim Startknoten, s.o.) die Vereinheitlichung der automatischen Erzeugung der zugehörigen Übergangsregel.

In Bild 3 unten gehen 4 Antwortpfeile von Fragekästchen B aus. Darunter sind zwei blinde, je einer von Antwort b1 und b3 kommend. Antwort b2 ist (einzige) Vorbedingung für den Synchronisationsknoten Z, während b1 nur zusammen mit a2 den Knoten Y *aktivieren* kann. Liegt allerdings Antwort a2 vor, kann sofort an X gesendet werden.

Fragepfeil :

Zu jedem Fragekästchen im Übergangsgraph dürfen s >= 1 Fragepfeile führen. (Wäre s = 0, könnte das entsprechende Kästchen nie aufgerufen werden und wäre im Graph daher sinnlos.) Die Fragepfeile können von Synchronisationsknoten ausgehen, oder sie führen *blind* zu einem Fragekästchen. Blinde Fragepfeile sind die zweite Schnittstelle (neben blinden Antwortpfeilen; s.o.) zu den *Programmierten-Regeln* eines Regelmoduls. Wenigstens eine dieser Regeln sendet dann eine Anfrage an das Fragekästchen, in das der blinde Fragepfeil hineinführt.
Ist s > 1, bedeutet das, daß an das Fragekästchen unter verschiedenen Vorbedingungen gesendet werden kann. Im Fall, daß mehrere Anfragen gleichzeitig an denselben Modul gesendet werden, liegt es an der Selektionsstrategie des verwendeten Regelsystems, welche Anfragen in welcher Reihenfolge beantwortet werden. Auch parallele Abarbeitung aller (oder mehrerer) Alternativen ist denkbar, wenn das verwendete Regelsystem so etwas zuläßt.

In Bild 3 unten führen zwei Fragepfeile zu Fragekästchen D. Somit kann D von Synchronisationsknoten Y oder Synchronisationsknoten Z *gestartet* werden. (Beides gleichzeitig ist in diesem Beispiel nicht möglich, da in Fragekästchen B nur entweder b1 oder b2 als Antworten zu einem gewissen Zeitpunkt vorliegen können.)
Ins Fragekästchen E führt ein blinder Fragepfeil; somit kann an E auch von *Programmierten-Regeln* aus gesendet werden.

Mit dem vorgestellten Formalismus der Übergangsgraphen ist das Zusammenspiel der verwendeten Sub-Moduln (das entspricht der *uses-actual-Relation* bei [Lewerentz 84]) vollständig und übersichtlich darstellbar (Anforderung 3.1.g). Darüber hinaus sind mögliche Parallelismen bei der Aktivierung von Sub-Moduln sofort erkennbar (Anforderung 3.1.i); alle Moduln, zu denen von einem Synchronisationsknoten aus Fragepfeile führen, können gleichzeitig (Teil-) Aufgaben bearbeiten.

Weiterhin sind die Übergangsgraphen ein wichtiger Schritt zu einer komfortablen und weniger fehlerträchtigen Programmierumgebung für Regelsysteme (Anforderung 3.1.j). Abschnitt 4.2 wird ausführlich beschreiben, wie man aus einem Übergangsgraphen (vor allem aus der Information in den Synchronisationsknoten) die notwendigen Übergangsregeln einschließlich Schnittstellenfehlerbehandlungs-, Zeitaus-, sowie Fangregeln automatisch generieren kann.

Doch zunächst soll im Abschnitt 3.6 untersucht werden, welche Ausdrucks-möglichkeiten der vorgestellte Übergangsgraphenformalismus besitzt. Dabei kommen auch mögliche Varianten zur Diskussion und es werden weitere Begründungen für die im vorliegenden Abschnitt 3.5 getroffenen Entscheidungen geliefert.

3.6 Ausdrucksmächtigkeit von Übergangsgraphen

Im vorangegangenen Abschnitt 3.5 wurde ein Formalismus angegeben, um den Kontrollfluß zwischen den Moduln eines Regelprogramms in Form von gerichteten Übergangsgraphen darzustellen. Dieser Formalismus entspricht teilweise der Einführung von Kontrollflußelementen (wie FOR, WHILE, IF-THEN-ELSE, procedure-CALL) in prozedurorientierten Sprachen. Meistens werden solche syntaktischen Elemente allerdings nur auf prozeduraler Ebene zur Verfügung gestellt und nicht für die Verwendung von Moduln, selbst wenn der Modul-Begriff existiert (z.B. in Modula-2 oder moderneren PASCAL-Dialekten). Gewisse Analogien zu den Übergangsgraphen sind natürlich vorhanden; beispielsweise spricht man gern von den *Aufrufgraphen* der Funktionen und Prozeduren eines Programms.

Unter Berücksichtigung bekannter Begriffe für Kontrollstrukturen in prozedurorientierten Programmiersprachen soll nun die *Ausdrucksmächtigkeit* von Übergangsgraphen in Regelmoduln diskutiert werden. Ausdrucksmächtigkeit bezeichnet hier die in der Graphensyntax enthaltenen Möglichkeiten, den Kontrollfluß bei der Verwendung von Moduln explizit sichtbar zu machen. Es wird in der Untersuchung speziell auf die Kontrollflußelemente Parallele Aufrufe, Aktivierung und Ergebnisübergabe, Verzweigung, Iteration und Rekursion eingegangen. Zusätzlich werden alternative Darstellungen für die betroffenen Bestandteile eines Übergangsgraphen diskutiert und die im letzten Abschnitt getroffenen Entscheidungen im Vergleich mit diesen begründet.

3.6.1 Parallelismen zwischen Regelmoduln

Um die langsamen Laufzeiten umfangreicher Regelprogramme zu verbessern, wurde als ein Ziel der vorliegenden Arbeit die Parallelisierung auf der Ebene von Teilaufgaben formuliert. Für die Darstellung des Zusammenspiels von Regelmoduln, die solche Teilaufgaben bearbeiten, hat sich das eingeführte Konzept mit Übergangsgraphen als günstig erwiesen. Bei der Erarbeitung dieses Konzepts wurde speziell die Anforderung i. aus 3.1 berücksichtigt, daß Parallelismen bei Teilaufgaben aus der Darstellung des Zusammenspiels der beteiligten Moduln einfach erkennbar sein müssen. Die Lösung besteht darin, in der Übergangsgraphenrepräsentation des Modulzusammenspiels zwischen die verwendeten Sub-Moduln Synchronisationsknoten einzufügen. Diese veranlassen beim Erfülltsein ihrer Vorbedingungen (also bei Vorliegen aller nötigen Antworten) die parallele *Aktivierung* aller Fragekästchen, die an vom Knoten ausgehenden Fragepfeilen ''hängen''. Im Bild 2 des vorangegangenen Abschnitts werden z.B. vom Knoten T Dienstleistungen der Sub-Moduln PLAN_PATH und PLAN_GRASP parallel aktiviert.

Parallelismus auf subtask-Ebene ist somit ein wesentlicher Bestandteil des in dieser Arbeit entwickelten Regelmodulkonzepts. Die gängigen prozedurorientierten Sprachen (außer z.B. ADA) ermöglichen dagegen den parallelen Aufruf von Funktionen oder Prozeduren nicht. Es gibt allerdings verschiedene Erweiterungen (z.B. einen parallelen Dialekt von PASCAL; [Eichholz 86]), die diesem Mangel abhelfen, aber natürlich kein Standard sind.

3.6.2 Aktivierung und Ergebnisübergabe eines Regelmoduls

Aktivierung eines Regelmoduls meint den Mechanismus, wie eine Anfrage an einen Regelmodul gesendet wird; *Ergebnisübergabe* heißt dann das Zurücksenden der Antwort zum Anfragenden. Für beide Vorgänge sind in der Regelsystemarchitektur die Anweisungen **sendquery** und **sendanswer** syntaktisch und semantisch festgelegt worden.

In der graphischen Repräsentation eines Regelmoduls werden dessen Schnittstellen durch die Schichten 1 und 3 seiner Fragekästchen kenntlich gemacht. Dazu gehört auch, bei vorhandenem Übergangsgraphen, der *Start-Synchronisationsknoten* und mindestens ein *Stop-Synchronisationsknoten* pro Antwortalternative in Schicht 3 eines Fragekästchens.

Die Schicht 1 entspricht dabei (bis auf das dynamische Typkonzept) der Parameterleiste einer Funktions- oder Prozedurvereinbarung. Dagegen ist die Schicht 3 wesentlich *ausdrucksmächtiger* als es die möglichen Angaben über Ergebnisse und Rückgabeparameter bei Funktionen und Prozeduren üblicherweise erlauben. Wie man in Bild 2 des vorangegangenen Abschnitts sehen kann, sind Antworten von unterschiedlichem Typ, nämlich ''(no_plan)'' und ''(trans_plan used_rob:<r> path:<p> grasp_plan:<g>)'', und mit verschiedener Anzahl von Ergebnisparametern bei einundderselben Anfrage ''(plan_trans what:<w> from:<f> to:<t>)'' möglich.

Unterschiedliche Typen kann man in prozedurorientierten Sprachen oft noch über umständliche und nicht mehr automatisch überprüfbare Konstrukte wie Adressenmanipulation und Typüberlagerung realisieren, die jedoch sehr fehleranfällig sind. In der Prozedurdeklaration ist so etwas dann allerdings nicht sichtbar zu machen. Nur selten darf außerdem eine unterschiedliche Anzahl von Parametern verwendet werden. Wo das geht (z.B. in ''C'' [Kernighan/Ritchie 78]), ist es ebenfalls in der Deklaration nicht erkennbar darzustellen.

Ist im Fragekästchen ein Übergangsgraph vorhanden, stehen neben flexiblen Parameterdeklarationen sogar noch weitere Informationen zur Verfügung, nämlich unter welchen Vorbedingungen jede Antwort rückgesendet wird. Bei einem vollständigen Graphen liegt somit eine übersichtliche und vollständige Darstellung aller *Ausstiegs-*

punkte aus einem Moduldienst an *einem* definierten "Ort" vor (eben in den Endeknoten des Übergangsgraphen eines Fragekästchens), was die Verifikation modularisierter Regelprogramme deutlich erleichtert. Programmiersprachen, die explizites Verlassen einer Funktion an beliebiger Stelle zulassen (wie z.B. "C" mit dem return-statement), verleiten zum undurchsichtigen Programmieren und machen damit systematisches oder gar automatisches Verifizieren nahezu unmöglich.

Analog zu den Antwortalternativen in Schicht 3 eines Fragekästchens könnte man sich *Fragealternativen* in der Schicht 1 vorstellen. Damit wäre ein kompletter Regelmodul in einem einzigen Fragekästchen (das dann besser *Modulkästchen* hieße) darstellbar. Bild 4 stellt ein Modulkästchen für einen Funktions-Regelmodul EXAM-PLE_4 mit 4 Diensten dar, der die Anfragen "(query_pattern_1)" bis "(query_pattern_4)" ermöglicht.

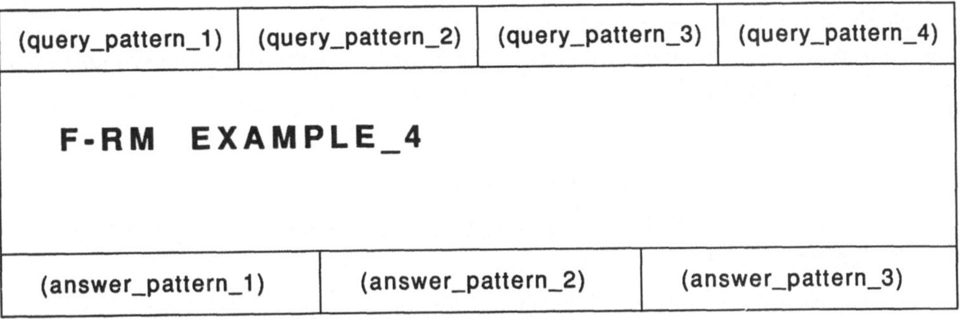

Bild 4: "Modulkästchen mit Fragealternativen"

Als Vorteil von Modulkästchen ergibt sich eigentlich nur die kompaktere Darstellbarkeit eines ganzen Regelmoduls gegenüber einer Menge von Fragekästchen. Weiterhin liegt weniger Redundanz in der Repräsentation vor, wenn bei verschiedenen Anfragen ähnliche Abläufe notwendig sind, insbesondere wenn Teilgraphen in verschiedenen Fragekästchen identisch sind.

Dagegen besitzt das Konzept eine Reihe von Nachteilen :

- Bei Moduln *ohne* bzw. mit *unvollständigem* Übergangsgraphen ist keine Zuordnung zwischen einer Anfrage und den darauf möglichen Antworten im Modulkästchen mehr sichtbar. Lediglich bei vollständigen Graphen kann sie rekonstruiert werden, aber auch nur durch (u.U. sehr mühsames) Verfolgen aller möglichen Pfade von einer Anfrage aus.

- Die Übersichtlichkeit der Darstellung des Zusammenspiels von Regelmoduln (wie in 3.1.g gefordert) geht immer stärker verloren, da wesentlich mehr Pfade als in einem Fragekästchen vorhanden sind, die sich oftmals auch noch überkreuzen.

- Das redundanzfreie Ausnutzen identischer Teilpfade bei verschiedenen Anfragen (s.o.) führt nicht nur zur Unübersichtlichkeit wegen häufigerer nichtdeterministischer Aktivierungsmöglichkeit von Sub-Moduln als sie bei einzelnen Fragekästchen auftritt, sondern sie erschwert zusätzlich die Verifikation aufgrund dieser (bei Separierung in einzelne Fragekästchen nicht vorhandenen) Nichtdeterminismen.

- Graphikeditoren für Übergangsgraphen ganzer Modulkästchen als eine Möglichkeit der Systemunterstützung (vgl. 3.1, Anforderung j) sind wesentlich komplizierter zu implementieren als für einzelne Fragekästchen. Eventuell können sie bei dem beschränkten Platz auf einem Bildschirm gar nicht ausreichend komfortabel zur Verfügung gestellt werden.

Wegen all dieser Nachteile wurde in der vorliegenden Arbeit von vornherein der Separierung eines Regelmoduls in Fragekästchen der Vorzug gegeben. Das entspricht zusätzlich auch dem üblichen Vorgehen in prozedurorientierten Sprachen, wo man die verschiedenen Dienste eines Moduls (nichts anderes wird ja über die Anfrageschnittstelle in Regelmoduln zur Verfügung gestellt) ebenfalls in eigenen Funktionen oder Prozeduren kapselt.

3.6.3 Verzweigungen in Regelmodulgraphen

Verzweigungen werden in der graphischen Repräsentation von Regelmoduldiensten an zwei Stellen sichtbar :

i. In der Schicht 3 eines Fragekästchens; dort liegt eine *exklusive* Verzweigung vor, da nur genau eine der Antwortalternativen als Ergebnis der Anfrage in Schicht 1 möglich ist.

ii. Im Übergangsgraphen überall dort, wo mehr als ein Fragepfeil zu einem Fragekästchen führt. Diese Verzweigung ist nicht exklusiv, da durchaus mehrere Synchronisationsknoten eines Moduls gleichzeitig dieselben Anfragen senden können. Es liegt dann an den Selektionsstrategien des verwendeten Regelsystems, welcher Synchronisationsknoten (d.h. die durch ihn repräsentierte Regel) zündet und welcher Fragepfeil damit ausgewählt wird. Falls der Regelinterpreter mehrere (oder alle) Alternativen parallel zündet, wird dieselbe Anfrage für mehrere Auftraggeber parallel bearbeitet.

Verzweigungsart i. realisiert eigentlich nur die soeben diskutierte Erweiterung der Ergebnisschnittstelle eines Regelmoduls gegenüber üblichen Prozedurvereinbarungen. Daher ist ein Vergleich mit den Verzweigungskonstrukten prozedurorientierter Programmiersprachen (wie IF-THEN-ELSE, CASE) nicht sinnvoll.

Dagegen entspricht Verzweigungsart ii. dem bedingten Aufruf von Unterprogrammen in Sprachen mit nichtdeterministischem Auswahloperator (wie z.B. CSP; [Hoare 78]). Da die Fragepfeile i.d.R. (außer bei *blinden*) von Synchronisationsknoten ausgehen, sind als Bedingung für die Verzweigung nur Konjunktionen von *isanswer-conditions* möglich und nicht beliebige boolesche Ausdrücke wie in einem IF-THEN-ELSE.

Solche beliebigen booleschen Ausdrücke kann man dadurch anbieten, daß man die Syntax für Synchronisationsknoten derart erweitert, daß im Knoten Filter-Bedingungen über den Variablen der isanswer-conditions formulierbar sind. Abhängig von den unterschiedlichen Filter-Bedingungen würden dann Fragepfeile zu verschiedenen Fragekästchen führen. Sind die Bedingungen nicht exklusiv formuliert, kann es z.B. der Selektionsstrategie des Regelsystems überlassen werden, welche Alternative bei mehreren erfüllten ausgewählt wird. Decken die Bedingungen alle möglichen Kombinationen zwischen Antwortparametern nicht ab, dann terminiert der Programmablauf im Falle eines geschlossenen Übergangsgraphen vorzeitig, wenn eine dieser nicht erfaßten Kombinationen auftritt. Das könnte aber durch eine obligate *ELSE-Variante* in der Syntax für *bedingte Synchronisationsknoten* verhindert werden.

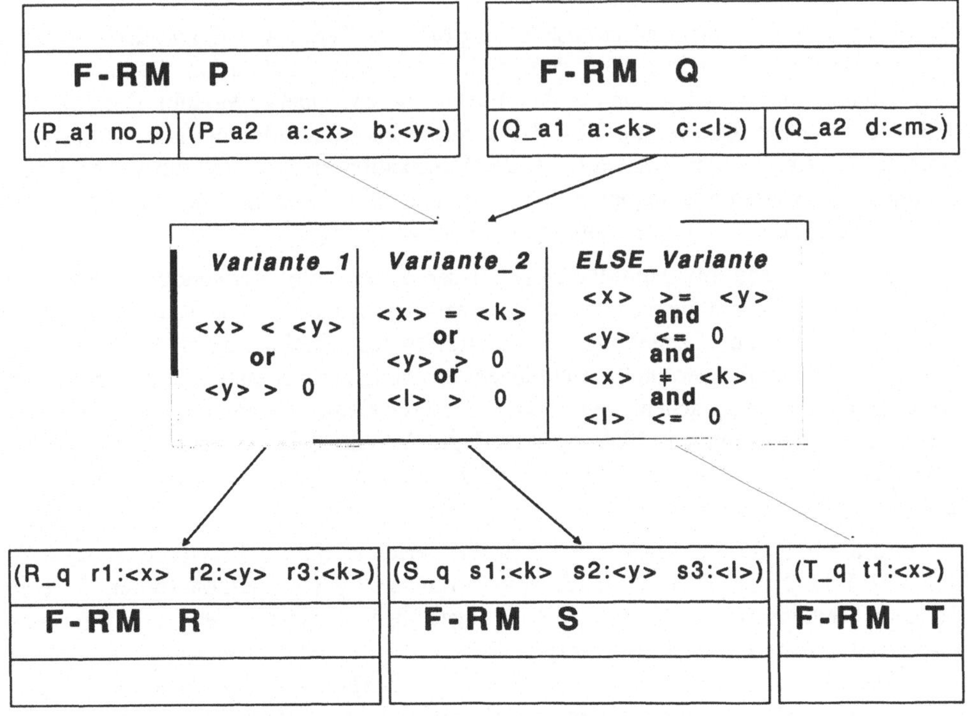

Bild 5: Bedingter Synchronisationsknoten

Bild 5 gibt ein Beispiel für die Verwendung bedingter Synchronisationsknoten. Es zeigt (dick umrandet) einen Synchronisationsknoten, der abhängig von den Parameterwerten <x>, <y>, <k> und <l> von Antworten der Moduln P und Q Anfragen an Fragekästchen der Moduln R, S und T sendet. In jeder Alternative des Knotens ist ein Boolescher Ausdruck über den genannten Variablen gebildet. Die ELSE-Variante läßt sich durch reine Formelmanipulation, nämlich UND-Verknüpfung aller Alternativen und dann Negation der Verknüpfungsformel, auch generieren. Ein Eintippen vom Programmierer ist also nicht erforderlich.

Die Vorteile bedingter Synchronisationsknoten liegen auf der Hand. Man besitzt nun mehr Möglichkeiten bei der Definition von Ablaufgraphen, weil die Aufrufabhängigkeiten zwischen Moduln *feiner* darstellbar sind. Damit ist es z.B. möglich, Sonderfälle aus einer Antwort, denen eine Sonderbehandlung in einem eigenen Modul folgen soll, in syntaktisch darstellbarer Art zu isolieren, also ohne Verwendung von *Programmierten-Regeln*, die nur über blinde Antwortpfeile (also implizit) zu aktivieren sind. Ganz allgemein könnte man dann auch für die Definition der Synchronisationsknoten die vollständige Syntax einer Regelsprache ausnutzen.

Gegen bedingte Synchronisationsknoten spricht die Tatsache, daß nun der Programmierer mehr Einfluß auf den Kontrollfluß zwischen Regelmoduln hat. Damit entfernt man sich aber immer weiter von der Architektur lose gekoppelter Moduln. Die einfache und übersichtliche Darstellung des Zusammenspiels aller Moduln eines Regelprogramms ist komplizierter, was sich auf die Verifikation erschwerend auswirken kann. Komfortable Programmierumgebungen - z.B. mit spezialisierten Graphikeditoren für Übergangsgraphen - zu implementieren wird aufwendiger.

Dennoch wurde im Modulkonzept dieser Arbeit die Verwendung bedingter Synchronisationsknoten zugelassen, da sie eine wünschenswerte und häufig sehr nützliche Erweiterung zur Darstellung des Kontrollflusses innerhalb eines Moduldienstes bedeutet. Die Gefahr der unübersichtlichen Programmierung ist nicht größer als in prozedurorientierten Sprachen, wenn dort undurchschaubare if-then-else- und/oder case-Konstrukte erstellt werden. Eine wohlüberlegte Verwendung bedingter Synchronisationsknoten wird im Gegenteil die Übersicht im Ablaufgraph erhöhen und so zur sichereren Programmierung beitragen.

Bild 6 gibt dafür ein Beispiel; es stellt die Verfeinerung des Transportplanungsmoduls aus Bild 2 dar. Hier wird aus dem bedingten Synchronisationsknoten T' eine Sonderbehandlung im Modul PLAN_FTS angestoßen, die einen speziellen Transportplan erstellt, wenn ein FTS als Transport-Roboter ''<r>'' eingeplant wurde. Aus Platz- und Übersichtlichkeitsgründen stehen in PLAN_PATH und PLAN_GRASP ''-''-Zeichen für die negativen Antworten (no_path) bzw. (no_grasp), und ''+''-Zeichen für die positiven Antworten (path_exists ...) und (g_plan_exists ...).

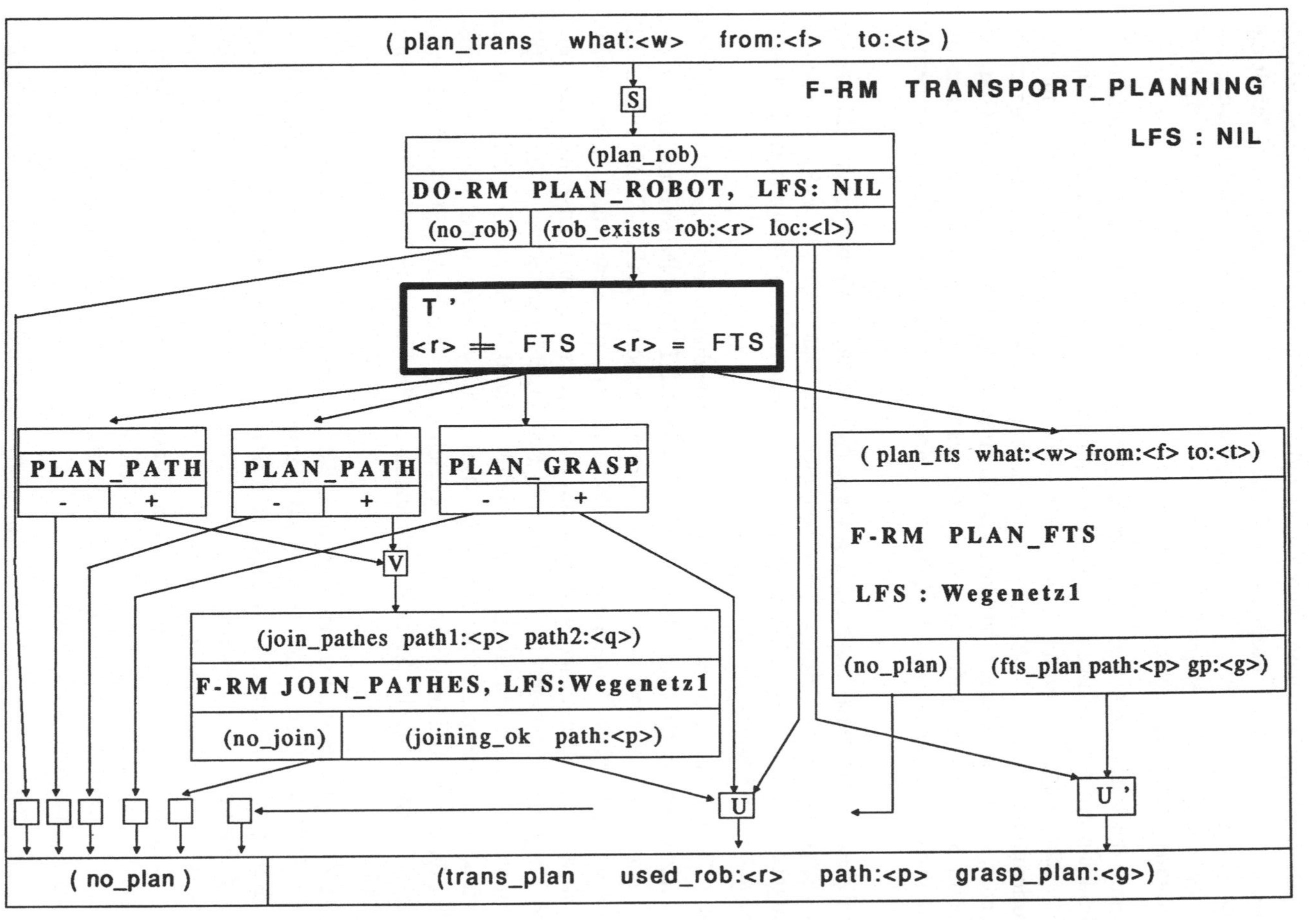

Bild 6: Fragekaestchen mit bedingtem Synchronisationsknoten T'

3.6.4 Iterationen in einem Regelmodul

Regelprogramme sind von Haus aus iterativ in dem Sinn, daß jede ihrer Regeln beliebig oft während eines Programmlaufs zünden kann, nur abhängig vom Inhalt der Faktenbasis und nicht von irgendwelchen syntaktischen Kontrollflußelementen. Die Definition der Übergangsgraphen für Regelmoduln führt eine Reihe solcher syntaktischen Elemente in die Regelprogrammidee ein.

Durch die Festlegung, daß Übergangsgraphen stets zyklenfrei sein müssen, ist in Regelmoduln mit vollständigem Übergangsgraph ein iterativer Aufruf von Sub-Moduln jedoch nicht möglich. Somit fehlen FOR- oder WHILE-Konstrukte, wie in prozedurorientierten Sprachen z.B. zum iterativen Aufruf von Funktionen und Prozeduren verwendet, im vorliegenden Modulkonzept gänzlich. Nur bei unvollständigen Graphen, also beim Senden von Anfragen durch *Programmierte-Regeln* des Moduls, kann die deterministische Sequenz von ''Sub-Modul-Aufrufen'' ganz oder teilweise wiederholt werden.

An dieser Stelle taucht natürlich die Frage auf, ob die Forderung nach zyklenfreien Übergangsgraphen nicht fallengelassen werden kann. Dann wäre es möglich, gewisse Teilaufgaben, die in einem Modul mehrmals hintereinander auszuführen sind, elegant durch *Rückwärts-Fragepfeile* zu aktivieren.

Bild 7 zeigt so ein Beispiel der iterativen Verwendung eines Moduls über Rückwärts-Fragepfeile. Dabei wird der Modul TRANSPORT_PLANNING aus Bild 2 des letzten Abschnitts in einen Aufgabentransformationsmodul TASK_TRANSFORMER eingebunden. Es sollen Montagepläne erstellt werden, mit denen der Zusammenbau eines Objekts ''goal'' realisiert werden kann. Dazu ist es zunächst notwendig, die Teile der im Fragekästchen eines Moduls MAKE_PARTLIST generierten Stückliste ''pl'' zum Montageplatz ''assembly_in'' zu schaffen. Modul PLAN_SEQUENCE legt die Reihenfolge des Transports fest; sobald ein Teil ''part'' bestimmt ist, kann der Transportplan für dieses Teil bestimmt werden. Gleichzeitig wird PLAN_SEQUENZ iterativ solange aufgerufen, bis die Reihenfolgeplanung für die Teileliste ''pl'' komplett abgeschlossen ist.

Das Konzept der Rückwärts-Fragepfeile ist am ehesten mit dem REPEAT-Statement in PASCAL (vgl. PASCAL-Manual [Jensen/Wirth 78]) zu vergleichen, da an jedes iterierte Fragekästchen wenigstens eine Anfrage gesendet wird. Natürlich werden viele Iterationen nicht von so einfacher Art sein wie im Bild 7, sondern ein Rückwärts-Fragepfeil wird mehr als eine Vorbedingung besitzen. Dann wird allerdings die Semantik des iterativen Aufrufs unklar. Soll der Rückwärts-Fragepfeil bereits eine Anfrage verursachen können, wenn für eine der Vorbedingungen eine neue Antwort empfangen wurde oder müssen lauter neue Antworten für sämtliche Vorbedingungen angekommen sein, ehe der iterative Aufruf erfolgt?

Dieselbe Frage kann auch schon bei *einfachen* Rücksprüngen auftauchen. Durch Iteration eines Teilpfades im Übergangsgraph wird aufgrund unterschiedlicher Laufzei-

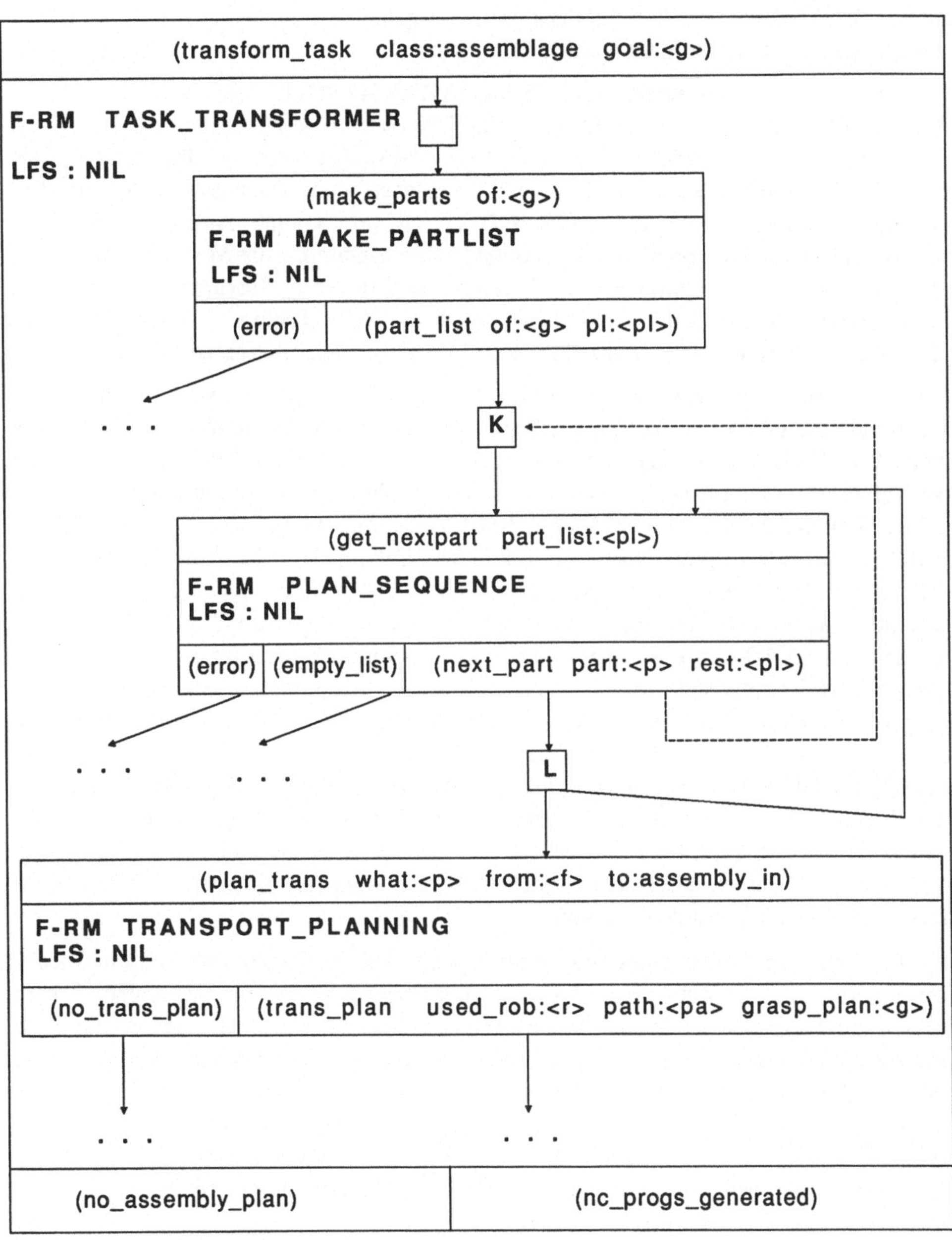

Bild 7: Iterativer Aufruf eines Regelmoduls durch Rückwärtsfragepfeil

ten der Sub-Moduln eine Synchronisation der Ergebnisse notwendig, die im Graphenformalismus nicht ausgedrückt werden kann (s.u.).

Bild 8 ist eine Verfeinerung des TASK_TRANSFORMER aus Bild 7. Nach der Auswahl des nächsten Teils in PLAN_SEQUENCE wird jetzt parallel zur Transportplanung auch die Generierung der Montageanweisungen für das Teil in ASSEMBLAGE_PLANNING angestoßen. Sobald Transport- und Montageplan für ein Teil vorliegen, wird an den Modul GENERATE_NC_PROG die Anfrage ''(make_nc ap:<as> tpl:<tr>)'' gesendet, um die nötigen NC-Programme für Montage und Transport des Teils zu generieren. Danach beginnt die Iteration wieder bei PLAN_SEQUENCE mit der Auswahl des nächsten Teils. Liefert PLAN_SEQUENCE die Antwort ''(empty_list)'', muß der TASK_TRANSFORMER verlassen werden.

Der Anstoß des iterativen Aufrufs von PLAN_SEQUENCE wird im Knoten V synchronisiert, sobald ein NC-Programm erzeugt ist. Zusätzlich muß über V der Parameter ''rest'' die Versorgung von PLAN_SEQUENCE mit dem übriggebliebenen Rest der Teileliste vornehmen. Das Synchronisationsproblem tritt aufgrund der unterschiedlichen Laufzeiten in den Moduln ASSEMBLAGE_PLANNING und TRANS-PORT_PLANNING im Synchronisationsknoten ''U'' auf. Dort ist nicht sicherzustellen, daß der erzeugte Montageplan zum selben Teil gehört wie der erzeugte Transportplan. Das liegt daran, daß die beiden Antworten ''(ass_plan ap:<as>)'' und ''(trans_plan tp:<tr>)'' in der lokalen Faktenbasis permanent (wenn auch nach ihrer Verwendung als *garbage*) vorhanden sind. Ein Löschen wäre hier im Beispiel des Bildes 8 zwar möglich, nicht aber in Übergangsgraphen, wo mehr als ein Antwortpfeil aus einer Antwort hinausführt. Z.B. die Antwort ''(next_part part:<p> rest:<pl>)'' von PLAN_SEQUENCE in Bild 8 kann nach Zünden der Regel zum Synchronisationsknoten T nicht gelöscht werden, da sie später vom Knoten V noch gebraucht wird. D.h., daß aufgrund der *Neuigkeits-Strategie* für Fakten in Regelsystemen wie OPS 5 oder YAPS in ''U'' sicher falsch synchronisiert wird, sobald aus einem Modul mehr Antworten vorliegen als aus dem anderen.

Ein iterativer Aufruf eines Sub-Moduls schon bei Vorliegen *einer* neuen Antwort hat also die normalerweise unerwünschte Vermischung von altem mit neuem Faktenwissen zur Folge und ist deshalb keine geeignete Lösung. Eventuell könnte eine explizite Zeitstempelverwaltung bei Fakten oder ein Koppeln der Inkarnationsnummern an die von der Inkarnation erzeugten Fakten durch das Benutzerprogramm das Problem beheben, nicht ohne natürlich andere zusätzlich zu schaffen. Die Verwaltung der Zeitstempel, also eines wesentlichen Bestandteils des Interpreteralgorithmus, durch den Benutzer würde trotz des Gewinns an Übersichtlichkeit eine Erschwernis z.B. der Verifikation zur Folge haben.

Ein zusätzliches Problem der Rückwärtspfeile ist die leichte Möglichkeit, Verklemmungen zu erzeugen. In Bild 7 ergäbe sich so eine Verklemmung, wenn *fälschlicherweise* statt des Rückwärtsfragepfeils von L nach PLAN_SEQUENCE ein zweiter Ant-

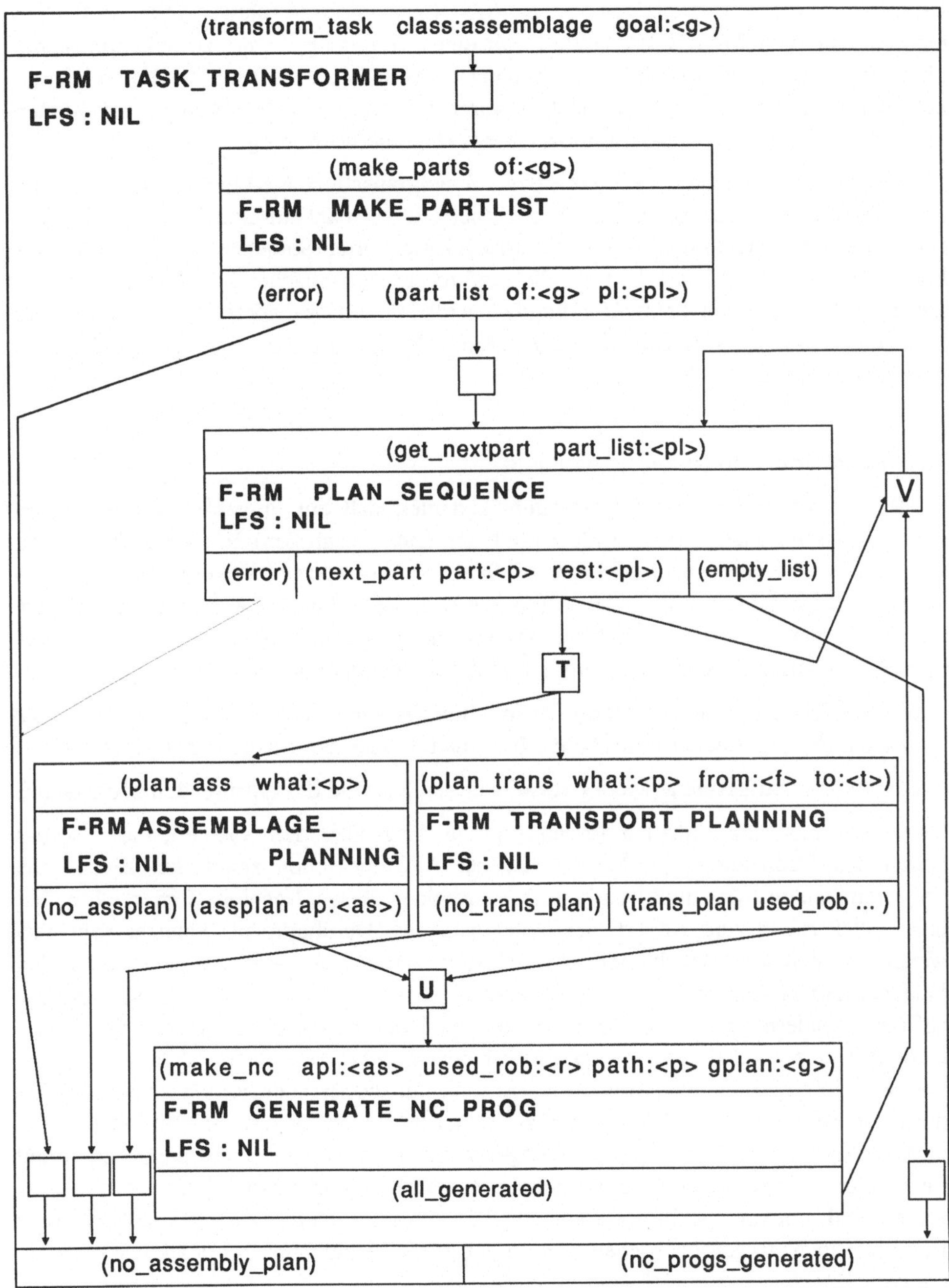

Bild 8: Iterativer Aufruf eines Regelmoduls unter mehreren Vorbedingungen

wortpfeil aus der 3. Antwort von PLAN_SEQUENCE nach K führen würde, da K dann eine Antwort von MAKE_PARTLIST mit einer Folgerung daraus zu synchronisieren hätte. In diesem Fall ist die Verklemmung zwar sofort zu sehen; bei komplizierten nebenläufigen Pfaden im Fragekästchen wären jedoch aufwendige Analysealgorithmen zur Untersuchung der Präzedenzen im Übergangsgraph notwendig.

Wegen der genannten Probleme bzgl. Synchronisation, Verklemmungsgefahr und auch der Gefahr einer geringen Übersichtlichkeit ("Spaghetti-Code"; entspricht dem Problem der Verwendung von **goto** in prozedurorientierten Sprachen) wurde im Modulkonzept der vorliegenden Arbeit auf die Einführung syntaktischer Elemente zur Formulierung von Iterationen beim *Modulaufruf* verzichtet. Insbesondere ist dies funktional kein echter Mangel, weil mit der im Konzept erlaubten Rekursion (s.u.) jede Iteration nachgebildet werden.

3.6.5 Rekursionen in einem Regelmodul

Rekursiver Aufruf von Regelmoduln bedeutet, daß ein Fragekästchen in seinem Übergangsgraph eine Anfrage (mit veränderten Eingangsgrößen) an *sich selbst* sendet, also an dasselbe Element der *Kontroll-Info* seines zugehörigen Regelmoduls. Bei Datenobjekt-Regelmoduln gibt es keine Probleme, da der rekursive Aufruf direkt auf dem inneren Zustand, also dem Inhalt der Datenstrukturen zum Zeitpunkt des Aufrufs aufsetzt. Zwei Varianten sind dagegen für Funktions-Regelmoduln denkbar :

a. Der rekursiv aufgerufene Modul ist im Initialzustand, da ein Funktionsmodul *ohne Gedächtnis*, und arbeitet immer ohne Information über den Status seines Aufrufers.

b. Der rekursiv aufgerufene Modul verwendet den Zustand des aufrufenden Moduls mit.

Variante a. läßt sich einfacher implementieren, birgt aber den Nachteil, daß z.B. das Laden und Deduzieren von Fakten, die der Aufrufer schon kennt, bei Bedarf neu vorgenommen werden muß. Variante b. vermeidet diesen Nachteil, fordert aber Zeit und Speicherplatz zum Kellern des Vaterzustandes. Darüberhinaus kann es sehr aufwendig werden, die verschiedenen Vorgängerzustände (das sind Inhalte von lokalen Faktenbasen) konsistent zu verwalten, zumal, wenn sich Moduln nicht direkt rekursiv aufrufen, sondern verschränkt über andere Sub-Moduln. Weiterhin werden die Regelmoduln über die gekellerten Vorgängerzustände zu sehr voneinander abhängig, so daß von einer losen Koppelung, wie sie in Hinsicht auf die Parallelisierung und die Abbildung von Regelmoduln auf Objekte angestrebt wird, keine Rede mehr sein kann. Daher wurde in den Entscheidungen für die Regelsystemarchitektur in der vorliegenden Arbeit für Funktions-Regelmoduln die Variante a. mit unabhängigen Modulinkarnationen festgelegt. Evtl. notwendige Information von *Vorgängerinkarnationen* kann jederzeit über Parameter in Anfragen übergeben oder in der globalen Faktenbasis zugänglich gemacht werden.

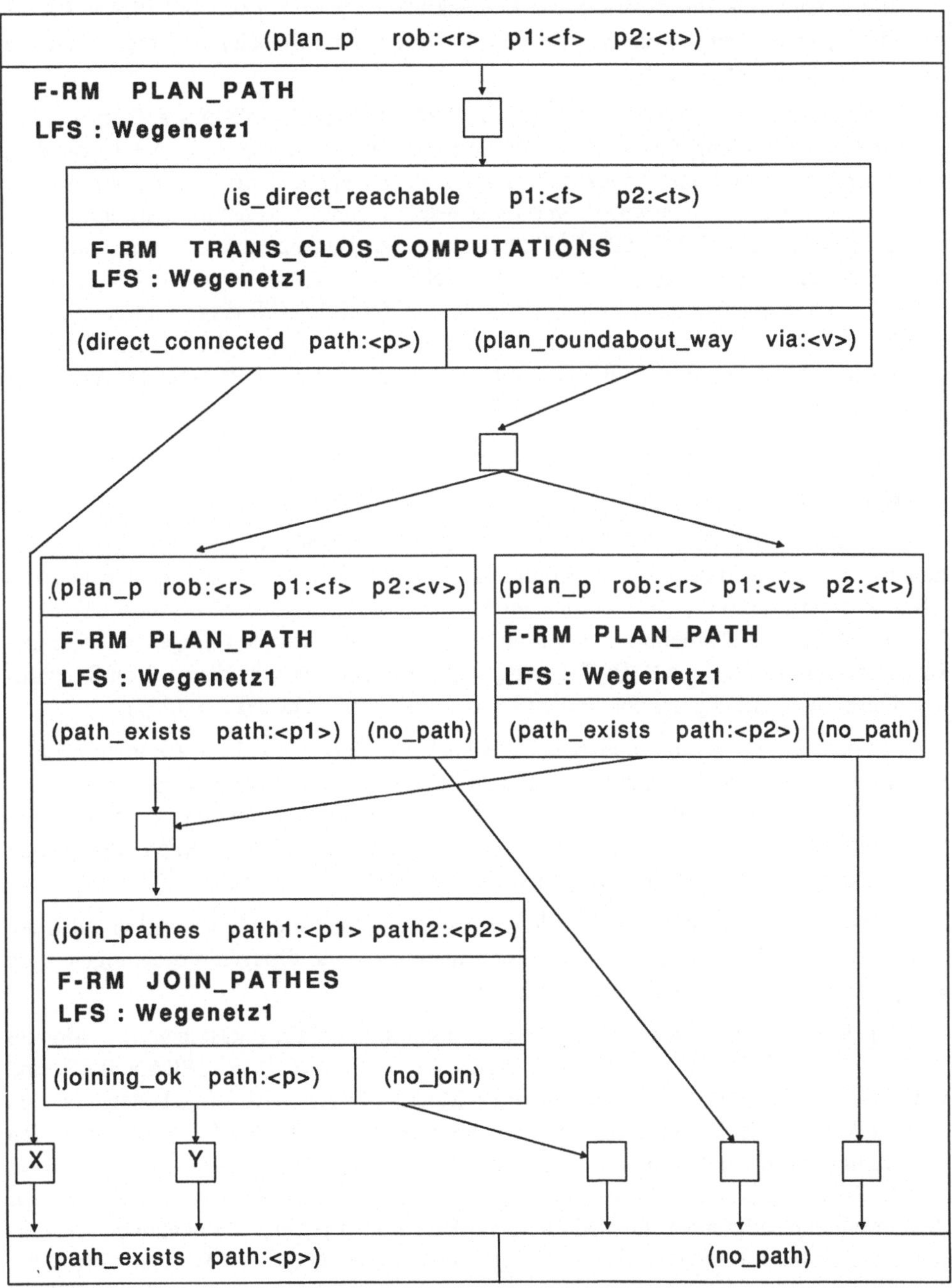

Bild 9: Fragekästchen mit rekursivem Übergangsgraph

Bild 9 zeigt eine Verfeinerung des Fragekästchens zum Regelmodul PLAN_PATH aus Bild 2, in dem ein rekursives Senden der mit r, f und t belegten Frage "(plan_p rob:<r> p1:<f> p2:<t>)" auftritt.

Zunächst wird der Sub-Modul TRANS_CLOS_COMPUTATIONS aufgerufen, der die direkte Verbindung der Punkte <f> und <t> testet. Ist <t> mit <f> verbunden, existiert ein Weg und das Fragekästchen kann ohne weitere Aufrufe mit der positiven Antwort "(path_exists path:<p>)" verlassen werden. Sind die Punkte nicht verbunden, schlägt TRANS_CLOS_COMPUTATIONS einen Zwischenpunkt <v> vor und stößt parallel die rekursive Wegplanung von <f> nach <v> und von <v> nach <t> an. Falls beide Teilpfade existieren, verknüpft ein Modul JOIN_PATHES diese und erzeugt die positive Antwort für das umgebende Fragekästchen. Falls eine der beiden Teilwegplanungen fehlschlägt oder sich die Teilpfade nicht verbinden lassen, antwortet das umgebende Fragekästchen mit "(no_path)".

Anmerkung :

Der Modul TRANS_CLOS_COMPUTATIONS entspricht der Terminierungsbedingung in einem rekursiven Algorithmus; Modul JOIN_PATHES ist dagegen die "Nachklapperfunktion", die die hängenden Operationen [Bauer/Wössner 81] einer linearen Rekursion abarbeitet. Daher muß die positive Antwort des umgebenden Fragekästchens von Modul PLAN_PATH wenigstens von zwei verschiedenen Stop-Synchronisationsknoten zurückgesendet werden können (in Bild 9 sind das X und Y).

Mit dem Rekursionsmechanismus ist es auch möglich, das Fehlen der Iterationen in Übergangsgraphen zu kompensieren und gleichzeitig die beschriebenen Synchronisationsprobleme zu vermeiden. Dies geschieht (s.u.) durch Einbettung des zu iterierenden Graphenteilstücks in ein neues, modifiziertes Fragekästchen, das in seinem Übergangsgraph rekursiv an *sich selbst* Anfragen sendet.

Bild 10 zeigt so eine Transformation für den Fall einer *einfachen* Iteration , also der wiederholten Aktivierung eines Fragekästchens unter einer einzigen Vorbedingung, am Beispiel des TASK_TRANSFORMER aus Bild 8.

Zur *Ent-Iterierung* werden die iterativ aufgerufenen Fragekästchen der Moduln PLAN_SEQUENCE, ASSEMBLAGE_PLANNING, TRANSPORT_PLANNING und GENERATE_NC_PROG in einen einzigen Modul MAKE_ALL eingebettet, der sich selbst rekursiv aufruft. Aktiviert wird der umgebende Modul MAKE_ALL unter den Vorbedingungen und mit der Anfrage des *ersten Sub-Moduls* der Iteration PLAN_SEQUENCE. Die Antworten von MAKE_ALL sind alle Antworten, die aus dem iterativen Teilgraphen hinausführen, im Bild 8 also jeweils die negativen Antworten der Sub-Moduln sowie "(empty_list)" aus PLAN_SEQUENCE. Der Aufruf des *inneren* Fragekästchens MAKE_ALL erfolgt unter den Vorbedingungen des *Iterations-Synchronisationsknotens* V aus der iterativen Version (Bild 8), im Beispiel also bei

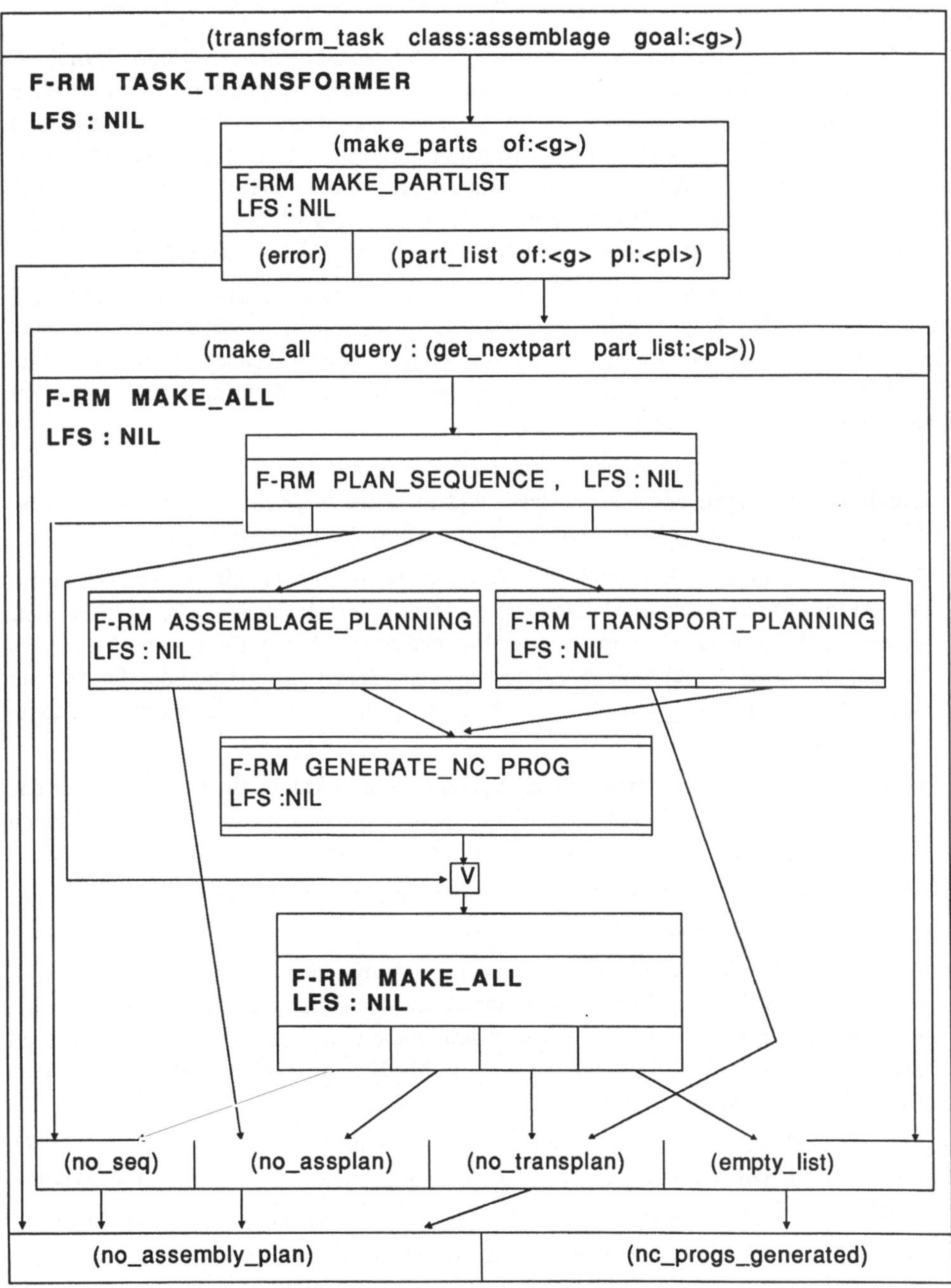

Bild 10: Ent-Iterierung des Übergangsgraphen in Bild 8

Vorliegen der Antworten von PLAN_SEQUENCE und GENERATE_NC_PROG.

Mit dieser rekursiven Strukturierung sind zusätzlich sämtliche Synchronisationsprobleme der iterativen Version aus Bild 8 auf natürliche Weise und ohne weiteren Aufwand gelöst worden. Innerhalb jeder Inkarnation von MAKE_ALL liegt nun stets genau ein Montage- und ein Transportplan vor, die auch zueinander korrespondieren. Mehrdeutige Antworten des umgebenden Moduls TASK_TRANSFORMER sind ebenfalls nicht mehr möglich, da dessen positive Antwort "(nc_progs_generated)" erst nach Abarbeitung der letzten Inkarnation von MAKE_ALL erfolgen kann.

Auch für iteratives Senden von Anfragen unter mehreren Vorbedingungen und bei parallel ablaufenden Teilgraphen, die miteinander synchronisiert sein können, läßt sich die Ent-Iterierung immer durchführen. Allgemein leistet folgender Algorithmus die Transformation für Fragekästchen mit iterativem Kontrollgraph in einen funktional äquivalenten mit rekursivem Kontrollgraph :

- Finde den ersten Synchronisationsknoten aller parallelen Zyklen, die diesen als gemeinsamen Vorgängerknoten besitzen und in weiteren gemeinsamen Synchronisationsknoten zusammengeführt werden (in Bild 11 ist das der Knoten S).

- Bette den aus den Zyklen gebildeten Teilgraphen, beginnend hinter dem gemeinsamen Anfangssynchronisationsknoten, in ein neues Fragekästchen, z.B. MAKE_ALL genannt, ein (in Bild 11 sind das die Fragekästchen A bis F). Lasse aus diesem Teilgraphen alle Synchronisationsknoten, von denen *nur* Iterations-Fragepfeile ausgehen (in Bild 11 sind das die Knoten Y und Z), sowie diese Iterations-Fragepfeile weg.

- Füge an den Teilgraphen einen neuen Synchronisationsknoten an (in Bild 11 ist das Knoten YZ), zu dem alle Antwortpfeile führen, die vorher die *Iterations-Knoten* aktivierten (in Bild 11 sind das die Antwortpfeile der Antworten (C_a2) und (F_a2)).

- Füge an den neuen Synchronisationsknoten rekursiv die innere Inkarnation des einbettenden Fragekästchens MAKE_ALL an.

- Anfrageschnittstelle von MAKE_ALL ist die Kombination aller Anfragen, die vom gemeinsamen Vorgänger-Synchronisationsknoten der Zyklen an die Zyklen gesendet wurden. (In Bild 11 ergibt diese Kombination das Faktenmuster (make_all query1:(A_q) query2:(D_q)). Aktiviert wird MAKE_ALL vom gemeinsamen Vorgänger-Synchronisationsknoten gemäß 1.

- Antwortschnittstelle von MAKE_ALL sind alle Antworten eingebetteter Fragekästchen, von denen Antwortpfeile zu nicht eingebetteten Synchronisationskästchen führen (in Bild 11 sind das die Antworten (C_a1), (C_a3), (F_a1) und (E_a2)).

- Haben Zyklen (bzw. ganze Teilgraphen, die mehrere Zyklen enthalten) außer dem gemeinsamen Vorgängerknoten keine weiteren Knoten mehr gemeinsam, wende den Algorithmus jeweils getrennt auf die einzelnen Zyklen bzw. Teilgraphen an.

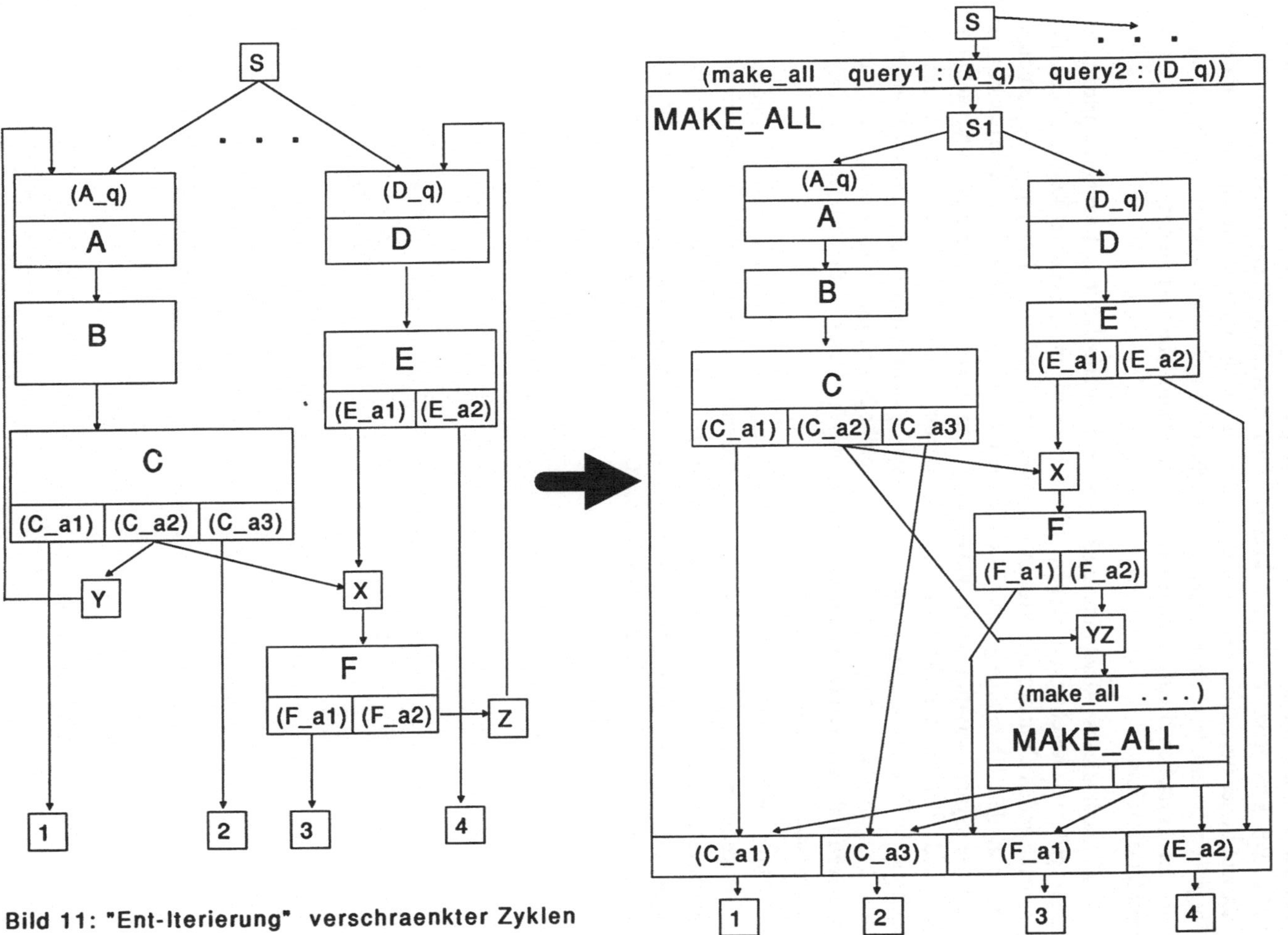

Bild 11: "Ent-Iterierung" verschraenkter Zyklen

Funktional ist die rekursive der iterativen Version gleichwertig. Bezüglich der Laufzeiten in den einzelnen parallelen Teilgraphen ergibt sich jedoch ein Unterschied darin, daß jetzt jeder einzelne rekursive Aufruf in allen Zweigen synchron erfolgt, während in der iterativen Version die Synchronisierung erst nach Ablauf der kompletten Folge von Iterationsschritten jedes Teilgraphen vorgenommen wurde. Das kann natürlich bei kritischen Echtzeitanwendungen innerhalb eines entiterierten Teilpfades zu Problemen führen.

Als Fazit dieses Abschnitts muß man feststellen, daß das Rekursionsprinzip bei sogar größerer Mächtigkeit wegen seiner eindeutigen Anwendbarkeit und den ihm innewohnenden Synchronisationseigenschaften der expliziten Formulierung von Iterationen in den Übergangsgraphen von Regelmoduln auf jeden Fall vorzuziehen ist. Explizite Synchronisation über Verwaltung von Inkarnationsnummern und ähnlicher Aufwand sind nicht mehr notwendig. Zusätzlich bietet das Rekursionskonzept einfachere Verifikationsmöglichkeiten wegen der Zyklenfreiheit in den Graphen und nicht zuletzt ist die Darstellung in geeigneten Graphikeditoren einfacher zu realisieren als im iterativen Fall. Daher konnte auf die Einführung der Iteration für das Modulkonzept der vorliegenden Arbeit verzichtet werden.

Die automatische Erzeugbarkeit der Übergangsregeln für ein aus Moduln aufgebautes Regelprogramm ist nur eine Möglichkeit der Systemunterstützung während der Programmierphase. Welche anderen Hilfen angeboten werden können, wie sie auf dem in diesem Abschnitt definierten Modulkonzept aufgebaut werden können und was für Möglichkeiten der Realisierung denkbar sind, ist der Inhalt des folgenden Kapitels 4.

4 Systemunterstützung beim Regelprogrammieren

Durch das im letzten Kapitel eingeführte Modulkonzept sind die Grundlagen für die Erstellung übersichtlicher Regelprogramme, insbesondere bei umfangreichen Anwendungen, geschaffen worden. Nun ist es möglich, mit definierten Sprachmitteln für Moduln, für deren Schnittstellen, sowie zu ihrer Kombination, das Übergangsverhalten der Moduln eines Regelprogramms explizit auszudrücken. Bisher konnte dies nur versteckt in speziellen Regeln zur Kontextumschaltung vorgenommen werden.

Im Prinzip würde eine Programmierumgebung mit Texteditor, Übersetzer und Regelinterpreter zur Realisierung von modularisierten Regelprogrammen ausreichen. Doch vor allem die Umsetzung der Übergangsgraphen in die *SNA/SVA*-Syntax ist natürlich wesentlich komfortabler möglich, wenn ein Grapheneditor zur Verfügung steht, der Aufbau und Manipulation der Übergangsgraphen in übersichtlicher Form zuläßt.

Auch für die Erstellung der *Programmierten-Regeln* (vgl. die Definition von Regelmoduln in 3.4) eines Moduls sind Hilfsmittel in Form spezieller Editoren denkbar, die das mit viel Schreibarbeit verbundene und fehleranfällige Niederschreiben der Regeln in reiner Textform ersetzen. Die interne Repräsentation von Moduln, Regeln und Aufrufzusammenhängen kann dann durch entsprechende Generatoren auf sichere Weise in die spezielle Syntax der Regelsprache transformiert werden.

4.1 untersucht zunächst Möglichkeiten, die Regelprogrammierung vom System her zu unterstützen und stellt eine Reihe von Anforderungen auf, die eine komfortable Programmierumgebung erfüllen sollte. Eine Diskussion existierender Ansätze und deren Vor- und Nachteile bzgl. der aufgestellten Anforderungen schließt sich an.

In 4.2 werden spezielle Editoren konzipiert, die Erstellung und Manipulation von Regelmoduln und ihren Übergangsgraphen in tabellenartiger bzw. graphisch orientierter Form zulassen. Dabei wird untersucht, an welcher Stelle und auf welche Weise bereits weitgehende syntaktische und semantische Überprüfungen während des Editiervorgangs vornehmbar sind, so daß letztlich weniger fehleranfällige Programme entstehen.

Abschnitt 4.3 befaßt sich danach mit der Umsetzung der internen Wissensrepräsentationen durch Tabellen und Graphen in die Regelsystemsyntax. Insbesondere aus dem in den Übergangsgraphen explizit zur Verfügung stehenden Wissen über den Aufrufzusammenhang zwischen den Elementen der *SVA* eines Moduls können sofort entsprechende Übergangsregeln generiert werden. Damit sind - bei korrekter Spezifikation der Übergänge - aus den Modulaufrufen resultierende Fehler ausgeschlossen.

Im Abschnitt 4.4 werden Möglichkeiten zur Definition und Verwendung von generischen Regelmoduln beschrieben. Diese stellen abstrahierte Algorithmen zur Verfügung, die jeweils problemspezifisch instantiiert werden können. Mit generischen Regelmoduln lassen sich somit ganze Klassen von verwandten Aufgabestellungen mit einem Minimum an Programmieraufwand bearbeiten.

In 4.5 wird abschließend gezeigt, daß sich die verschiedenen Repräsentationsformen von Domänen- und Kontrollwissen in den speziellen Editoren auch sehr gut zur Erstellung ausführlicher Debug- und Trace-Werkzeuge eignen. Mit solchen Hilfsmitteln kann der Entwicklungs- und Testaufwand bei der Erstellung umfangreicher Regelprogrammanwendungen verringert und die *Rest-Fehlerwahrscheinlichkeit* klein gehalten werden.

4.1 Möglichkeiten der Systemunterstützung

4.1.1 Problemstellung und Anforderungen

Als ein wesentliches Problem der Regelprogrammierung wird in der vorliegenden Arbeit die Unübersichtlichkeit, vor allem bei größeren Anwendungen, behandelt. Durch Einführung des Modulkonzepts und durch eine graphische *Modul-Aufrufsprache* wurde die Grundlage geschaffen, umfangreiche Regelprogramme aus überschaubaren Einheiten, den Moduln, zusammenzusetzen. Dies bedeutet insbesondere, daß das in jedem Modul enthaltene Domänenwissen getrennt von dem Wissen über seine Anwendung in größerem Zusammenhang (also getrennt vom Kontrollwissen in den Übergangsgraphen) formuliert, appliziert und manipuliert werden kann. In einfachen Regelsprachen wie OPS 5 ist dagegen sämtliches Kontrollwissen in beliebigen Regeln lediglich implizit vorhanden. Dies führt zu sehr großen Problemen während der Lebensdauer von auf dem Regelsystem aufbauenden Expertensystemen. Solche Expertensysteme sind üblicherweise keine abgeschlossenen Programme, sondern wie die von ihnen behandelte Domäne stetiger Veränderung und in der Regel inkrementellem Wachstum unterworfen [Hayes-Roth 85]. Daher ist es von besonderer Wichtigkeit, nicht nur beim Erstellen der Programme, sondern auch bei ihrer Wartung Hilfe und Unterstützung vom System her anzubieten.

Als wesentliche Voraussetzung für eine solche Unterstützung werden von [Davis/ King 77], [Clancey 83], [Neches 84] die Trennung und explizite Darstellung verschiedener Arten des Wissens (z.B. über Domäne, Ablauffolgen, Lösungsstrategien, Effizienzverbesserung), vor allem des Kontrollflußwissens gefordert. Das Kontrollflußwissen, z.B. in der Form der in der vorliegenden Arbeit entwickelten Übergangsgraphenrepräsentation, erlaubt einerseits, bei Modifizierung von Regeln über die Domäne, die entsprechenden Moduln zu lokalisieren und unabhängig von den übrigen zu bearbeiten ("Man findet leicht, wo etwas zu ändern ist" [Soloway 87]). Andererseits kann der Kontrollfluß selbst verändert werden, ohne daß auf die Inhalte der betroffenen Moduln eingegangen werden muß. Diese möglichst große lokale Unabhängigkeit bei Modifikationen ist eine der wesentlichen Anforderungen (3.1, Anforderungen a. und d.), die zu erfüllen das in der vorliegenden Arbeit entwickelte Modulkonzept anstrebt und wofür die Grundlagen geschaffen wurden.

Weiterhin erzwingt die Separierung von Domänen- und Kontrollwissen eine diszipliniertere Form der Programmerstellung, was für die Programmierung mit den gängigen Regelsystemen nicht zutrifft. Untersuchungen von [Soloway 87] am Beispiel der Weiterentwicklung des VAX-Konfigurierers R1/XCON haben ergeben, daß jeder Beteiligte an der XCON-Wartung seinen eigenen Programmierstil in das Expertensystem einbrachte, besonders "spezielle Tricks" zur Sicherstellung von bestimmten Ablauffolgen. Dies war so markant, daß verschiedene Versuchspersonen (Programmierer und SW-Entwickler) nach einiger Zeit Beschäftigung mit XCON jeweils sagen konnten, welche Regelgruppen von welchem XCON-Betreuer stammten.

Ein weiteres Problem ist auch die Darstellung sowohl der bereits existierenden wie auch der aktuell in Bearbeitung befindlichen Programmteile. Wenn z.B. neues Wissen in ein regelbasiertes Expertensystem aufgenommen werden soll, muß zunächst ersichtlich sein, welches Wissen überhaupt schon vorhanden ist [van de Brug 85]. Daher sollte das existente Wissen, möglichst in verschiedenem Detaillierungsgrad, am Bildschirm übersichtlich veranschaulicht und zur gezielten Manipulation angeboten werden. Es sind spezielle Editoren nötig, mit denen ganze Ablaufgraphen, einzelne Moduln oder Modulbestandteile selektiert und eigenständig bearbeitet werden können. Die Editoren stellen dann eine höhere Programmiersprache dar, für die Regeln sozusagen das "Assembler-Niveau" darstellen [Soloway 87] und in die die Regelprogramme automatisch übersetzbar sind.

Eine große zusätzliche Erleichterung bedeutet die Schreibersparnis, wenn der Regelprogrammierer die Regeln eines Moduls in Tabellenform betrachten, analysieren und auch manipulieren kann. Geht man z.B. von der Beobachtung aus, daß die Regeln eines Moduls vielfältige Kombinationen von relativ wenig verschiedenen Bedingungen abdecken, muß der Programmierer jede Bedingung mehrmals niederschreiben. Trotz moderner Texteditoren mit Duplizier- und Verschiebefunktionen kann dies recht aufwendig sein. Vor allem muß der Programmierer die Übersicht behalten und sich immer merken, was er wo schon einmal ausformuliert hat. Bei über Wochen, Monate oder Jahre gehenden Entwicklungen mit mehreren Beteiligten ist so eine Vorstellung utopisch. Stehen jedoch die Regeln in Tabellenform zur Verfügung, muß jede Bedingung (und Aktion) nur noch genau einmal editiert werden. Die daraus resultierende Arbeitserleichterung fördert nicht zuletzt auch die Bereitschaft, z.B. mit verständlichen (also längeren) Bezeichnern und ausführlichen Kommentaren die Lesbarkeit des Programms zu erhöhen, was besonders in der symbolischen Programmierung (z.B. mit Regeln) für die spätere Wartung äußerst vorteilhaft ist, von den Programmschreibern aber gern vernachlässigt wird. Letztendlich stellt die Programmierung in Tabellenform, zumal wenn sie durch geeignete syntaxgeführte Masken- und Menüsteuerungen unterstützt wird, die von [Soloway 87] geforderte gehobene Programmierschnittstelle dar, die eine weitgehend einheitliche und systematische Erstellung von Regelprogrammen mit allen Vorteilen während Entwicklung, Test und Wartung erlaubt.

Eine weitere Möglichkeit der Systemunterstützung ergibt sich aus der Untersuchung des generischen Prinzips bei der Programmerstellung, das inzwischen in vielen Bereichen der Datenverarbeitung für unterschiedlichste Anwendungen erfolgreich angewandt wird. Z.B. für allgemeine, meist nicht-numerische Probleme wie Suchen in und Sortieren von Datensätzen, oder, in Spezialgebieten wie z.B. Graphik, für das Schneiden von Flächen oder Rotieren von Körpern. Oft werden hierfür in der Programmierumgebung Standardroutinen oder Bibliotheksfunktionen zur Verfügung gestellt (z.B. das sort-Kommando im UNIX-Environment), die die gestellten Aufgaben für eine Reihe von unterschiedlichen Datentypen erledigen können. Solche Routinen sind nach [Lewerentz 85] generische Funktionsmoduln, da sie Eingabe- in Ausgabedaten transformieren und da sie vor dem Gebrauch erst konkret zu instantiieren sind (bei Sortieralgorithmen z.B. durch Angabe des Vergleichskriteriums und des Schlüsseltyps eines Datensatzes).

Für einige, vor allem sehr umfangreiche Aufgaben, gibt es Generatorprogramme, die abstrakte Darstellungen des benötigten Domänenwissens in Bearbeitungsprogramme für diese Domäne transformieren. So bekommen Übersetzergeneratoren als Eingabe die Grammatik einer Programmiersprache und evtl. die formalisierte Maschinenbeschreibung des Zielrechners und erzeugen daraus einen Compiler für Anwenderprogramme in der gewünschten Programmiersprache für den beschriebenen Rechner.

Dasselbe Prinzip ist natürlich auch für Expertensysteme wünschenswert. Hier ist nur häufig die jeweils betrachtete Domäne weit weniger formal erfaßt (oder überhaupt faßbar) als beispielsweise der Übersetzerbau mit seiner fundierten Theorie der formalen Sprachen. Insbesondere hat sich die Idee eines General Problem Solver [Newell/Simon 63] als für praktische Aufgabenstellungen nicht realistisch erwiesen.

Für das Erstellen von Regelprogrammen sehe ich an drei Stellen Möglichkeiten des Einsatzes generischer Prinzipien. Zur Programmierung von Standardalgorithmen (z.B. transitive Hüllenberechnung für unterschiedliche Anwenderprobleme), zur Bereitstellung von *Regelmodulskeletten* für Standardabläufe (z.B. Backtracking), sowie zur Umsetzung von generischen Algorithmen, die in anderer (z.B. funktionaler) Repräsentation bereits vorliegen. Generator- bzw. Transformatorprogramme übernehmen dann die Umsetzung, sobald die generischen Elemente (Arten, Strukturen, Funktionale etc.) der Algorithmen vom Benutzer konkret instantiiert wurden.

Zu einer komfortablen Entwicklungsumgebung bei der Programmierung gehören nicht nur Werkzeuge zur Erstellung von Programmen, sondern auch Unterstützung in der Test- und Validierungsphase. Gerade durch die Technik des *rapid prototyping* bei Expertensystemen, die für oft zunächst nur unzureichend verstandene und vage formalisierte Domänen entwickelt werden sollen, haben sich eine Reihe von Anforderungen bzgl. solcher Unterstützungsmöglichkeiten ergeben. Dazu gehört zunächst, daß vom üblichen *edit-compile-run* Zyklus der Programmierung in prozedurorientierten Sprachen abgegangen und die *edit-run* Idee interpretierter Sprachen (wie z.B. LISP und aller darauf basierender Systeme) aufgegriffen wird. Dabei ergeben sich als Vorteile der Zugriff auf alle Datenstrukturen in uncompilierter Form (einschließlich Symboltabellen usw.) sowie die Möglichkeit des schnellen und bequemen online-Ausprobierens aller vorgenommenen Veränderungen. So bedeutet für Regelsprachen die Interpreter-Realisierung genau genommen, daß die Spezifikation bereits das ablauffähige Programm darstellt [Tichy 87], der Programmierer sich also um Einzelheiten der Abarbeitung der Spezifikation keine Gedanken machen muß. Nach erfolgreichem Abschluß der Testphase im Interpretermodus können die Programme dann in effizient ablauffähige Versionen übersetzt werden. Da alle gängigen Regelsysteme (vgl. OPS 5 und YAPS) ebenfalls interpretierte Abläufe zulassen, würde eine Implementierung des in der vorliegenden Arbeit entwickelten Regelmodulkonzepts in solchen Sprachen gute Möglichkeiten bieten, entsprechend komfortable Debug- und Trace-Hilfsmittel zu integrieren.

Neben den Vorteilen der Online-Analyse während der Interpretation der Regeln ist es oft wünschenswert, zusätzlich auch auf *mechanische* Unterstützung der Test- oder Validierungsphase zugreifen zu können: auf Programme (Testbetten), die systematisch Testdaten generieren, im Programm ausprobieren und die Ergebnisse protokollieren, evtl. sogar auswerten. Für die Regelmoduln ist die automatische Generierung eines Testbetts aus deren Schnittstellenbeschreibungen sowie den Übergangsgraphen möglich. In der Schnittstellenbeschreibung allein (der *SNA*) ist die benötigte Information zum Erzeugen von Anfragen an den Modul enthalten. Durch Auswerten der Kontrollgraphen und der *SVA in seinem Inneren* kann man gezielt Antworten vom Testbett an den Modul zurücksenden. Das würde ein umfassendes Testen in den Synchronisationsknoten ermöglichen, ohne daß mit beliebig vielen Anfragen über die *SNA* unkontrolliert ausprobiert werden muß. Mit den Testbettgeneratoren wäre ein vollständiger bottom-up-Test von den innersten Moduln bis zum alles umfassenden Hauptmodul systematisch durchführbar, und das beim geringstmöglichen Zeitaufwand. Überdies müßte dazu nicht der Entwickler mit seinen Detailkenntnissen herangezogen werden, sondern Assistenten und Hilfskräfte können die Tests *mechanisch* ausführen und protokollieren. Das Entwicklerpotential stünde schneller wieder für die ihm eigentlich zufallenden Aufgaben zur Verfügung.

Aus der bisherigen Diskussion, welche Möglichkeiten sich zur Systemunterstützung beim Regelprogrammieren anbieten und welche Probleme damit vereinfacht oder sogar vermieden werden können, ergeben sich folgende Anforderungen an das entwickelte Modulkonzept, die hiermit die grundlegende Anforderung j. aus 3.1 (Modulkonzept als Voraussetzung zum Aufbau einer komfortablen Programmierumgebung) detaillierter konkretisieren.

a. Trennung von Domänen- und Kontrollwissen

Die Manipulation von Domänen- und Kontrollwissen muß strikt getrennt und in einheitlicher Form erfolgen. Dabei soll ''möglichst wenig'' Entwicklungs-Schreibarbeit anfallen.

b. Abblocken von Fehlern bei der Programmierung

Während der Erstellung von *Programmierten-Regeln* und *Kontrollgraphen* (vgl. 3.4) muß die Programmierumgebung syntaktische Fehler vollständig und semantische Fehler so weit wie möglich abblocken.

c. Vollständigkeit und Konsistenz von Regeln

Die Programmierumgebung soll die Analyse der Vollständigkeit und Konsistenz der Regeln eines Moduls zumindest erleichtern, wenn nicht sogar *mechanisch* vornehmen.

d. Generierte Fehlerbehandlung

Regeln zur Fehlerbehandlung, z.B. bei dynamischer Typverletzung, Timeouts usw., sollten nicht extra ausprogrammiert werden, sondern aus der Spezifikation der *positiven* Regeln erzeugbar sein.

e. Generische Modul- und Ablaufstrukturen

Durch die Möglichkeit zum Erstellen und Einbinden generischer Moduln soll der Zeitaufwand für Entwicklung und Test bei großen Anwendungen verringert werden.

f. Komfortable Testumgebung

Test- und Debug-Hilfsmittel sollen in vielseitiger Form und leicht einsetzbar zur Verfügung stehen. Testdaten sollten sich generieren lassen.

g. Variable Detaillierung am Bildschirm

Die Darstellung von Regelprogrammen, Moduln und ihren Bestandteilen am Bildschirm soll in verschiedenen Abstraktions- und Detaillierungsstufen möglich sein. Dadurch steht sowohl bei Erstellung wie auch bei Test und Analyse von Programmen oder Programmausschnitten stets die geeignete Informationsmenge zur Verfügung.

Das in der vorliegenden Arbeit entwickelte Modulkonzept folgt dem oben genannten Prinzip der Einteilung und getrennten Darstellung unterschiedlicher Arten von Wissen. Es erlaubt, Regelprogramme in übersichtliche Einheiten, eben die Moduln, zu strukturieren, die in eindeutig definierter Form (nämlich durch den Übergangsgraphenformalismus) zum Gesamtprogramm kombiniert werden können. *Überschaubar* meint hier nicht nur *verständlich*, sondern soll durchaus als verifizierbar bzgl. der Konsistenz und Vollständigkeit verstanden werden. Damit ist die Grundlage geschaffen, spezielle Editoren bzw. komfortable Programmieroberflächen, sowie eine anspruchsvolle Ablauf- und Testumgebung für modularisierte Regelprogramme zu entwerfen. Letztendlich handelt es sich dann nicht mehr um eine Programmiersprache im üblichen Sinn, sondern es entsteht ein Werkzeug zur Wissensakquisition, das aus dem Wissen der Anwender die gewünschten Programme generiert. Damit nähert man sich immer weiter dem Ideal von [Feigenbaum 77], nur noch das WAS zu spezifizieren und nicht mehr das WIE.

Im folgenden Abschnitt sollen nun kurz einige Ansätze und Implementierungen aus der Literatur diskutiert werden. Sie sind sämtlich nur in Hinsicht auf spezielle Unterstützungsmöglichkeiten während unterschiedlicher Phasen der Regelprogrammierung untersucht und realisiert worden. Ein durchgängiger Ansatz, wie das in der vorliegenden Arbeit entwickelte Modulkonzept, liegt keinem dieser Projekte zugrunde.

4.1.2 Existierende Ansätze

Die folgenden beiden Prototypen sind versuchsweise Reimplementierungen des bekannten, in OPS 5 geschriebenen VAX-Konfigurierungsprogramms R1/XCON von [McDermott 82]. Ihr Hauptziel war, die Problematik der Konsistenz bei der ständigen Veränderung und Erweiterung im Laufe der Benutzung von R1/XCON in den Griff zu bekommen. Eine Verbesserung der Laufzeit wurde nicht angestrebt, da R1/XCON befriedigend schnell arbeitet [Soloway 87].

XCON-IN-RIME [Soloway 87]

Nach Soloway besteht R1/XCON zur Zeit aus ca. 6200 Regeln, von denen sich jährlich etwa 50% ändern. Dadurch, daß sehr viele Personen an der Wartung des Programms beteiligt sind und waren, führen selbst kleinere lokale Veränderungen häufig zu fehlerhaften Abläufen an völlig anderer, nicht erwarteter Stelle. Ursache dafür ist die Möglichkeit der Vermischung von Domänen- und Kontrollwissen in OPS 5. Insbesondere nutzen viele Programmierer die Selektionsstrategien des OPS 5 Regelinterpreters zum Erzwingen bestimmter Abläufe aus. Andere Gründe sind die ungenügenden Strukturierungsmöglichkeiten und die daraus resultierenden Lesbarkeits- und Verständnisprobleme, also gerade Motive der vorliegenden Arbeit zur Entwicklung des Modulkonzepts.

Um nun die ständige Veränderung und Anpassung von R1/XCON zu unterstützen und die Aufrechterhaltung der Integrität der Regelbasis [Soloway 87] zu erleichtern, wurde die über OPS 5 angesiedelte Sprache RIME entwickelt. In RIME wurde R1/XCON als XCON-in-RIME teilweise reimplementiert, wobei die Konfiguration von nur 2 DEC-Maschinen möglich ist. Aus RIME-Programmen werden dann OPS 5 Regeln erzeugt. Grundidee von RIME ist, eine Aufgabe wie das Konfigurieren zuerst in aufgabenspezifische Problemräume (z.B. SELECT_CONTAINER, CONFIGURE_BACKPLANE etc.) und aufgabenunabhängige Lösungsmethoden (PROPOSE, ELIMINATE, EVALUATE etc.) zu zerlegen. Weiterhin werden Regeln in Klassen eingeteilt, und für die Regeln Muster (templates) zur Programmierung vorgegeben. Durch diese Strukturierungsmittel, die als syntaktische Elemente in RIME vorgegeben sind, werden die impliziten prozeduralen Beziehungen zwischen den Regeln sichtbar und verständlich [Soloway 87]. Zum Erzwingen der von den RIME-Sprachmitteln angebotenen Strukturierung (online enforcement of coding guide-lines) wird SEAR benutzt, eine syntaxgestützte Programmentwicklungsumgebung.

RIME, vor allem in Verbindung mit dem Entwicklungswerkzeug SEAR, erfüllt die Anforderungen 4.4.1.a und 4.4.1.b nach darstellbarer Trennung von Domänen- und Kontrollwissen sowie syntaxgestützter Hilfe bei der Programmierung. Hilfsmittel zur Überprüfung der Vollständigkeit und Konsistenz (4.4.1.c) oder komfortable Test- und

Debug-Werkzeuge (4.4.1.f) sind nicht vorhanden. Übersichtliche Darstellung mit unterschiedlichem Detaillierungsgrad (4.4.1.g), wie sie die Einteilung in Problemräume etc. nahelegt, sind nicht realisiert. Insbesondere fehlen generische Konzepte (4.4.1.e), die das Ziel von RIME, schnelle und sichere Weiterentwicklung von umfangreichen Regelprogrammen, sehr gut unterstützen könnten.

PROTO-R2 [Van de Brug 85]

PROTO-R2 ist eigentlich ein Vorläufer von XCON-in-RIME, also auch ein Versuch zur Reimplementierung von R1/XCON (bis jetzt mit ca. 250 Regeln). Die Schwerpunkte von PROTO-R2 liegen allerdings mehr auf einer komfortablen Wissensakquisition sowie einer ausführlichen Erklärungskomponente. Grunderkenntnis bei PROTO-R2 war, daß nur eine strikte Trennung von Domänen- und Kontrollwissen die angestrebten Ziele ermöglichen. Zur Strukturierung wurden, ähnlich wie bei RIME, Problemräume und Operatorkontexte (propose, apply, evaluate) eingeführt. Zusätzlich gibt es eine begrenzte Anzahl von klar festgelegten Wissensrollen (knowledge roles), die die Interaktion zwischen Regeln definieren. Wie bei XCON-in-RIME wird der Regelgenerator von SEAR benutzt, um aus der Zwischenform der Interviewerkomponente OPS 5 Regeln zu erzeugen. Die Erklärungskomponente setzt dagegen direkt auf der Zwischenform auf. Bzgl. der in 4.1.1 aufgestellten Anforderungen zur Unterstützung der Regelprogrammierung verhält sich PROTO-R2 praktisch ebenso wie XCON-in-RIME (s.o.).

KATE [Fickas 85]

KATE gehört zur Entwicklungsumgebung des bereits unter dem Aspekt der Modularisierung in 2.2 und 3.1 vorgestellten ORBS-System. Ziel von ORBS und KATE sind weniger Wissensakquisition oder Erklärungskomponenten, als vielmehr Wiederverwendbarkeit und Kombinierbarkeit (reuse and tailoring) von Regelpaketen (rule packages). KATE unterstützt diese Ziele durch Graphikeditoren für Regeln, Flavors und Fakten (nach Angaben von [Fickas 85] allerdings noch nicht sehr ausgefeilt), sowie durch eine komfortable Katalogverwaltung. Zusätzlich steht dem Entwickler während der Testphase ein umfangreiches *break-package* zur Verfügung. Unter anderem kann damit die *Kontrollstrategie* (Übergänge zwischen unterschiedlichen Scheduling-Funktionen) als Graph angezeigt werden, in dem zur Laufzeit die gerade aktiven Kanten blinken.

Durch die Möglichkeit, verschiedene Kontrollstrategien zur Aktivierung von Regelpaketen selbst zu definieren, läßt sich bis zu einem gewissen Grad Domänen- von Kontrollwissen trennen (Anforderung 4.1.1.a), wenn auch nicht so konsequent wie bei RIME oder PROTO-R2. Vorbildlich sind die Test- und Debug-Hilfen (4.1.1.f); allerdings ist automatisches Testen oder Testdatengenerierung aufgrund der fehlenden Schnittstellenbeschreibung (vgl. 3.1) kaum möglich. Die Graphikeditoren erlauben die in 4.1.1.g geforderte Darstellbarkeit und Manipulierbarkeit von Regelpaketen und ihrer

Bestandteile (wie Flavors, Strategien etc.). Dagegen kann KATE die übrigen Anforderungen aus 4.1.1 (Vollständigkeits/Konsistenz-test, generisches Prinzip, Syntax- und Semantiküberprüfungen bereits im Editor) aufgrund des mangelhaften Modularisierungsansatzes von ORBS nicht erfüllen.

Mit der Unterstützung der Regelprogrammierung in Hinsicht auf Manipulierbarkeit von Regelmengen in Tabellenform, sowie den daraus resultierenden Möglichkeiten zur Analyse von Vollständigkeit und Konsistenz befassen sich [Schöll 87] bzw. [Güntzer 87] sowie [Nguyen 85].

Tabellenrepräsentation von Regeln bei [Schöll 87] bzw. [Güntzer 87]

Schöll gibt Algorithmen an, die das Überführen von Regelmengen in Entscheidungstabellen (ETn) erlauben und umgekehrt (zur Definition von ETn vgl. z.B. [Strunz 77]). Als Vorteile der Übertragung von Regeln in ETn gibt Schöll Laufzeitverbesserung (da schnelle FORTRAN- oder C-Interpreter für ETn existieren), Einbettbarkeit in konventionelle EDV-Umgebung sowie Nutzbarkeit von formalen Konsistenz- und Vollständigkeitstestalgorithmen an, wie sie für ETn bereits bestehen. Eine Transformation von ETn in Regeln ist laut Schöll dagegen interessant, wenn bestehende Regelprogramme unter Zuhilfenahme der ET-Akquisitionskomponente erweitert oder verändert oder auch nur zur Konsistenzprüfung in ETn und dann wieder zurückgewandelt werden sollen. Nach [Davis/Lenat 82] und [Schöll 87] ergibt sich die Überprüfbarkeit von ETn aus deren formalisierter, eindeutiger und übersichtlicher Aufschreibung, die Widersprüche, Unvollständigkeiten und redundante Regeln leicht erkennen läßt.

Mit seinem Ansatz zur ET-orientierten Wissensakquisition erfüllt Schöll insbesondere die Anforderungen nach Unterstützung der Regelprogrammierung durch eine einheitliche Form von Eingabe und Manipulation des Regelwissens (4.1.1.a), sowie nach Analysemöglichkeiten für Vollständigkeit und Konsistenz (4.1.1.c). Ein Modularisierungskonzept, das auch die Realisierung der übrigen Anforderungen aus 4.1.1 erlauben könnte, wird nicht angeboten.

Tabellenrepräsentation von Regeln bei [Nguyen 85]

Weitere Möglichkeiten bzgl. der Analyse von Regelwissen findet [Nguyen 85]. Falls in Tabellen (dependency charts) auch die Relation zwischen den IF- und THEN-Teilen jeder Regel vorhanden ist, sind (allerdings nur bei backward-chaining-Regeln) zusätzlich zirkuläre Regelfolgen, unerreichbare Regeln oder Sackgassenregeln erkennbar. Das sind Fehlerquellen, die aus einer Repräsentation in Produktionsregeln gar nicht oder nur mit ungleich größerem Aufwand ausgefiltert werden können. Für forward-chaining-Regeln, wie sie in der vorliegenden Arbeit betrachtet werden, sind die Ergebnisse von Nguyen nicht verwendbar.

Nachdem nun einige Ansätze diskutiert wurden, die bzgl. unterschiedlicher Aspekte Unterstützung bei der Regelprogrammierung bieten, soll nun gezeigt werden, daß das in der vorliegenden Arbeit entwickelte Modulkonzept eine geeignete Grundlage darstellt, die in 4.1.1 aufgestellten Anforderungen zu erfüllen. Diese Aussage soll in den folgenden Abschnitten 4.2 bis 4.5 erhärtet werden, indem konkret auf der Grundlage des Modulkonzepts komfortable Editoren, Regelgeneratoren, generische Moduln und automatische Testhilfen spezifiziert werden.

4.2 Unterstützung durch syntaxgesteuerte Editoren

"Programme sind nicht nur einfach Texte." Diese Feststellung von [Teitelbaum/ Reps 81] begründet die Idee der syntaxgeführten Editoren, mit denen Programme nicht wie beliebige Texte als reine Zeichenreihen manipuliert, sondern aus vordefinierten Schablonen (genannt *Templates* [Teitelbaum/Reps 81] oder *Inkremente* [Nagl 83]) gemäß der Syntax der Programmiersprache aufgebaut werden. Die verschiedenen Schablonen entsprechen dabei den rechten Seiten in den Produktionsregeln der zugrundeliegenden Grammatik der Programmiersprache. Ausgehend vom Axiom (z.B. "PASCAL_PROGRAM") kann der Benutzer des Syntaxeditors per Kommando eine der möglichen rechten Seiten zu jedem Nichtterminal auswählen, durch die es ersetzt werden soll. Bei dieser Ersetzung fügt der Editor alle nötigen Terminale selbständig in das Programm ein. Aus diesem Grund und aus der Tatsache, daß kontextabhängig zu jedem Nonterminal nur die erlaubten Schablonen zur Auswahl angeboten werden, folgt, daß die eingeführten Schablonen stets syntaktisch korrekt sind [Teitelbaum/Reps 81]. Erst wenn Schablonen auf einfache Schablonen reduziert worden sind, z.B. Variablen- oder Typbezeichner (oder bei IPSEN [Nagl 83] auch ganze arithmetische Ausdrücke), muß vom Benutzer Text editiert werden. Dieser, i.d.R. sehr kurze Text, kann dann lokal auf syntaktische Korrektheit geprüft werden. Überdies sind semantische Tests anbindbar, z.B. die Überprüfung, ob ein Selektor in einer record-Schablone redefiniert wurde. Insgesamt liegt während der kompletten Bearbeitung stets ein korrektes, evtl. allerdings nicht vollständiges Programm vor. Beim Cornell-Program-Synthesizer [Teitelbaum/ Reps 81] ist sogar jedes unvollständige Programm ablauffähig. Erreicht der Ablauf eine unvollständige Schablone, kann lokal nacheditiert werden; danach arbeitet das Programm weiter.

Während existierende syntaxgesteuerte Editoren (z.B. der Cornell-Program-Synthesizer [Teitelbaum/Reps 81] oder "ls" [DEC_LS 85]) vornehmlich das *Programmieren-im-Kleinen* [Lewerentz 84] in prozeduorientierten Sprachen erlauben, soll in der vorliegenden Arbeit die Eignung des entwickelten Modulkonzepts zur Erstellung syntaxgeführter Editoren für das *Programmieren-im-Kleinen* wie *-im-Großen* von regelbasierten Programmen demonstriert werden. Entsprechend der im Modulkonzept vorgenommenen Separierung von Domänen- und Kontrollwissen bei Regelprogrammen werden im folgenden Abschnitt 4.2.1 ein *Tabelleneditor* zur tabellenorientierten Erstellung der *Pro-*

grammierten-Regeln sowie ein *Grapheneditor* zur Erstellung der Übergangsgraphen eines Moduls vorgestellt. Abschnitt 4.2.2 beschreibt dann die Möglichkeiten syntaktischer und semantischer Überprüfungen innerhalb eines Editiervorgangs und diskutiert weitere Vorteile der Editoren insbesondere in bezug auf Ersparnis von Schreibarbeit und ähnliche Programmierererleichterungen.

4.2.1 Aufbau syntaxgestützter Editoren

Durch die syntaxgeführten Tabellen- und Grapheneditoren soll dem Regelprogrammierer die effiziente Erstellung syntaktisch - und soweit möglich - semantisch korrekter Programme ermöglicht werden. Effizient bedeutet hier Programmierung

a. mit möglichst wenig Schreibaufwand beim Editieren

b. mit möglichst wenig Zeitaufwand für Fehlersuche

c. mit möglichst wenig Lernaufwand zur Beherrschung der Programmiersprachensyntax

d. mit möglichst wenig Lernaufwand zur Beherrschung der Editoren.

Die ersten beiden Punkte bilden die Grundidee jedes syntaxgesteuerten Editors. a. wird i.w. dadurch erreicht, daß Programmskelette aus den Terminalen jeder Schablone vom System in den Programmtext "auf Kommando" eingebunden werden. Zusätzlich hängt a. davon ab, wie niedrig der Begriff *einfache Schablone* im Editor festgelegt wird (z.B. erst bei Bezeichnern oder schon bei vollständigen Anweisungen). Die Anforderung b. bedeutet nun, daß neben den ohnehin ausgeschlossenen syntaktischen Fehlern [Teitelbaum/Reps 81] auch, soweit statisch möglich, semantische Fehler, z.B. bzgl. Deklarationen, eindeutiger Verwendung von Bezeichnern usw., in den Editoren gefunden werden müssen. Damit kann man gleichzeitig auch eine Reihe von Fehlern in der Ablaufstruktur von vornherein unterbinden (z.B. Zuweisungen an Laufvariable in FOR-Schleifen), die in der Regel nur sehr mühsam in Tests gefunden werden.

Während a. und b. unabhängig von der Benutzeroberfläche sind, werden c. und vor allem d. durch sie entscheidend beeinflußt. Ideal wäre es, wenn ein Benutzer mit gewisser Programmiererfahrung, aber nur groben Kenntnissen der speziellen Programmiersprache mit dem syntaxgesteuerten Editor nahezu ohne Einweisung Programme selbständig erstellen könnte. Aus diesem Ideal lassen sich alle Anforderungen an die Benutzeroberfläche ableiten.

1. Übersichtliche Darstellung des jeweils interessierenden Programmausschnitts

2. Kontextabhängiges Anbieten der möglichen Handlungsalternativen für den Benutzer

3. Einschränken von Editiervorgängen auf vom Benutzer gemäß 2. selektierte Eingabefelder in einfachen Schablonen

4. Anbieten von Hilfs-Texten zu jeder möglichen Handlungsalternative.

Zur Erfüllung von Anforderung 1. bilden die Möglichkeiten der Mehrfach-Fenstertechnik auf modernen Graphikbildschirmen eine ausgezeichnete Grundlage [SFB331_Bericht 88]. Wie groß *interessierende Programmausschnitte* gewählt werden, hängt dann von der Programmiersprache ab, für die der Editor entwickelt wurde.

Die Anforderungen 2., 3. und 4. können durch Verwendung der zu den Fenstermechanismen korrespondierenden Auswahlmenüs mit Mauszeigern ebenfalls problemlos erfüllt werden. Dabei lassen sich die Editoren am günstigsten als endliche Automaten implementieren, deren Übergänge die jeweils möglichen Handlungsalternativen für den Benutzer gemäß 2. festlegen.

Im folgenden werden nun kurz die Benutzeroberflächen eines Tabellen- und eines Grapheneditors zur Erstellung modularisierter Regelprogramme beschrieben. Die Beschreibung beinhaltet insbesondere die Festlegung der interessierenden Programmausschnitte in jeder Phase der Programmierung und die Art ihrer Darstellung. Auf die Vorteile der Editoren, insbesondere deren Möglichkeiten zur Syntax- und Semantikprüfung, wird dann im darauffolgenden Abschnitt 4.2.2 eingegangen.

A. Der Tabelleneditor für Regelmoduln

Im Modulkonzept der vorliegenden Arbeit können *Programmierte-Regeln* zu jedem Dienst eines Regelmoduls hinzugefügt werden. Zur übersichtlichen Darstellung und zur Erleichterung automatischer Verifikation dieser Regelmenge hat sich die Form von Entscheidungstabellen als am günstigsten erwiesen (vgl. 4.1). Damit sind die wesentlichen Elemente, die am Bildschirm wähend des Editierens sichtbar sein müssen

- die Tabelle mit den Regeln
- die Liste von Bedingungen, die den Zeilenindex der Tabelle darstellen
- die Menüleiste zur Anzeige und Auswahl der Handlungsalternativen
- ein Dialogfenster, über das Fehlermeldungen und Hilfstexte ausgegeben und in dem Eingaben editiert werden.

Das ergibt folgenden Aufbau des Bildschirms:

Der Benutzer hat in jedem Zustand die Möglichkeit, eine Auswahl aus der Menüleiste zu treffen oder über einen Klickpunkt eine Schablone des Bildschirms anzuwählen (in Bild 12 wären das Regel_1, Regel_2, Regel_3, Bedingung_1 und Bedingung_2). Abhängig von der getroffenen Wahl ändern sich i.d.R. die Menüleiste, die möglichen Klickpunkte und evtl. der ganze Bildschirmaufbau, wenn ein anderer Detaillierungsgrad gewünscht wird. Wenn Regeln oder Bedingungen die darstellbare Anzahl überschreiten, erscheinen waagerechte und/oder senkrechte Verschiebebalken, die dem Benutzer das Einstellen des gewünschten Ausschnitts überlassen. Wird eine einfache Schablone zur Manipulation ausgewählt, fordert ein *Prompt* im Dialogfenster zum Eingeben bzw. Editieren auf.

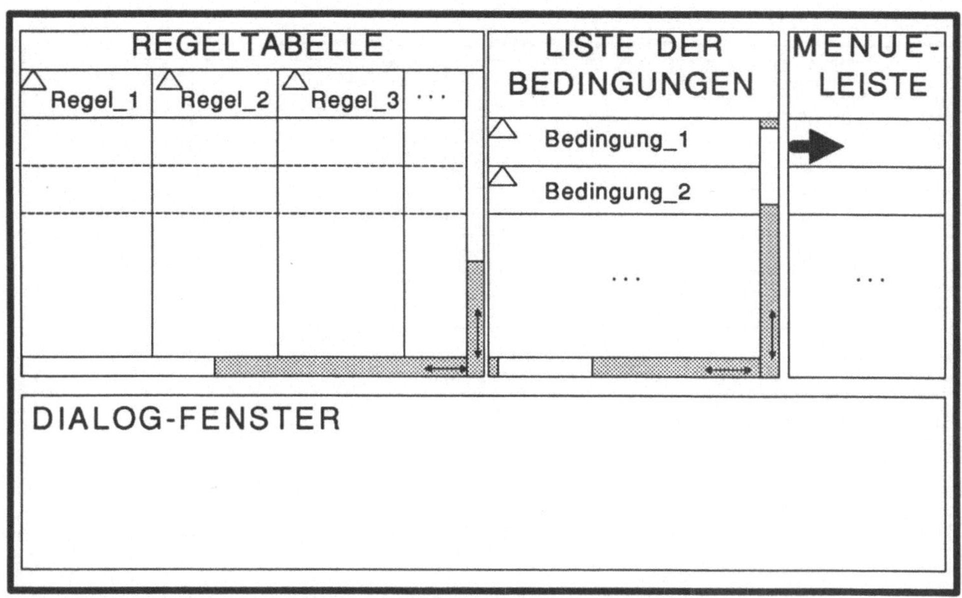

Bild 12: Bildschirmaufbau des Tabelleneditors

Das Bearbeiten einer Regel mit dem Tabelleneditor erfolgt jetzt durch folgende Aktionen (als Beispiel wird jeweils auf die Bilder 13a bis 13e verwiesen) :

1. In Menüleiste ''new_rule'' auswählen zum Erstellen einer neuen Regel oder den Regelselektor links neben einem vorhandenen Regelnamen anklicken. In Bild 13a wird auf diese Weise die Regel R3 zur weiteren Bearbeitung selektiert. Danach verschwinden alle Dreiecks-Klickpunkte in der Regeltabelle und in der Liste der Bedingungen; dafür erscheinen [+] und [-] Optionen in der ausgewählten Regelspalte sowie bei den Bedingungen und Aktionen (vgl. Bild 13b).

2. Durch Anklicken der [+] oder [-] -Optionen in den Bedingungen kann man festlegen, welche als Existenz- [+] oder Nichtexistenzbedingungen [-] oder als Filter [+] bzw. Restriktion [-] in der Regel vorkommen sollen. Bild 13c zeigt, wie nach Anklicken des [-] in der 2. Bedingung von R3 in Bild 13b diese Bedingung aus R3 entfernt worden ist.

3. Durch Auswahl von ''make_bindings'' in der Menüleiste werden in der Liste der Bedingungen nur noch die Bedingungen und Aktionen angezeigt, die in der aktuellen Regelspalte mit [+] oder [-] angezeichnet sind. Gleichzeitig erscheinen neben den Attributvariablen kleine Marken (vgl. Bild 13c). Durch sukzessives Anklicken von mehreren Marken wählt man, wie in einem Graphikeditor beim Polygonzugmalen, alle zu bindenden Positionen an. Ein Doppelklick an der letzten Marke signalisiert das Ende

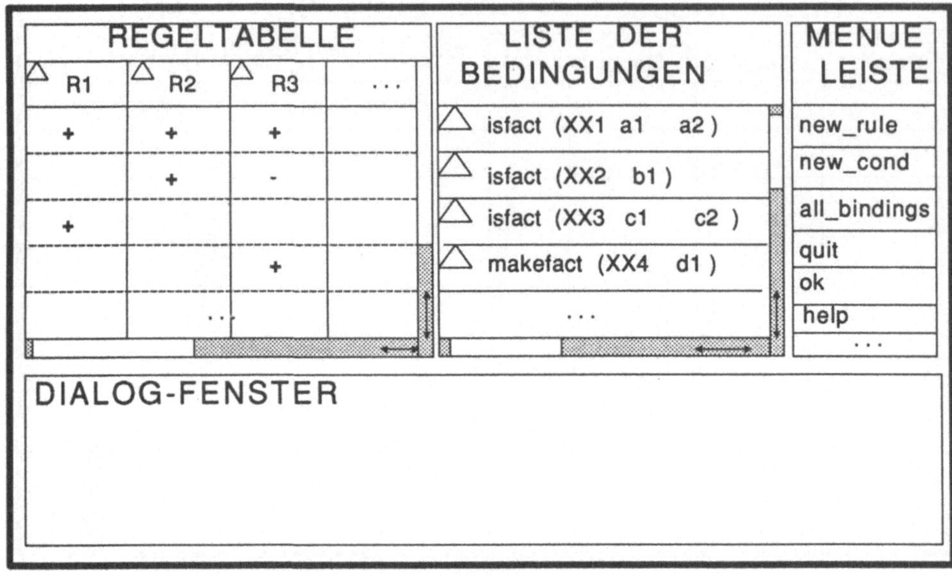

Bild 13a: Anklicken des Klickpunkts △ von R3

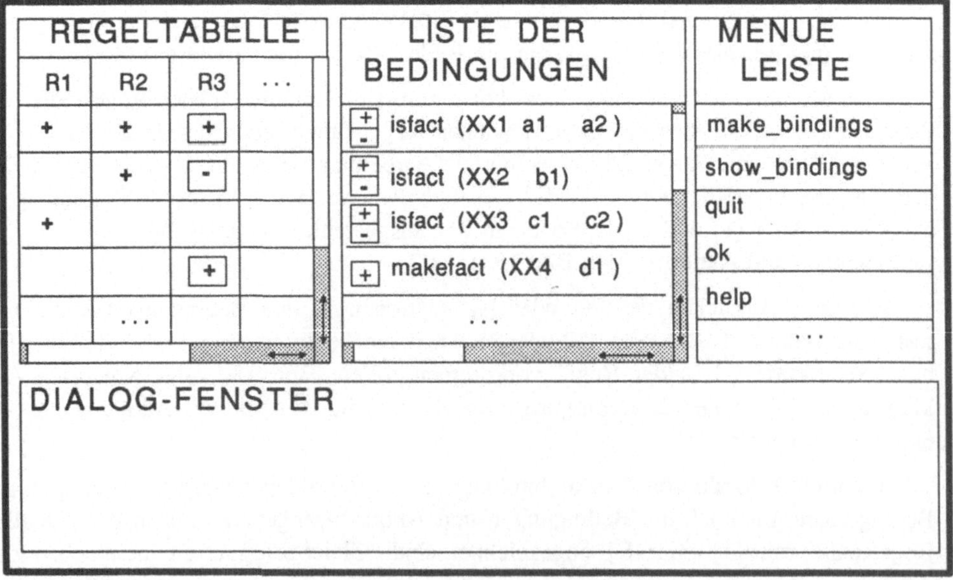

Bild 13b: Anklicken des ⊟ in der 2. Bedingung von R3

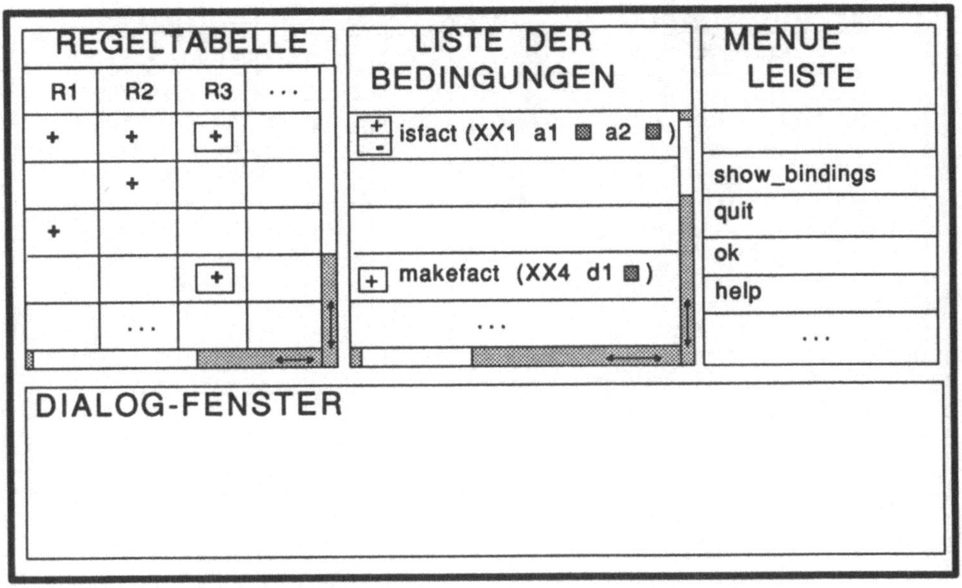

Bild 13c: Marken nach Auswahl von "make_bindings"

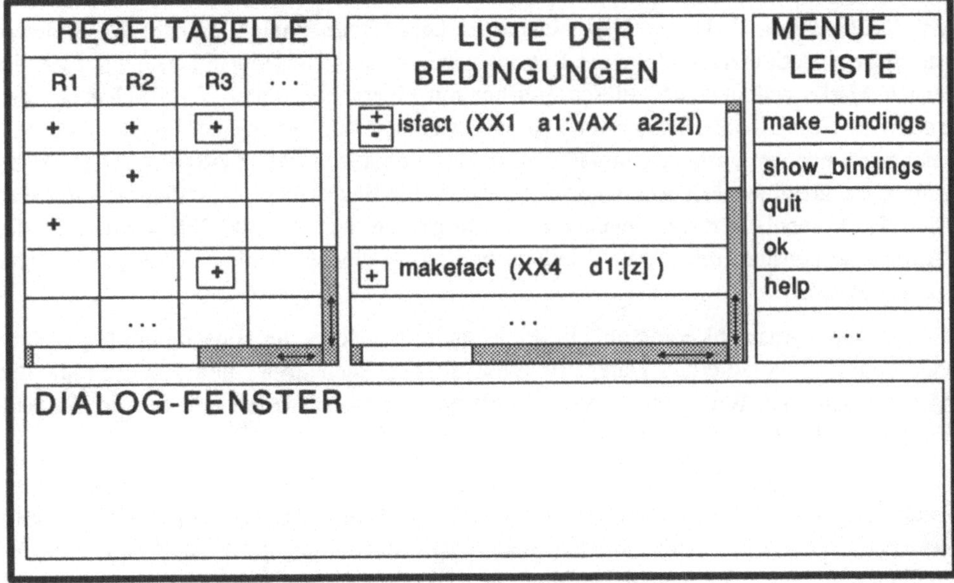

Bild 13d: R3 nach Auswahl von "show_bindings"

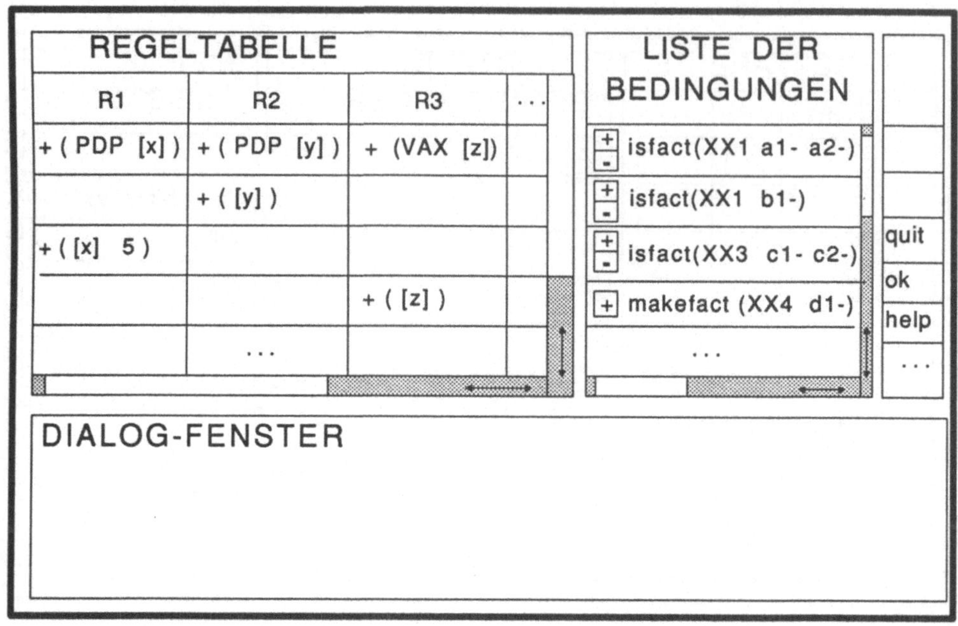

Bild 13e: Anzeige aller Bindungen nach "all_bindings"

des "Polygonzugs". Da die Variablennamen keine Rolle spielen, braucht der Benutzer sie nicht einzutippen, sondern das System generiert sie. Ein Doppelklick gleich bei der ersten Marke bedeutet, daß dieses Attribut mit einem konstanten Wert belegt werden soll. Der Editor fordert dann im Dialogfenster eine entsprechende Eingabe an. Alle nicht gebundenen Variablen bekommen dann automatisch das any-Symbol der Regelsprache zugeordnet. Mit Anklicken von "show_bindings" in der Menüleiste kann man sich das Ergebnis der Bindungen für eine Regel ansehen. In Bild 13d wurde z.B. das Attribut a1 konstant mit "VAX" belegt, und die Attribute a2 und d1 über die Variable [z] gebunden.

4. Durch Auswahl von "ok" in der Menüleiste erfolgt die vollständige Übernahme der Regel in die internen Datenstrukturen des Tabelleneditors und Rückkehr in den Ausgangszustand. Bei "quit" werden alle Änderungen verworfen (mit Sicherheitsnachfrage) und die Bearbeitung der aktuellen Tabelle verlassen.

5. Mit "all_bindings" im Hauptmenue (Bild 13a) kann man sich (z.B. zum Untersuchen, ob alle gewünschten Fälle erfaßt sind) die Bindungen aller Regeln gleichzeitig ansehen. Dazu werden die Regelspalten entsprechend erweitert (Bild 13e). In den Bedingungen und Aktionen stehen dann überall dort Striche "-", wo in den Regelspalten Konstante oder Variable korrespondieren. Durch die Beschränktheit des Bildschirms

sind jetzt natürlich nur noch deutlich weniger Spalten gleichzeitig sichtbar als in der Form nur mit [+] und [-] Einträgen.

Implementieren kann man den Editor in üblicher Weise als endlichen Automaten, in dem die Benutzeraktionen (Tastendrücke, Mausklicks) die Übergänge verursachen. Verbunden mit jedem Übergang ist dann die Aktualisierung des Bildschirminhalts sowie der zugehörigen Datenstrukturen.

B. Der Übergangsgrapheneditor für Regelpogramme

Neben den *Programmierten-Regeln* gehört zu jedem Dienst eines Regelmoduls ein Übergangsgraph, die *Kontroll-Info*. Im Graph wird der Kontrollfluß zwischen den von einem Dienst benutzten Diensten des eigenen sowie anderer Moduln festgelegt.

Der Bildschirmaufbau für den Grapheneditor beinhaltet

* ein Fragekästchenfenster,
* eine Menüleiste (wie im Tabelleneditor),
* ein Dialogfenster (wie im Tabelleneditor).

Im Fragekästchenfenster sind sowohl die Frage- und Antwortschichten als auch der Übergangsgraph eines Dienstes selektierbar und manipulierbar. Durch die Möglich-

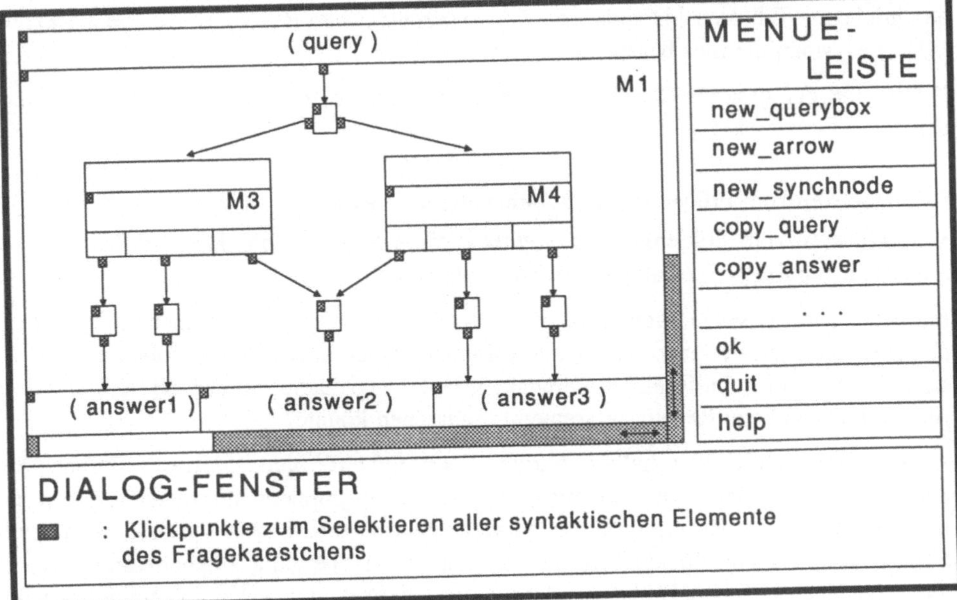

Bild 14: Editieren eines Übergangsgraphen

keiten des Modulkonzepts, Regelprogramme rekursiv zu verfeinern, ist ein ZOOMING in *Unterfragekästchen* eines Übergangsgraphen möglich. Bei zu wenig Platz am Bildschirm wird wie im Tabelleneditor horizontales und vertikales Verschieben des Fagekästchenfensters zugelassen. Alle Elemente eines Fragekästchens, also Anfragen, Antworten, Synchronisationsknoten sowie Frage- und Antwortpfeile haben ''Klickpunkte'' zur Selektion. Angebotene *Klickpunkte* und Menüs sind kontextabhängig wie im Tabelleneditor. Für das Fragekästchen in Bild 14 ergäbe sich nach Auswahl von ''edit_graph'' der folgende Bildschirmaufbau:

Durch Anklicken der Klickpunkte neben M3 oder M4 kann in die verwendeten Dienste *gesprungen* werden (zooming). Ansonsten ist es möglich, neue Graphenelemente zu erzeugen und in den Graphen zu integrieren oder vorhandene Elemente zu löschen. Das *Umhängen* eines Pfeils ist daher stets sein Löschen gefolgt von einer Neudefinition. Durch Verschiebe- und Kopiermöglichkeiten kann der Benutzer gleiche oder ähnliche Graphausschnitte schnell und einfach aufbauen. Zur Implementierung des Grapheneditors ist - wie beim Tabelleneditor - ein endlicher Automat geeignet.

C. Regelprogrammeditor

Tabellen- und Übergangsgrapheneditor sind natürlich nicht nur isoliert realisierbar, sondern bilden die beiden Hauptbestandteile des Regelprogrammeditors für vollständige Regelprogramme. Entsprechend der Definition von Regelmoduln kann man mit den beschriebenen Editoren bis jetzt erst die *Programmierten-Regeln* sowie die *Kontroll-Info* eines Moduldienstes bearbeiten.

Daher muß der gesamte Regelprogrammeditor noch um folgende Teile erweitert werden:

- Möglichkeit zum Editieren der *SNA* eines Regelmoduls
- Möglichkeit zum Editieren der *Ladefakten* eines Regelmoduls. Dies beinhaltet einen zusätzlichen Editor für Fakten und Faktenklassen.

Im Detail wird dieser Gesamteditor in der vorliegenden Arbeit nicht mehr beschrieben, da seine Realisierung keine weiter interessanten Fragen aufwirft. Das folgende Bild 15 stellt deshalb nur noch in einem kompakten Übergangsdiagramm dar, wie ein Automat für den vollständigen Regelprogrammeditor aussehen könnte.

Der Übersichtlichkeit halber wurden ''quit/ok/help'' und ''delete''-Aktionen im Automat weggelassen. Ein "Zooming" im Übergangsgrapheneditor bewirkt einen rekursiven Aufruf des Regelprogrammeditors im Startzustand S. Bei Verlassen von S mit ''Ende'' erfolgt einen Rücksprung zur Aufrufstelle im Übergangsgrapheneditor oder auf äußerster Ebene die Rückkehr ins Betriebssystem. Auf eine nähere Beschreibung des Faktenklassen/Fakten-Editors für die *Lade-Fakten* eines Moduls wird verzichtet, da seine Realisierung problemlos vorgenommen werden kann, ähnlich dem Teilautomaten für die Bearbeitung der Bedingungsliste im Tabelleneditor. Zur Erstellung der globalen Faktenbasis kann der Faktenklassen/Fakteneditor auch separat aufgerufen werden.

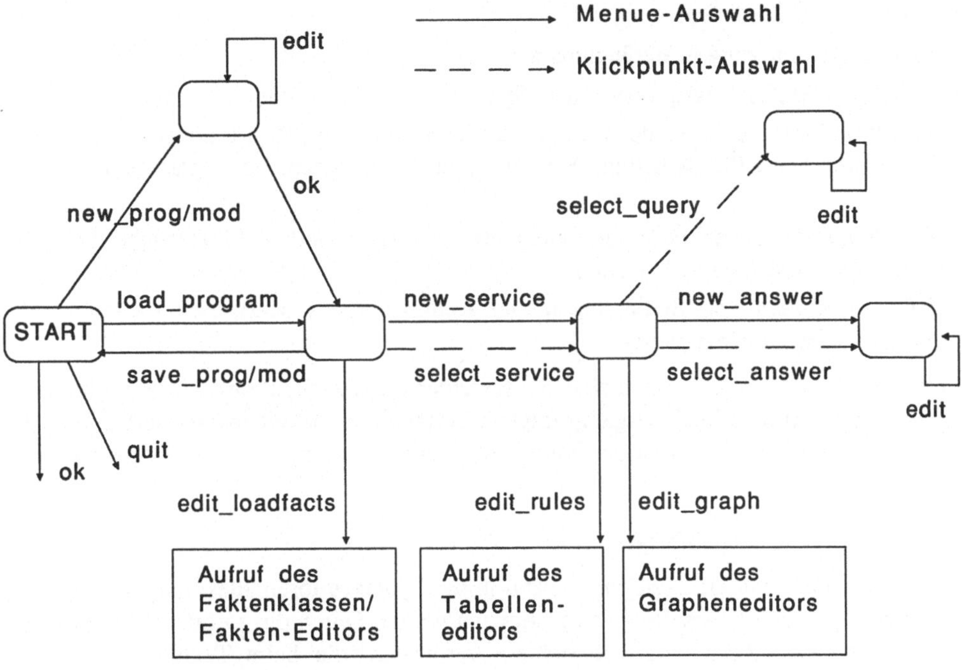

Bild 15: Struktur des gesamten Regelprogrammeditors

Der folgende Abschnitt 4.2.2 soll nun die Vorteile des syntaxgesteuerten Editierens von Regelmoduln insbesondere bzgl. Korrektheitszusicherungen und Effizienz beim Programmieren herausarbeiten.

4.2.2 Vorteile der Editoren

a. syntaktische Korrektheit

Ein wesentlicher Vorteil syntaxgeführter Editoren besteht darin, daß zu jedem Zeitpunkt der Programmerstellung ein vielleicht noch nicht vollständiges, aber stets syntaktisch korrektes Programmfragment vorliegt. Weiterhin garantiert der hochstehende Änderungsmodus, d.h., das kontextabhängige Anbieten nur der lokal erlaubten Aktionen für das Programmfragment (bzw. Teile von ihm), strukturelle Integrität in jedem Programmierschritt [Teitelbaum/Reps 81]. Dadurch wird letztlich der syntaktische Überprüfungsaufwand für Tastatureingaben des Benutzers reduziert, der bei ge-

eigneter Festlegung der einfachen Schablonen nicht über das Editieren von Bezeichnern, Zahlen oder ähnlichen Bauelementen hinauszugehen braucht. Beim Tabelleneditor lassen sich damit die folgenden, mit üblichen Texteditoren häufig gemachten
Syntaxfehler ausschließen:

- Falsche Klammerung in Bedingungen

- Falsch geschriebene oder verwendete Symbole und Standardbezeichner

- Falsch aufgebaute Ausdrücke in Testbedingungen und Restriktionen (z.B. keine
  Präfixform bei LISP_Notation, Komma statt Leerzeichen als Separator in Listen
  usw.)

- Falsch geschriebener Pfeil zur Trennung von LHS und RHS (manche Systeme
  wünschen -->, andere ===> usw.)

- Falscher Aufbau von Bedingungen und Aktionen (stets paarweises Auftreten von
  Attribut_name/Attribut_wert)

Beim Grapheneditor schließlich sind Syntaxfehler erst gar nicht abzublocken, da keine
äquivalente Textform für Übergangsgraphen definiert und somit manipulierbar ist. Der
Editor für die *Kontroll-Info* **ist** der Formalismus zur Erstellung von Übergangsgraphen.

b. Semantische Überprüfungen

An semantischen Überprüfungen kann in die Syntaxeditoren alles integriert werden,
was bisher erst von Übersetzern vorgenommen wurde. Durch die sofortige Überprüfung
wird jedoch eine Reihe von Folgefehlern vermieden, die beim Texteditieren häufig
auftreten und oft Undurchschaubarkeit oder zumindest langwierige Korrekturzyklen
hervorrufen.

Zum Verständnis der möglichen Semantiktests des Tabelleneditors werden folgende
Definitionen benötigt :

1. Eine von zwei Regeln wird von der anderen **subsumiert**, wenn bei ihrem Erfülltsein
   die andere stets auch erfüllt ist.

2. Zwei Regeln sind **äquivalent**, wenn sie sich gegenseitig subsumieren.

3. Zwei äquivalente Regeln sind **widersprüchlich**, wenn sie unterschiedliche Aktionen
   auslösen können.

4. Eine **Regel** ist **unerfüllbar**, wenn eine ihrer Bedingungen unerfüllbar ist (s.u. 5) oder
   wenn ihre LHS insgesamt unerfüllbar ist (s.u. 6). Eine Regel ist **erfüllbar**, wenn sie
   nicht unerfüllbar ist.

5. Eine Existenzbedingung ist stets erfüllbar.
   Eine Nichtexistenzbedingung ist stets erfüllbar, unabhängig ob und welche Restriktionen sie enthält.
   Ein **Filterprädikat ist unerfüllbar**, wenn es unter allen möglichen Belegungen der

Variablen immer FALSE liefert (z.B. x <> x).

6. Eine **komplette LHS ist unerfüllbar**, wenn eine ihrer Bedingung unerfüllbar ist (s.o. 5), oder wenn alle Bedingungen für sich zwar erfüllbar sind, ihre UND-Verknüpfung aber unter allen Belegungen der Variablen FALSE liefert. Z.B. kann dasselbe Pattern in einer LHS gleichzeitig auf Existenz und Nichtexistenz geprüft werden oder mehrere verknüpfte Filterprädikate und/oder Restriktionen ergeben unter allen Belegungen ihrer Variablen immer FALSE.

Die folgenden Semantiktests sind in Tabellen-, Faktenklassen und Grapheneditor denkbar.

i. Tabelleneditor

- Es sind nur Bedingungen über existenten Faktenklassen (gemäß unten ii.) möglich.
- In einer Bedingung treten nur definierte Attributbezeichner auf (Nach [Krickhahn/ Radig 87] in OPS 5 ein häufig auftretender und - da vom Compiler nicht geprüft - nur schwierig zu findender Fehler).
- Bei konstanten Attributwerten wird der Typ bzgl. der Attributdefinition geprüft.
- Bei Prädikaten bzw. Funktionen in Bedingungen und Aktionen wird die Verträglichkeit der Operanden (= Attributwerte), untereinander und mit dem Operator, bzgl. der Attributtypdefinition geprüft.
- Das Löschen von Existenzbedingungen ist nur erlaubt, wenn in der Bedingung keine Variablenbindung definiert ist.
- Es entstehen generell nur korrekte Bindungen zwischen Bedingungen und weiteren Bedingungen sowie Aktionen, da Typverträglichkeit der Attribute getestet wird.
- Generell können Variable in erweiterten Nichtexistenzbedingungen nicht außerhalb gebunden werden (ein häufiger Fehler z.B. in YAPS).
- Unerfüllbare Bedingungen werden zurückgewiesen.
- Unerfüllbare Regeln werden zurückgewiesen.
- In der Tabelle werden äquivalente Regeln erkannt und zum Löschen angeboten. Das gleiche gilt für von anderen subsumierte Regeln.
- Zueinander widersprüchliche Regeln der Tabelle sind erkennbar [Schöll 87] und werden angezeigt. Ehe die Tabelle mit den *Programmierten-Regeln* eines Fragekästchens akzeptiert wird, muß durch Löschen oder Ändern der Widerspruch aufgelöst werden.

Die letzten 4 Punkte sind nur sehr aufwendig zu testen, z.B. paarweises Vergleichen aller Bedingungen zur Prüfung von Subsumierung, Äquivalenz und Widerspruch (1 - 3) oder zur Prüfung von Widersprüchen der Existenz und Nichtexistenz (6). Tests auf unerfüllbare Filterprädikate (5) oder unerfüllbare LHS (6) sind nicht allgemein berechenbar (in der Prädikatenlogik 1. Stufe) und könnten höchstens für ein paar Fälle durch Vergleichen durchprobiert werden (z.B. (x <> x) oder (x < y) **and** (x > y)).

ii. Faktenklassen/Fakteneditor

- Redefinition einer Faktenklasse wird unterbunden.
- Redefinition eines Attributs in einer Faktenklasse wird unterbunden.
- Löschen und Modifizieren von Faktenklassen wird nur erlaubt, wenn keine *Ladefakten* zu dieser Klasse definiert sind. (Hier könnte man auch weniger restriktive Varianten zulassen; die Auswahl ist ähnlich dem Löschen von Objektklassen in objektorientierten Wissensbasen möglich [Bocionek 87a]).

iii. Grapheneditor und *SNA/SVA*-Editor

- Für Fragen und Antworten werden nur definierte Faktenklassen gemäß ii. angeboten.
- Duplikate in der Antwortschicht eines Fragekästchens werden unterbunden.
- Bei konstanten Belegungen von Attributen in Fragen, Antworten und bedingten Synchronisationsknoten erfolgt eine Typüberprüfung.
- Die eindeutige Namensvergabe bei Fragekästchenbezeichnern und Attributvariablennamen wird sichergestellt.
- Zyklen im Übergangsgraph werden unterbunden, indem kontextabhängig nach Wahl des Ausgangspunkts (Endpunkts) eines neuen Pfeils nur noch die erlaubten Endpunkte (Anfangspunkte) einen Klickpunkt erhalten.
- Ein kompletter Graph wird nur zur Übersetzung in Regelform akzeptiert, wenn keine *offenen Antworten* mehr existieren (d.h., zumindest ein *blinder* Pfeil muß vom Benutzer bei jeder Antwort im Graph definiert werden). Damit wird ein ''Vergessen'' der Behandlung von möglichen Antwortvarianten vermieden.
- Widersprüchliche Bedingungen in den Varianten eines bedingten Synchronisationsknotens werden ebenso zurückgewiesen wie subsummierte (Definition analog zu 1 - 6).

Alle genannten Tests können (bis auf die letzten 4 in i. und die letzte von iii.) zum frühestmöglichen Zeitpunkt während des Editierens vorgenommen werden. Dadurch sind sie lokal und problemlos behebbar. Im Dialogfenster erscheint die Erklärung des Fehlers; der Editor befindet sich dann in dem Zustand, der der Aktion vorausging, die zum Fehler führte. Die übrigen Tests bzgl. der Unerfüllbarkeit von Bedingungen, der Inkonsistenz ganzer linker Seiten, sowie Exklusivitäts-, Subsumierungs- und Widersprüchlichkeitsfragen zwischen Regeln sollten (soweit überhaupt durchführbar; s.o.) aufgrund des zu erwartenden Zeitaufwands jedoch nicht automatisch erfolgen, sondern dem Benutzer im Hauptmenü als Option angeboten werden.

c. Ersparnis von Schreibarbeit

Schreibarbeit gegenüber herkömmlicher Texteingabe läßt sich vor allem im Faktenklassen/Fakten- sowie im Tabelleneditor sparen. Im Grapheneditor spart man nur bei den Modulschnittstellen, wo man sich auf die im Faktenklasseneditor definierten Faktentypen abstützen kann. Grundlegende Idee ist, daß der Benutzer nichts tippen muß, was das System schon weiß. In solchen Fällen genügt das Zeigen auf eine angebotene Alternative.

Die folgende Aufzählung beinhaltet die wichtigsten Möglichkeiten zur Ersparnis von Schreibarbeit:

- Tippen von Schlüsselwörtern der Regelsprache ist nicht mehr nötig (z.B. ''literalize'' in OPS 5).

- Klammern brauchen nicht mehr getippt zu werden.

- Bezeichner können beliebig von einer Schablone in eine andere dupliziert oder verschoben werden.

- Bezeichner können in Menüs angeboten werden, z.B. bei Verwendung bereits vorhandener Klassenbezeichner zum Aufbau eines neuen struturierten Faktentyps.

- Attributtypen werden soweit wie möglich zum Auswählen angeboten. Erst bei generischen Typen (z.B. Aufzählungstypen) wird Editieren notwendig. In LISP_Prädikaten werden Vergleichsoperatoren durch Anklicken ausgewählt; ebenso die beteiligten Operanden soweit möglich durch Anklicken von Attributvariablen in den bereits vorhandenen Bedingungen.

- Die LHS einer Regel im Tabelleneditor wird nur durch Anklicken der [+] oder [-] Klickpunkte in der Liste von Bedingungen erstellt und nicht durch Hinschreiben. Ähnliche Regeln kann man durch Duplizieren und *Umklicken* bereits existenter Regeln schnellstmöglich aufbauen. Hier liegt der größte Gewinn an Schreibersparnis, da die Regeln eines Moduldienstes meist nur vielfältige Kombinationen von wenigen gleichen oder sehr ähnlichen Bedingungen darstellen.

- Beim Löschen einer Bedingung werden - soweit semantisch zulässig (vgl. b. ii.) - die zugehörigen Markierungen in allen Regelspalten automatisch mitgelöscht.

- Aktionen lassen sich sehr effizient in Abhängigkeit von der gewählten Aktionsart definieren. Bei einer **call**-Aktion wird z.B. die Menge der definierten **external**-Funktionen zur Auswahl angeboten; bei einer **delete**-Aktion die Menge der Existenzbedingungen der LHS; bei **sendanswer/sendquery** die Menge der Patterns gemäß der *SNA/SVA* des Regelmoduls. Editieren ist - wenn überhaupt - nur noch auf Attributwertposition in **make**- oder **send**-Aktionen nötig.

Durch das in der vorliegenden Arbeit entwickelte Modulkonzept sind die Grundlagen zur Realisierung syntaxgeführter Editoren geschaffen worden. Auf der Basis exakter Schnittstellendefinitionen für Moduln sowie der Beschreibung des Übergangsverhaltens innerhalb der in einem Moduldienst verwendeten *Unterdienste* und unter strikter Einhaltung des Prinzips der Trennung von Domänen- und Kontrollwissen (Anforderung 4.1.1.a) lassen sich Editoren mit den beschriebenen Vorteilen bzgl. syntaktischer Korrektheit (Anforderung 4.1.1.b), semantischer Überprüfungen (Anforderung 4.1.1.c) und Ersparnis von Schreibarbeit implementieren [Bodinet 88], [Jörg 89]. In den Editoren kann die Darstellung des interessierenden Wissensausschnitts in unterschiedlichsten Detaillierungsgraden erfolgen (Anforderung 4.1.1.g). Damit sind die Editoren nicht nur Programmier- sondern vielmehr umfangreiche Entwicklungswerkzeuge, mit denen die Erstellung auch größerer Anwendungen auf allen Abstraktionsstufen unterstützt wird. Top-Down durch Verfeinerung von Kontrollgraphen mit dem Grapheneditor ebenso wie Bottom-Up durch Ausprogrammieren von Basismoduln mit dem Tabelleneditor.

Zur Ersparnis von Schreibarbeit gehört natürlich auch die automatische Transformation von Tabellen und Übergangsgraphen in die gewünschte Regelsystemsyntax. Weiterhin kann man das Verfügbarmachen und die Verwendung von generischen Moduln oder Programmteilen ebenso hinzurechnen wie das Generieren von Fehlerbehandlungsregeln zum Abfangen von Laufzeitfehlern. Die nachfolgenden Abschnitte 4.3, 4.4 und 4.5 diskutieren die genannten Möglichkeiten.

4.3 Übersetzung in Regelform

Die beschriebenen Tabellen- und Grapheneditoren stellen eine sehr komfortable Programmierschnittstelle zur Erstellung modularisierter Regelprogramme dar. Aus den Interndarstellungen des Sach- und Kontrollwissens in den Editoren lassen sich Programme für beliebige Ziel-Regelsysteme erzeugen. Dabei kann der dazu notwendige Übersetzer bzw. Transformator mit Optionen ausgestattet werden, bei deren Vorliegen er neben allen *positiven* Regeln zusätzlich auch Fehlerbehandlungs-, Ausnahme- und sonstige Prüfregeln generiert. Ist die Entwicklungsphase abgeschlossen und das Programm ausreichend validiert, kann durch Abschalten der Optionen eine wesentlich kleinere und vor allem schneller ablaufende Version zur Verfügung gestellt werden. (Dieses Vorgehen ist z.B. mit den abschaltbaren *range-checks* in vielen PASCAL-Compilern vergleichbar.) Zusätzlich können bei der Analyse der Übergangsgraphen während des Übersetzungsvorgangs Teile der Erklärungskomponente instantiiert werden. Auch hier ist über Compiler-Optionen einstellbar, bis zu welchem Detaillierungsgrad die Erklärungen zur Laufzeit erfolgen sollen.

In den folgenden beiden Abschnitten 4.3.1 und 4.3.2 wird die Generierung der Sach- und Kontrollregeln aus den Darstellungen in Tabellen- und Übergangsgraphenform für die in der vorliegenden Arbeit gewählte Regelsystemsyntax beschrieben. Dabei kommen auch die Möglichkeiten zur Erzeugung zusätzlicher Regeln für Fehler- und Ausnahmebehandlungen während der Laufzeit zur Sprache.

4.3.1 Übersetzung von Regeltabellen in Sachregeln

Die Erzeugung der *Programmierten-Regel* eines Regelmoduldienstes aus einer Repräsentation in Form von Entscheidungstabellen ist wegen der Einheitlichkeit des Tabellenaufbaus eindeutig und schnell durchführbar. Insbesondere, wenn wie im Modulkonzept der vorliegenden Arbeit Domänen- und Kontrollwissen eines Dienstes vollständig getrennt sind, kann jede Spalte der Tabelle sofort in genau eine Sachregel transformiert werden.

Bild 16 zeigt ein Fragekästchen eines Moduls GET_ROBOT, an den die Anfrage ''(get_rob nec_in:<t1>)'' geschickt werden kann, d.h. der Sender benötigt einen freien Roboter in <t1> Minuten. Als Antwort kann von dem Moduldienst ''(all_robs_busy)'' kommen, wenn kein freier Roboter in der geforderten Zeit verfügbar ist, oder ''(rob_exists rob:<r>)'', wenn ein Roboter <r> ausgewählt wurde. Die Antwort ''(no_robs_found)'' wird als Antwort gesendet, wenn der Dienst weder freie noch beschäftigte Roboter finden konnte, was auf einen Fehler wie ''alle Roboter ausgefallen'' hinweisen könnte.

<table>
<tr><td colspan="3" align="center">(get_rob   nec_in:<t1>)</td></tr>
<tr><td colspan="3">F - R M   GET_ROBOT
LFS   NIL</td></tr>
<tr><td>(all_robs_busy)</td><td>(rob_exists   rob:<r>)</td><td>(no_robs_found)</td></tr>
</table>

Bild 16: Fragekästchen zum Regelmodul GET_ROBOT

Bild 17 beschreibt dann in 4 Spalten R1 bis R4 eine mögliche Realisierung der *Programmierten-Regeln* des Dienstes von Bild 16. R1 und R2 testen die Fälle, wo ein freier Roboter direkt verfügbar ist (R1) bzw. innerhalb der angegebenen Zeit frei wird (R2). R3 erfaßt den Fall, daß kein Roboter frei und alle vorhandenen Roboter länger als <t1> Minuten beschäftigt sind. (In R3 wird die 3. Bedingung als Restriktion der negierten 2. erkannt, da in ihr die Variable <t2> dieser negierten Bedingung vorkommt. Deshalb werden 2. und 3. Bedingung unter einer Negation zusammengefaßt.) R4 schließlich zündet, wenn laut Inhalt der Faktenbasis weder freie noch beschäftigte Roboter existieren, also ein Fehler vorliegt. Die Regeln in Bild 17 sind nach der Auswahl von ''all_bindings'' (vgl. 4.2.1) zu sehen, so daß die Bindungen der Bedingungen in den Tabellenspalten erscheinen.

Aus der Tabelle ergeben sich die folgenden vier Regeln, deren Namen jeweils aus dem Modulnamen und dem Spaltenbezeichner zusammengesetzt sind:

```
(rule GET_ROBOT_R1
   isfact (QUERY from:<X> order:<N> fact:(get_rob nec_in:))
   isfact (rob_free rob:<r>)
-->
   sendanswer (<X>, GET_ROBOT, <N>, (rob_exists rob:<r>))
)


(rule GET_ROBOT_R2
   isfact (QUERY from:<X> order:<N> fact:(get_rob nec_in:<t1>))
   not (isfact (rob_free rob:<->))
   isfact (rob_busy rob:<r> duration:<t2>)
   test-attr (< <t2> <t1>)
-->
   sendanswer (<X>, GET_ROBOT, <N>, (rob_exists rob:<r>))
)
```

Regeltabelle				Liste der Bedingungen
R1	R2	R3	R4	
+ ([X] [N] [-])	+ ([X] [N] [t1])	+ ([X] [N] [t1])	+ ([X] [N] [-])	+/- isfact (QUERY from- order- (get_rob nec_in-))
+ ([r])	-	-	-	+/- isfact (rob_free rob-)
	+ ([r] [t2])	- ([-] [t2])	-	+/- isfact (rob_busy rob- duration-)
	+ ([t2] [t1])	- ([t2] [t1])		+/- test-attr (< - -)
+ ([X], [N], [r])	+ ([X], [N], [r])			+ sendanswer (-,GET_ROBOT,-,(rob_exists rob-))
		+ ([X], [N])		+ sendanswer (-,GET_ROBOT,-,(all_robs_busy))
			+ ([X], [N])	+ sendanswer (-,GET_ROBOT,-,(no_robs_found))

Bild 17: Tabelle der Regeln zum Moduldienst von Bild 16

```
(rule GET_ROBOT_R3
   isfact (QUERY  from:<X>  order:<N>  fact:(get_rob  nec_in:<t1>))
   not (isfact (rob_free  rob:<->))
   not (isfact (rob_busy  rob:<->  duration:<t2>)
       test-attr (<  <t2>  <t1>)
      )
-->
   sendanswer (<X>,  GET_ROBOT,  <N>,  (all_robs_busy))
)


(rule GET_ROBOT_R4
   isfact (QUERY  from:<X>  order:<N>  fact:(get_rob  nec_in:))
   not (isfact (rob_free  rob:<->))
   not (isfact (rob_busy  rob:<->  duration:<->))
-->
   sendanswer (<X>,  GET_ROBOT,  <N>,  (no_robs_found))
)
```

In der Anfrageschnittstelle zu GET_ROB sei als Typ der Zeitbedingung "nec_in"
z.B. **posint** angegeben. Will man den Typ für jede Regel überprüfen, kann automatisch
ein Attributtest "**test-attr** (isposint <?>)" in jede Regel aufgenommen werden. Dann
sieht z.B. GET_ROBOT_R2 wie folgt aus:

```
(rule GET_ROBOT_R2'
   isfact (QUERY  from:<X>  order:<N>  fact:(get_rob  nec_in:<t1>))
   not (isfact (rob_free  rob:<->))
   isfact (rob_busy  rob:<r>  duration:<t2>)
   test-attr (<  <t2>  <t1>)
   test-attr (isposint  <t1>)
-->
   sendanswer (<X>,  GET_ROBOT,  <N>,  (rob_exists  rob:<r>))
)
```

Analog wird die Überprüfung der Schnittstelle in allen übrigen Regeln eingefügt.
Zusätzlich wird eine Fehlerbehandlungsregel automatisch erzeugt, die bei Verletzung
der Typbedingung für "nec_in" in der Anfrageschnittstelle zündet. Bei Vorliegen eines
falschen Attributtyps in der Anfrage wird eine Standard-Fehlerantwort der Art ERROR
mit Angabe von Fehlertyp, Attributname und fehlerhaftem Attributwert zurückgesendet.

```
(rule GET_ROBOT_Query-Error
   isfact (QUERY  from:<X>  order:<N>  fact:(get_rob  nec_in:<t1>))
   not (test-attr (isposint  <t1>))
-->
   sendanswer (<X>,  GET_ROBOT,  <N>,
                          (ERROR kind:type  attr:nec_in  var:<t1>))  )
```

Die Überprüfung der Attributtypen in der Anfrageschnittstelle sowie das Erzeugen der zugehörigen Fehlerbehandlungsregel kann durch eine entsprechende Compileroption veranlaßt bzw. unterdrückt werden.

4.3.2 Generierung der Übergangsregeln aus den Kontrollgraphen

Durch den Übergangsgraphenformalismus wurde im Modulkonzept der vorliegenden Arbeit das Kontrollwissen vollständig vom Domänenwissen getrennt. Der Programmierer kann sich beim Erstellen eines Dienstes ausschließlich auf das WIE, also die kombinierte Anwendung vorhandener Moduldienste in bestimmten Ablaufreihenfolgen konzentrieren. Mit den Graphen ist dann der Kontrollfluß für die Abarbeitung des Regelprogramms eindeutig spezifiziert. Wie bereits an einem kleinen Beispiel in 3.5 gezeigt, ist es einem Übergangsregelgenerator möglich, aus den Graphen die notwendigen Regeln zum Aufruf von Moduldiensten zu erzeugen. Dieser Generierungsmechanismus soll nun im vorliegenden Abschnitt ausführlich beschrieben werden, insbesondere auch bzgl. des Empfangs von Anfragen sowie der Weiterleitung von Antworten.

Zunächst wird am Beispiel des Moduls TRANSPORT_PLANNING (Bild 18) gezeigt, wie Start- und Stop- sowie einfache Übergangsregeln aus einem Kontrollgraph zu generieren sind. Für jeden Synchronisationsknoten (außer Start- und Endeknoten) im Graph wird genau eine Aktivierungsregel erzeugt, die als Vorbedingungen das Vorhandensein der Antworten gemäß der Antwortpfeile *zum* Synchronisationsknoten testet und Anfragen gemäß der Fragepfeile *vom* Synchronisationsknoten an die daran "hängenden" Fragekästchen sendet. Dabei werden die in der mittleren Schicht des Fragekästchens spezifizierten Ladefakten (LFS) in die sendquery-Aktion übernommen (im Bild 18 z.B. "Wegenetz1" für PLAN_PATH und "Umwelt3" für PLAN_GRASP). Zusätzlich testet die Regel als Kontextbedingung die Anfrage an das umgebende Fragekästchen, um die Parameterversorgung für die abgesendeten Anfragen sicherzustellen, und Verwaltungsfakten der Auftragsnummern beinhaltenden Klassen ORDER und CURRENT_ORDER zur Sicherstellung des korrekten Antwortempfangs.

Zum Synchronisationsknoten T in Bild 18 gehört folgende Aktivierungsregel:

```
(rule TRANSPORT_PLANNING_ACTIVATE_T
    isfact (QUERY from:<-> order:<-> fact:(plan_trans what:<w> from:<f> to:<t>))
    isfact (ANSWER  from:PLAN_ROBOT  order:<N>
                                fact:(rob_exists rob:<r> loc:<l>))
    isfact (ORDER  to:PLAN_ROBOT  nr:<N>)
    isfact (CURRENT_ORDER  lfd_nr:<lfd>) : [1]
-->
    deletefact (1)
    sendquery (PLAN_PATH, TRANSPORT_PLANNING, ^(+ <lfd> 1),
                        Wegenetz1, (plan_p rob:<r> p1:<l> p2:<f>))
    makefact (ORDER  to:PLAN_PATH  nr:^(+  <lfd> 1))
```

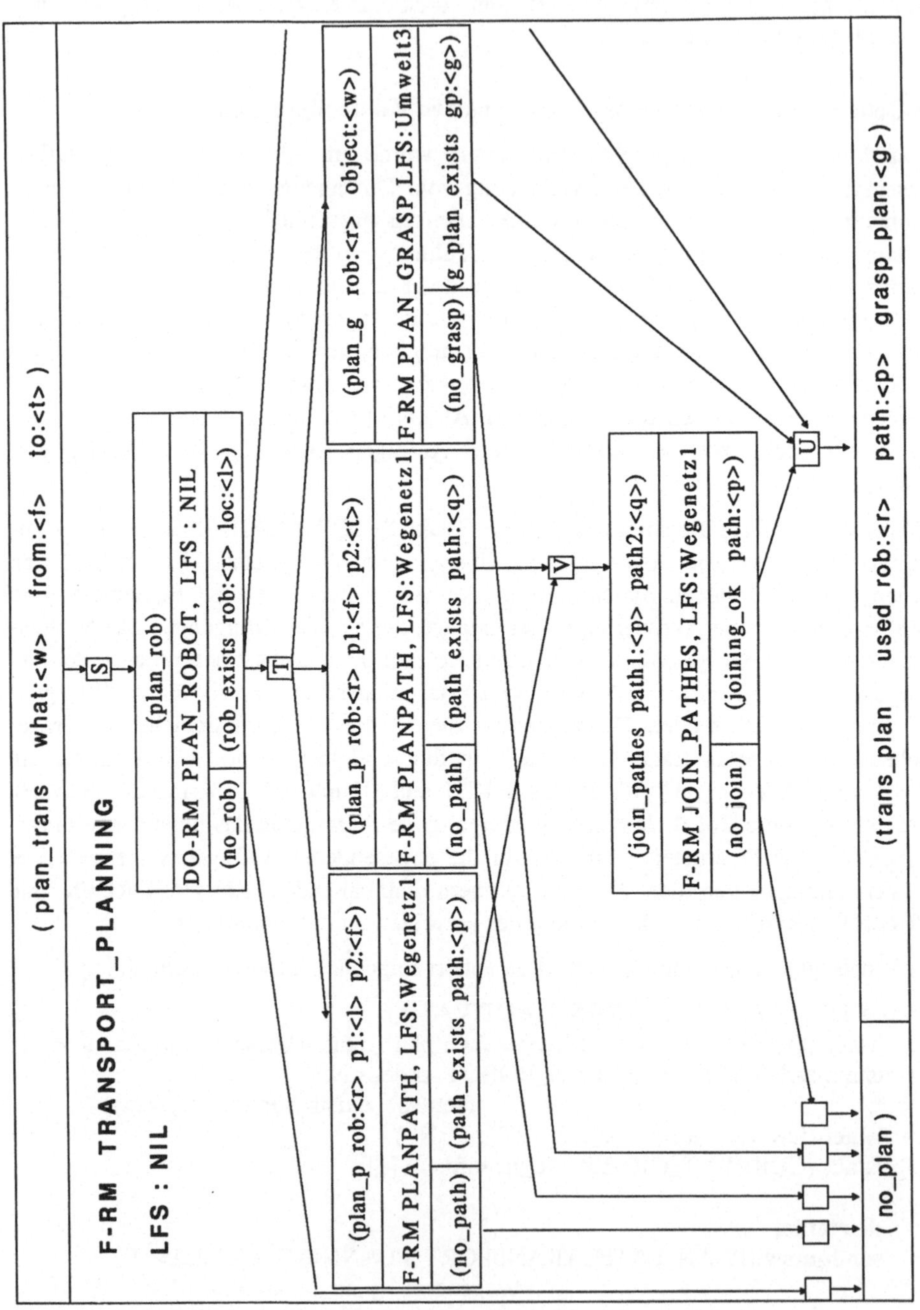

Bild 18: Regelmodul TRANSPORT_PLANNING

sendquery (PLAN_PATH, TRANSPORT_PLANNING, ^(+ <lfd> 2),
                          Wegenetz1, (plan_p rob:<r> p1:<f> p2:<t>))
makefact (ORDER to:PLAN_PATH nr:^(+ <lfd> 2))
sendquery (PLAN_GRASP, TRANSPORT_PLANNING, ^(+ <lfd> 3),
                          Umwelt3, (plan_g rob:<r> object:<w>))
makefact (ORDER to:PLAN_GRASP nr:^(+ <lfd> 3))
makefact (CURRENT_ORDER lfd_nr: ^(+ <lfd> 3)
)

In der Regel wird als dritte Bedingung überprüft, ob die eingegangene Antwort von PLAN_ROBOT überhaupt eine erteilte Auftragsnummer hat. Das Faktum der Klasse CURRENT_ORDER verwaltet die Vergabe der laufenden Nummern für Aufträge. Für jede abgesendete Anfrage wird ein Faktum der Klasse ORDER erzeugt, das erst nach Beendigung des gesamten Dienstes gelöscht wird (s.u. bei der Generierung von Ende-Regeln). Über die Auftragsnummern in ORDER und CURRENT_ORDER-Fakten wird auch jeweils sichergestellt, daß die Regel nur einmal nach Antworteingang zünden kann.

Ist ein Synchronisationsknoten bedingt, beinhaltet also mehrere Verzweigungsalternativen, so wird für *jede Alternative* eine eigene Regel erzeugt. Die Unterscheidung der Varianten erfolgt über Attributtests.

Bild 19 zeigt eine modifizierte Variante des Moduls TRANSPORT_PLANNING, in der die Planung abhängig vom Ergebnis des Dienstes "(plan_rob)" im bedingten Synchronisationsknoten T' gesteuert wird. (Aus Platzgründen wird hier "-" für (no_path) bzw. (no_grasp) und "+" für (path_exists ...) bzw. (g_plan_exists ...) verwendet.)

Würde von PLAN_ROBOT das "FTS" als freier Roboter ausgewählt, erfolgt eine zu allen übrigen Fahrzeugen unterschiedliche Wegplanung im Sub-Modul PLAN_FTS. In allen anderen Fällen wird die übliche parallele Planung von Pfad und Greifvorgang in den Sub-Moduln PLAN_PATH und PLAN_GRASP angestoßen. Damit sind für T' die folgenden zwei Aktivierungsregeln zu generieren:

(rule TRANSPORT_PLANNING_ACTIVATE_T'_1
   isfact (QUERY from:<-> order:<-> fact:(plan_trans what:<w> from:<f> to:<t>))
   isfact (ANSWER from:PLAN_ROBOT order:<N>
                          fact:(rob_exists rob:<r> loc:<l>))
   isfact (ORDER to:PLAN_ROBOT nr:<N>)
   isfact (CURRENT_ORDER lfd_nr:<lfd>) : [1]
   test-attr (<> <r> "FTS")
-->
   deletefact (1)
   sendquery (PLAN_PATH, TRANSPORT_PLANNING, ^(+ <lfd> 1),
                          Wegenetz1, (plan_p rob:<r> p1:<l> p2:<f>))
   makefact (ORDER to:PLAN_PATH nr:^(+ <lfd> 1))

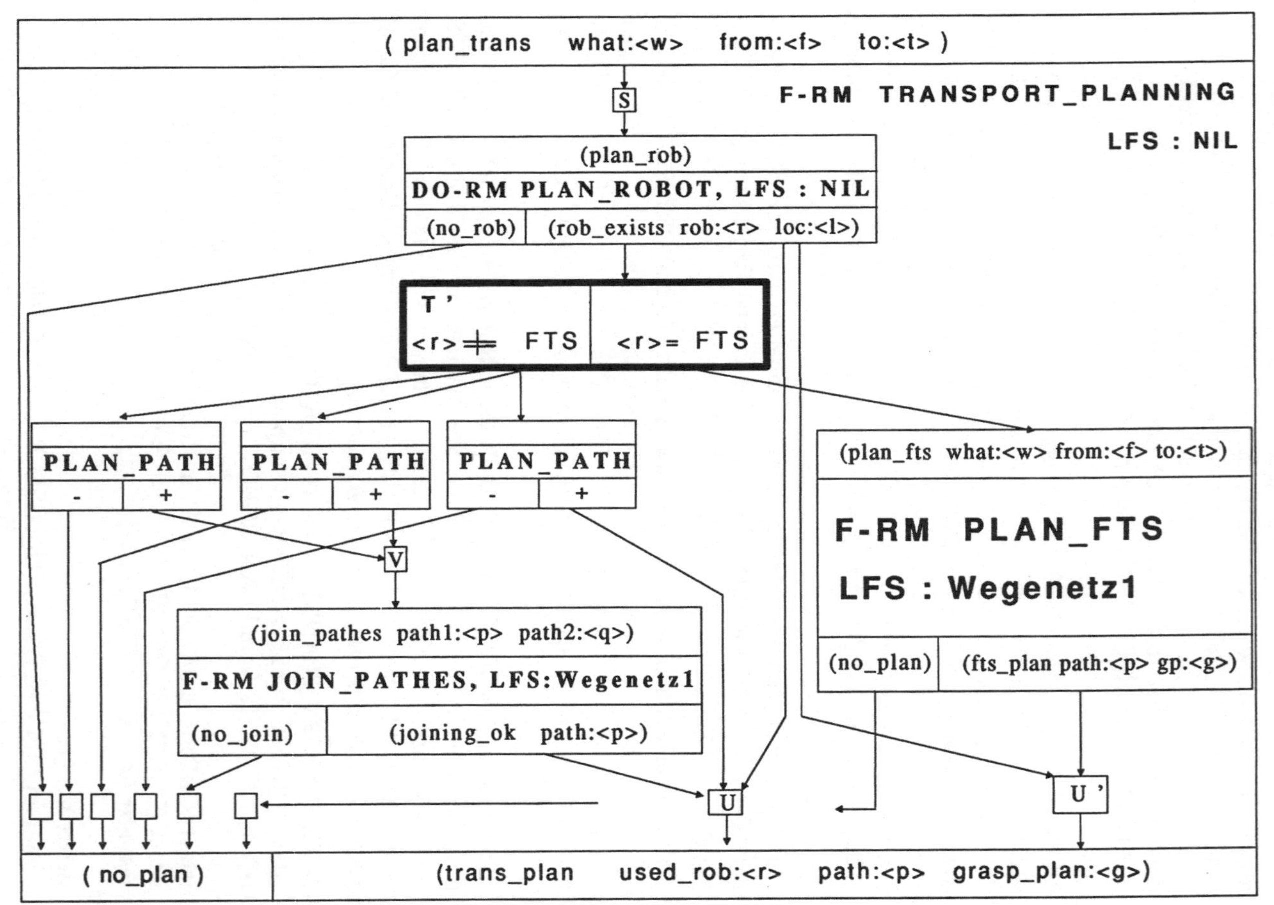

Bild 19: Modul TRANSPORT_PLANNING mit bedingtem Synchronisationsknoten T'

```
      sendquery (PLAN_PATH,  TRANSPORT_PLANNING,  ^(+ <lfd> 2),
                                Wegenetz1, (plan_p rob:<r> p1:<f> p2:<t>))
      makefact (ORDER  to:PLAN_PATH  nr: ^(+ <lfd> 2))
      sendquery (PLAN_GRASP,  TRANSPORT_PLANNING,  ^(+ <lfd> 3),
                                Umwelt3, (plan_g rob:<r>  object:<w>))
      makefact (ORDER  to:PLAN_GRASP  nr: ^(+ <lfd> 3))
      makefact (CURRENT_ORDER  lfd_nr: ^(+ <lfd> 3)
)


(rule TRANSPORT_PLANNING_ACTIVATE_T'_2
    isfact (QUERY from:<-> order:<-> fact:(plan_trans what:<w> from:<f> to:<t>))
    isfact (ANSWER  from:PLAN_ROBOT  order:<N>
                                fact:(rob_exists rob:<r>  loc:<l>))
    isfact (ORDER  to:PLAN_ROBOT  nr:<N>)
    isfact (CURRENT_ORDER  lfd_nr:<lfd>) : [1]
    test-attr (=  <r>  "FTS")
-->
    deletefact (1)
    sendquery (PLAN_FTS,  TRANSPORT_PLANNING,  ^(+ <lfd> 1),
                                Wegenetz1, (plan_t rob:<r>  p1:<f>  p2:<t>))
    makefact (ORDER  to:PLAN_FTS  nr: ^(+ <lfd> 1))
    makefact (CURRENT_ORDER  lfd_nr: ^(+ <lfd> 1)
)
```

Für Start- und Endeknoten ist die Generierungsvorschrift von den übrigen Synchronisationsknoten etwas verschieden. Die Startknotenregel hat als Bedingung nur die Anfrage des Fragekästchens, also das Kontextelement. Die RHS wird gebildet wie bei allen inneren Synchronisationsknoten. Damit hat die Aktivierungsregel für Startknoten S in Bild 18 folgendes Aussehen:

```
(rule TRANSPORT_PLANNING_ACTIVATE_S
    isfact(QUERY from:<X> order:<N> fact:(plan_trans what:<-> from:<-> to:<->))
-->
    makefact (QUERY_ACTIVE from:<X>  order:<N>)
    makefact (CURRENT_ORDER  lfd_nr:1)
    sendquery (PLAN_ROBOT,  TRANSPORT_PLANNING, 1,  NIL,  (plan_rob))
    makefact (ORDER  to:PLAN_ROBOT  nr:1)
)
```

Die Regel TRANSPORT_PLANNING_ACTIVATE_S testet die Anfrage und aktiviert den Modul PLAN_ROBOT durch Senden der query (plan_rob). Für spätere Fehlerbehandlungen (s.u.) wird das lokale Faktum "(query_active ...)" erzeugt. Gleichzeitig werden ORDER und CURRENT_ORDER-Fakten zur Verwaltung der Auftragsnummern in die Faktenbasis eingetragen.

Zu jedem Endeknoten gehört ebenfalls eine spezielle Aktivierungsregel, deren LHS wie bei Regeln zu inneren Synchronisationsknoten gebildet wird. Auf der RHS werden dagegen keine Anfragen, sondern die Antworten an den aufrufenden Modul zurückgesendet. Zum Endeknoten U in Bild 18 gehört folgende Aktivierungsregel:

```
(rule TRANSPORT_PLANNING_ACTIVATE_U
    isfact (QUERY  from:<ADR>  order:<Nr>
                            fact:(plan_trans what:<w>  from:<f>  to:<t>))
    isfact (ANSWER  from:PLAN_ROBOT  order:<N1>
                            fact:(rob_exists rob:<r>  loc:<l>))
    isfact (ORDER  to:PLAN_ROBOT  nr:<N1>)

    isfact (ANSWER from:JOIN_PATHES  order:<N2> fact:(joining_ok  path:<p>))
    isfact (ORDER  to:JOIN_PATHES  nr:<N2>)
    isfact (ANSWER from:PLAN_GRASP order:<N3> fact:(g_plan_exists gp:<g>))
    isfact (ORDER  to:PLAN_GRASP  nr:<N3>)
-->
    sendanswer (<ADR>, TRANSPORT_PLANNING,  <Nr>,
                        (trans_plan used_rob:<r>  path:<p>  grasp_plan:<g>))
    abortmodule
)
```

Wenn diese Regel zündet, wird zum aufrufenden Modul <ADR> die Antwort "(trans_plan used_rob:<r> path:<p> grasp_plan:<g>)" zurückgeschickt. Die Aktion **abortmodule** verursacht dann bei Funktions-Regelmoduln den Abbruch. Bei Datenobjekt-Regelmoduln würde an dieser Stelle zunächst das automatische Löschen aller lokalen Verwaltungs- und Antwortfakten der jetzt beendeten Anfrage angestoßen und dann mit **nextquery** die Bearbeitung der nächsten Anfrage aus der Warteschlange gestartet. Etwaige noch aktive Prozesse, die vom Modul parallel durch Anfragen gestartet worden waren, werden nach der Quittung zu **abortmodule** bzw. **nextquery** an den zentralen Nachrichtenmanager von diesem benachrichtigt, so daß sie ihre Arbeit entsprechend beenden können. Die genaue Arbeitsweise des Nachrichtenmanagers wird in Kapitel 5 beschrieben.

Neben der Umsetzung von Synchronisationsknoten in Übergangsregeln ist auch bei der Transformation der Kontrollgraphen das Miterzeugen von Ausnahme- und Fehlerbehandlungsregeln möglich. Diese Regeln sind in folgenden Fällen einsetzbar:
- Bei der dynamischen Überprüfung von typisierten Fakten gemäß der Antwortschnittstellen bzw. der Anfrageschnittstelle in verwendeten Fragekästchen.
- Zur definierten Reaktion (ELSE_Regel) in bedingten Synchronisationsknoten, deren Alternativen nicht vollständig beschrieben sind.
- Wenn Antworten mit Auftragsnummern eintreffen, die nie vergeben wurden, oder wenn Antworten von nie beauftragten Moduln stammen.
- Zur definierten Reaktion (CATCH-Regel) in einem Dienst, in dem keine Regel mehr zündet. Dieser Fall kann nur auftreten, wenn *Programmierte-Regeln* in den

Kontrollfluß eingreifen, der Übergangsgraph also blinde Pfeile enthält. Beim nicht-blockierenden Aufruf von Sub-Moduln muß an die CATCH-Regel ein TIMER-Mechanismus gekoppelt sein. Nur über diesen kann entschieden werden, ob in einem Dienst tatsächlich keine Regel mehr zündet oder ob auf Antworten gewartet wird, deren Eintreffen die Weiterarbeit des Moduls veranlassen würde. Wie evtl. auftretende Zeitkonflikte gelöst werden können, ergibt sich in Kapitel 5 bei der Beschreibung des Nachrichtenaustausches zwischen parallelen Regelmoduln.

Die Überprüfung typisierter Antworten in den Aktivierungsregeln erfolgt analog zu der in 4.3.1 beschriebenen Überprüfung von Anfragen in den *Programmierten-Regeln* eines Moduldienstes. Alle Aktivierungsregeln werden um Attributtests für jede typisierte Attributvariable in ihrer LHS ergänzt, die ein Standardtypen-Prädikat aufrufen. Zusätzlich muß eine Fehlerregel erzeugt werden, die die Standard-ERROR-Antwort im Fall verletzter Typbedingungen an den Aufrufer des Dienstes rücksendet.

Falls die Alternativen eines bedingten Synchronisationsknotens nicht vollständig sind, kann eine Fehlerregel (ELSE-Regel) erzeugt werden, die als Attributtest die negierte Disjunktion aller vorhandenen Bedingungen in den Alternativen des Knotens prüft. Wenn diese ELSE-Regel zündet, sendet sie ebenfalls eine Standard-ERROR-Antwort des Moduls an den Aufrufer.

Fehlerhafte Antworten bzgl. Auftragsnummer oder Herkunft sind sofort daran zu erkennen, daß kein zugehöriges ORDER-Faktum existiert (s.o.). Als weiche Fehlerreaktion wäre z.B. *Fehlermeldung + Ignorieren* möglich oder ein *hartes Abbrechen*. Dies kann über Verwaltungsparameter des Regelgenerators voreingestellt werden, je nachdem, was der Programmierer eines Übergangsgraphen benötigt.

Angenommen, in einem Dienst ist aufgrund des Inhalts der Faktenbasis kein Zünden von Regeln mehr möglich. Dann kann eine CATCH-Regel dafür sorgen, daß der Dienst nicht einfach ''stehenbleibt'', sondern eine entsprechende ERROR-Antwort an seinen Aufrufer zurückschickt. Im Beispiel des Moduls TRANSPORT_PLANNING hätte diese Regel folgendes Aussehen:

```
(rule TRANSPORT_PLANNING_CATCH
   isfact (QUERY_ACTIVE  from:<ADR>  order:<Nr>)
-->
   sendanswer (<ADR>,  TRANSPORT_PLANNING,  <Nr>,
               (ERROR  kind:CATCH  where:TRANSPORT_PLANNING))
   abortmodule
)
```

Sobald die Startregel des Dienstes das lokale Faktum ''(QUERY_ACTIVE ..)'' erzeugt hat, ist die CATCH-Regel stets erfüllt. Sie darf aber erst zünden, wenn sonst keinerlei Regeln erfüllt sind. Regelsysteme mit Spezifitätskriterium (zur Definition der Kriterien vgl. 2.1) stellen das sicher, wenn keine weitere Regel im Modul existiert, deren LHS nur aus einer einzigen Bedingung besteht. In anderen Systemen müßte ein ent-

sprechender Mechanismus explizit nachgebildet werden, z.B. über Bedingungszähler in
den Regeln.

Kommen parallele Aufrufe von Submoduln in einem Dienst vor, kann die CATCH-
Regel nur in Verbindung mit Zeitüberprüfungen korrekt arbeiten. Während der Dienst
auf Antworten wartet, darf sie nicht zünden. Andererseits soll bei Fehlern, vor allem
Endlosschleifen, in den aufgerufenen Submoduln der Aufrufer dennoch definiert wei-
terarbeiten bzw. abbrechen. Dazu gibt es zwei Möglichkeiten:

i. Die CATCH_Regel prüft eine globale Zeitvorgabe für die Dauer des gesamten
   Dienstes.

ii. Bei jedem Senden einer Anfrage wird gleichzeitig ein Zeitbedingungsfaktum erzeugt,
    das von aus den Empfänger-Synchronisationsknoten erzeugten Time-Test-Regeln
    überprüfbar ist.

Beide Varianten setzen natürlich eine grobe Abschätzung der notwendigen Zeitvorga-
ben für den Dienst und seine verwendeten Submoduln voraus, die oft nicht leicht
vorzunehmen ist.

i. kann auf zwei Weisen realisiert werden. Zum einen kann die Startregel ein
lokales Zeitbedingungsfaktum erzeugen, das von einer *active-wait-Regel* immer wieder
modifiziert wird, bis die um einen Zeittest erweiterte CATCH-Regel einen TIMEOUT-
ERROR erzeugen muß. Eleganter ist der Aufruf eines Standardmoduls ''TIMER'', der
nach Ablauf der vorgegebenen Zeit ein Faktum ''(time-out)'' in die lokale FB des
Dienstes einträgt. Dieses wird von einer TIME-CATCH-Regel erkannt:

```
(rule TRANSPORT_PLANNING_TIME_CATCH
   isfact (QUERY_ACTIVE  from:<ADR>  order:<Nr>)
   isfact (time-out)
-->
   sendanswer (<ADR>,  TRANSPORT_PLANNING,  <Nr>,
             (ERROR  kind:TIME-OUT  where:TRANSPORT_PLANNING))
   abortmodule
)
```

Der Vorteil des Timer-Moduls besteht in der Vermeidung eines aktiven Wartens und
damit überflüssiger Prozessorbelastung. Produziert der Dienst vor Ablauf der Zeitbedingung eine Antwort, wird der Timer wie alle übrigen noch laufenden Subprozesse
gestoppt (s.o.). Zur Diskussion von Gleichzeitigkeitskonflikten muß wieder auf die
Beschreibung der Kommunikation zwischen parallelen Regelmodulprozessen in Kapitel
5 verwiesen werden. In 5.3.1 wird dort auch eine Möglichkeit angegeben, bei entsprechender Implementierungsumgebung das passive Warten von Moduln (und damit
auch von Timern) effizient zu realisieren.

Möglichkeit ii. ist im Grunde nur eine Verfeinerung von i. Hier werden bei jedem
Submodulaufruf Zeitbedingungen erzeugt bzw. Timer gestartet, die bei nicht rechtzeitig

erfolgender Antwort reagieren. Die Realisierung ist analog zu i. möglich. Ein Vorteil besteht darin, daß in der ERROR-Antwort konkret angegeben werden kann, welcher Aufruf den TIMEOUT herbeigeführt hat. Nachteilig ist die Anzahl von TIMER-Prozessen, die sich bei hohem Parallelisierungsgrad in einem Regelmodul ergeben.

Gemäß der in der Einleitung des vorliegenden Abschnitts gemachten Bemerkung werden beide Möglichkeiten i. und ii. optional bei der Übersetzung der Kontrollgraphen angeboten. So sind Zeitfehler während der Testphase beliebig genau lokalisierbar. Beim späteren Einsatz kann das Regelprogramm durch Abschalten der TIMEOUT-Optionen entsprechend beschleunigt werden. Falls während der Wartung nötig, stehen die TIMEOUT-Regeln jederzeit zur Verfügung.

Mit den Fehlerbehandlungsregeln zur Schnittstellenüberprüfung von Moduldiensten, zur Variantenbehandlung in bedingten Synchronisationsknoten und zur TIMEOUT-Reaktion bei nichtblockierendem Aufruf von Submoduln ist eine vollständige, dynamische Fehlerbehandlung während des Ablaufs von modularisierten Regelprogrammen sichergestellt. Jeder Dienst erzeugt auch im Fehlerfall eine definierte Antwort, mit der der Aufrufer definiert fortfahren kann. Die Fehlerbehandlungsregeln sind wie die Übergangsregeln aus den Kontrollgraphen jedes Moduldienstes in einheitlicher Weise erzeugbar (Anforderung 4.1.1.d). Der Programmierer kann sich auf die anschauliche Entwicklung des Kontrollflusses in Graphenform beschränken. Die Problematik der Umsetzung in Regelform und der Entwicklung eines Fehlerbehandlungskonzepts bleibt ihm erspart (Anforderung 4.1.1.a). Damit steht ihm die in 3.1 geforderte komfortable Entwicklungsumgebung für das *Programmieren-im-Großen* mit Regelsystemen zur Verfügung.

Im folgenden Abschnitt 4.4 wird nun untersucht, inwieweit mit dem Einsatz generischer Moduln für Standarddienstleistungen und Standardabläufe die Regelprogrammentwicklung noch effizienter gestaltet werden kann.

4.4 Generische Regelmoduln

Generische Programme oder Programmteile sind ein wichtiges Hilfsmittel der Informatik, bereits bekannte oder sogar implementierte Algorithmen für verschiedene Anwendungen in unterschiedlicher Ausprägung bereitzustellen. Im Fall abstrakter Datentypen [Liskov/Zilles 74] werden z.B. durch Instantiierung der Datenstruktur aus den allgemein formulierten Zugriffsfunktionen konkrete Operatoren für Objekte (Variable, Konstanten) dieser Struktur.

Für Regelprogramme sind in bezug auf generische Mechanismen vor allem zwei Fragestellungen besonders interessant:

i. Wie kann ein Algorithmus (z.B. zur Graphensuche) allgemein als Regelmodul implementiert werden, so daß er für verschiedene Datentypen (Faktenklassen) einsetzbar wird?

ii. Wie können höhere Ablaufkonstrukte (z.B. Backtracking) so allgemein zur Verfügung gestellt werden, daß der Regelprogrammierer von den Problemen der Realisierung der Kontrollstruktur völlig verschont bleibt und *nur* noch die eigentliche Problembearbeitung (bei Backtracking z.B. die Unterfunktionen "TRY" und "TEST") zu entwerfen braucht?

Zur Lösung der in i. und ii. aufgestellten Fragen werden in den folgenden beiden Abschnitten 4.4.1 und 4.4.2 *Metamoduln* und *Modul*- bzw. *Ablaufschemata* eingeführt. Dabei wird jeweils auch beschrieben, wie diese Konzepte in die komfortable Entwicklungsumgebung zur Erstellung modularisierter Regelprogramme zu integrieren sind. Dadurch läßt sich zeigen, daß das in der vorliegenden Arbeit entworfene Modulkonzept die in 3.1.g gestellte Anforderung erfüllt, auch generische Prinzipien in die komfortable Programmierumgebung einzubringen.

4.4.1 Metamoduln

Metamoduln sollen dazu dienen, einen Algorithmus in regelmodulähnlicher Form unter *verschiedenen Interpretationen* zur Verfügung zu stellen. *Verschieden interpretierbar* sind dabei der Modulname sowie alle Bezeichner für Faktenklassen, Regeln, Attribute und Operatoren. Duch Zuordnung von konkreten Symbolen an die Bezeichner-Variablen des Metamoduls entsteht ein ablauffähiger Regelmodul. Der syntaktische Aufbau von Metamoduln ist derselbe wie von konkreten Regelmoduln. Durch Metavariable (= Bezeichner in spitzen Doppelklammern, z.B. <<is_connected>>) werden

    a. der Regelmodulname einschließlich Modultyp,
    b. alle Faktenklassenbezeichner in der Moduldefinition und
    c. alle Attributbezeichner in der Moduldefinition
    d. alle Regelnamen
    e. alle Operatornamen in Prädikaten und Aktionen

benannt. Sie beziehen sich auf alle Anfragen und Antworten in *SNA* und *SVA*, alle *Programmierten-Regeln*, die *Ladefakten* und auf die Beschriftung aller zugehörigen *Kontrollgraphen*.

Als Beispiel für das Konzept soll ein Funktions-Metamodul zur transitiven Hüllenberechnung dienen. Durch Zuordnung entsprechender Namen kann er z.B. als Regelmodul zur Überprüfung der Vorfahren einer Person oder als Regelmodul zur Feststellung der Erreichbarkeit eines Punktes in einem Graphen dienen. Auf (die im Beispiel einzig mögliche) Anfrage "(<<is_connected>> <<A>> <<B>>)" wird entweder mit "(<<connected>>)" oder "(<<not_connected>>)" geantwortet. Die *SVA* ist leer, d.h. der Regelmodul berechnet seine Antworten ohne Abstützung auf andere. Als Grundlage seiner Berechnungen dienen ihm *Lade-Fakten* der Klasse "(<<direct_related>> <<from>> <<to>>)", die die Nachbarbeziehung zwischen Elementen ausdrücken. (Die Meta-Variablen sind im folgenden Beispiel jeweils in << >> eingefaßt; geschweifte Klammern { } beinhalten Mengen, runde Klammern ( ) umschließen ein Faktenmuster.)

```
METAMODUL
    Name: ( <<RM>> , <<trans_clos>> )
    SNA: { Dienst = ( Anfrage = (<<is_connected>>  <<A>>:<?>  <<B>>:<?>),
                      mögliche-Antworten = { (<<connected>>),
                                             (<<not_connected>>)
                                           },
                      Kontroll-Info = { },
                      SVA = { }
                    )
         }
    Lade-Fakten:
        { (<<direct_related>>  <<from>>:<?>  <<to>>:<?>),
          (<<connected>>  <<from>>:<?>  <<to>>:<?>)
        }
    Programmierte-Regeln:
        {
        (rule <<erfolg1>> /* direkter Erfolg */
            isfact (QUERY  from:<X>  order:<N>
                          fact:(<<is_connected>>  <<A>>:<f>  <<B>>:<t>))
            isfact (<<direct_related>>  <<from>>:<f>  <<to>>:<t>)
        -->
            sendanswer (<X>, <<trans_clos>>, <N>, (<<connected>>))
        )
```

```
    (rule <<erfolg2>> /* transitiver Erfolg */
      isfact (QUERY  from:<X>  order:<N>
                        fact:(<<is_connected>> <<A>>:<f> <  B>>:<t>))
        isfact (<<connected>>  <<from>>:<f>  <<to>>:<t>)
    -->
        sendanswer (<X>,  <<trans_clos>>,  <N>,  (<<connected>>))
    )


    (rule <<misserfolg>> /* Catch-Regel; vgl. 4.3 */
      isfact (QUERY  from:<X>  order:<N>
                        fact:(<<is_connected>>  <<A>>:<f>  <<B>>:<t>))
    -->
        sendanswer (<X>,  <<trans_clos>>,  <N>,  (<<not_connected>>))
    )


    (rule <<suchen1>> /* Aufbau transitiver Fakten nur aus direct_related */
      isfact (QUERY  from:<X>  order:<N>
                        fact:(<<is_connected>>  <<A>>:<-> <<B>>:<->))
        isfact (<<direct_related>>  <<from>>:<x>  <<to>>:<y>)
        isfact (<<direct_related>>  <<from>>:<y>  <<to>>:<z>)
        not (isfact (<<connected>>  <<from>>:<x>  <<to>>:<z>))
    -->
        makefact (<connected> <from>:<x> <to>:<z>)
    )


    (rule <<suchen2>> /* Aufbau transitiver Fakten */
                        /* aus direct_related und connected */
      isfact (QUERY  from:<X>  order:<N>
                        fact:(<<is_connected>>  <<A>>:<-> <<B>>:<->))
        isfact (<<direct_related>>  <<from>>:<x>  <<to>>:<y>)
        isfact (<<connected>>  <<from>>:<y>  <<to>>:<z>)
        not (isfact (<<connected>>  <<from>>:<x>  <<to>>:<z>))
    -->
        makefact (<<connected>>  <<from>>:<x>  <<to>>:<z>)
    )
  }
```

END_METAMODUL;

Das Erstellen so eines Metamoduls kann mit den in 4.3 beschriebenen Editoren in derselben Weise erfolgen wie bei *normalen* Moduln. Zu Beginn kann angegeben werden, ob ein Regel- oder ein Metamodul erstellt werden soll, damit der Editor die spitzen Doppelklammern automatisch an den Positionen der Metavariablen einfügt. Ist der Metamodul fertig, kann mit einer Option "instantiieren_Metamodul" die Instantiierung eines konkreten Regelmoduls erfolgen. Dabei werden die Metavariablen vom Editor in der Reihenfolge Modultyp, Modulname, Schnittstellen, Ladefakten und Regelnamen zur Belegung angeboten. Der Editor ersetzt diese dann konsistent in allen Teilen der Moduldefinition sowie den *Programmierten-Regeln*. Defaultwert für alle Metavariablen ist der Metaname ohne seine spitzen Doppelklammern. Das bietet den Vorteil, daß ein Metamodul in der Metaspezifikation direkt ausgetestet werden kann, ehe man ihn für konkrete Aufgaben instantiiert.

Durch Belegung der Bezeichner-Variablen im obigen Metamodul <<trans_test>> entsteht jetzt z.B. ein Regelmodul "Vorfahrentest":

```
REGEL_MODUL:
    Name: ( F-RM , Vorfahrentest )
    SNA: { Dienst = ( Anfrage = (test_vorfahr  wer<?>  von_wem:<?>),
                      mögliche-Antworten = { (ist_vorfahr),  (ist_kein_vorfahr)},
                      Kontroll-Info = { },
                      SVA = { }
                    )
         }
    Lade-Fakten: { (vater   vater_name:<?>   sohn_name:<?>),
                   (ahne   ahnen_name:<?>   nachfahr_name:<?>)
                 }
    Programmierte-Regeln:
            { rule Vater_Verwandtschaft,
              rule Vorfahr_Verwandtschaft,
              rule keine_Verwandtschaft,
              rule erzeuge_Verwandtschaft_fall1,
              rule erzeuge_Verwandtschaft_fall2
              /* die ausprogrammierten Regeln entstehen durch konsistente
                 Ersetzung der Metabezeichner in den Programmierten-Regeln
                 des Metamoduls (s.o.).
              */
            }

END_REGELMODUL;
```

oder ein Regelmodul "Erreichbarkeitstest":

```
REGEL_MODUL:
    Name: ( F-RM , Erreichbarkeitstest )
    SNA: { Dienst = ( Anfrage =  (test_erreichbarkeit ort1<?> ort2:<?>),
                      mögliche-Antworten = { (erreichbar),  (nicht_erreichbar)},
```

$$Kontroll\text{-}Info = \{\ \},$$
$$SVA = \{\ \}$$
$$)$$
$$\}$$

Lade-Fakten: { (strecke   anfang:<?>   ende:<?>),
                  (verbindung von:<?> nach:<?>)
                  }

Programmierte-Regeln:
        { **rule** direkte_Verbindung,
          rule transitive_Verbindung,
          rule keine_Verbindung,
          rule erzeuge_Verbindung_fall1,
          rule erzeuge_Verbindung_fall2
          /* die ausprogrammierten Regeln entstehen durch konsistente
             Metabezeichnerersetzung wie in F-RM Vorfahrentest, s.o. */   }

END_REGELMODUL;

4.4.2 Modul- und Ablaufschemata

Eine Schwierigkeit der Regelprogrammierung bildet die Implementierung rekursiver Algorithmen. Während die rekursive Verwendung von Moduldiensten aus den Kontrollgraphen durch Abbildung auf eigenständige Inkarnationen realisiert werden kann, bereitet das Rekursionsprinzip innerhalb der *Programmierten-Regeln* eines Moduls Komplikationen. PROLOG [Clocksin/Mellish 81], mit seiner auf Resolution beruhenden Inferenzstrategie, löst das Problem für Backtracking mit Tiefensuche, führt jedoch bei der Breitensuche zu ähnlichen Problemen wie vorwärtsverkettende Regelsysteme. Speziell auf die Breitensuche kann aber in wissensbasierten Anwendungen (wegen häufig nichtendlicher oder zumindest sehr großer endlicher Suchräume) auf keinen Fall verzichtet werden. Daher wäre es eine große Unterstützung für den Regelprogrammierer, wenn ihm *Modulskelette* zur Verfügung stünden, die entsprechende Suchstrategien bereits beinhalten und die seinem jeweiligen Programm nur noch "angepaßt" werden müssen. In 3.1.g wurde für die Entwicklung der Regelmoduln die Anforderung, Modulschemata zu ermöglichen, formuliert. Der vorliegende Abschnitt weist nun nach, daß das entwickelte Modulkonzept dieser Anforderung genügt. An den Beispielen allgemeine lineare Rekursion, Backtracking mit Tiefensuche und Backtracking mit Breitensuche wird gezeigt, auf welche Weise Modul- und Ablaufschemata in die Regelprogrammierumgebung eingebaut werden können. Damit lassen sich dann umfangreiche Regelsystemanwendungen komfortabler, schneller und sicherer ausprogrammieren, da auf korrekte Ablaufskelette aufgesetzt werden kann, die z.B. in ihrer funktionalen Form bereits *verifiziert* oder leichter *verifizierbar* sind.

Zur Definition der genannten Modul- und Ablaufschemata wird jeweils eine funktionale Notation gemäß [Bauer/Wössner 81] verwendet. Unterstrichene Bezeichner sind

Variable für Typbezeichner; Kleinbuchstaben bezeichnen Parameter oder Programmvariable; Großbuchstaben stehen für Funktions- oder Prädikatsnamen. Ein Großbuchstabe gefolgt von einem Ausdruck in runden Klammern im Funktionsrumpf bedeutet einen Funktionsaufruf; gefolgt von eckigen Klammern handelt es sich um einen beliebigen Berechnungsausdruck (d.h. ein Funktional, das natürlich auch ein Funktionsaufruf sein kann).

A. Modulschemata

Beispiel für ein Modulschema ist die allgemeine lineare Rekursion. In funktionaler Notation hat sie folgendes Aussehen:

funct L = (<u>partyp</u> m > 0) : <u>ergtyp</u>
    {
        if B [m] **then** F(L(K[m]) , E[m])
           else H[m] **fi**
    }

Jede solche Rekursion läßt sich in einen Metamodul (vgl. 4.4.1) mit vier Produktionsregeln umsetzen. Dies könnte ein Transformatorprogramm erledigen, das die funktionale Darstellung der jeweiligen Funktion als Eingabe erhält.

Der Transformationsalgorithmus legt aus dem Kopf des Funktionals die Faktenklassen für Aufruf und Ergebnis fest, die *SNA* des Moduls. Die Klassen für Kellern von Zwischenergebnissen, Nachklappern und Zeitstempelverwaltung sind vorgegeben und bilden dann die *Lade-Fakten*-Definition. *SVA* und *Kontroll-Info* werden nicht benötigt. Die Prädikats- und Funktionsbezeichner werden zu den Metavariablen des Metamoduls.

In der Regel ''Rekursiv_aufrufen'' muß bei Erzeugung des Zwischenergebnis-Faktums das Funktional E[m] auf den Aufrufparameter m angewendet werden, ebenso K[m] bei Erzeugung des rekursiven Aufruf-Faktums.

In der Regel ''Terminierung_erkennen'' wird B[m] als Attributtest über den Parametern des Aufruf-Faktums realisiert. Zusätzlich wird ein Nachklappern-Faktum erzeugt, in dem das Attribut ''mit'' den Wert H[m] bekommt.

Die Regel ''Nachklappern'' realisiert die Funktion F, indem das aktuelle Nachklapper-Faktum mit dem obersten gekellerten Zwischenergebnis verknüpft wird. Die Verknüpfung erfolgt durch Modifizieren des Nachklapper-Faktums gemäß F mit den Attributwerten der getesteten Fakten. Da in der Systemarchitektur der vorliegenden Arbeit keine Duplikate von Fakten zugelassen sind (vgl. 3.2), durchaus aber Zwischenergebnisse mehrfach mit demselben Wert denkbar sind, kann man nicht die Neuigkeitsstrategie des Regelinterpreters für die korrekte Kellerung der Zwischenergebnis-Fakten heranziehen. Das muß explizit durch Nummernvergabe an die zu kellernden ''zwischen_erg''-Fakten organisiert werden (s.u.).

In der Regel "Fertig" wird der Wert des letzten Nachklapper-Faktums zum Wert des Ergebnis-Faktums gemacht, sobald kein Zwischenergebnis mehr vorliegt.

Die Regeln "Start" und "Ende" realisieren die *SNA*, indem sie empfangene Anfragen als lokale Fakten installieren und den Zeitstempel initialisieren, bzw. die Antwort des Moduls an den Anfrager rücksenden.

Die verwendeten *Unterfunktionale* K[m], E[m], H[m] und B[m] werden soweit möglich durch Aufruf von LISP-Standardfunktionen realisiert. Wo das nicht genügt, kann ein Aufruf

- selbstdefinierter LISP-Funktionen

- externer Funktionen oder

- ein Absetzen von **sendquery**-Aufrufen an andere Regelmoduln (dann ist allerdings die Aktualisierung der *SVA* nötig)

erfolgen. Die Art der gewünschten Realisierung kann dem Transformatorprogramm in einer Zuordnungsliste für die Funktionalsymbole mit als Eingabe zur Verfügung gestellt werden. Für die allgemeine lineare Rekursion läßt sich dann folgender Metamodul mit 6 Regeln aus der funktionalen Beschreibung erzeugen :

```
METAMODUL
    Name: ( <<F-RM>> , <<lineare_rekursion>> )
    SNA: { Dienst = ( Anfrage = (<<L>>   <<m>>:<?>:<<partyp>>),
                      mögliche-Antworten = { (ergebnis   erg:<?>:<<ergtyp>>) },
                      Kontroll-Info = { },
                      SVA = { }
                      ) }
    Lade-Fakten: { (zwischen_erg  wert:<?> nr:<?>),
                   (nachklappern   mit:<?>),
                   (zeitstempel   zs:<?>),
                   (ergebnis   erg:<?>)
                   }
    Programmierte-Regeln:
        {
          (rule Rekursiv_aufrufen
            isfact (<<L>>   par:<m>)) : [1]
            isfact (zeitstempel   zs:<t>) : [2]
            test-attr (<<B>>   <m>)
          -->
            makefact (zwischen_erg wert:^(<<E>>   <m>)   nr:^(+ <t> 1))
            deletefact (1,2)
            makefact (<<L>>   par:^(<<K>>   <m>))
            makefact (zeitstempel zs:^(+ <t> 1))
          )
```

```
            (rule Terminierung_erkennen
               isfact (<<L>>   par:<m>)) : [1]
               not (test-attr (<<B>>   <m>))
            -->
               deletefact (1)
               makefact (nachklappern mit:^(<<H>>   <m>))
            )


            (rule Nachklappern
               isfact (nachklappern mit:<k>) : [1]
               isfact (zwischen_erg   wert:<z> nr:<n>) : [2]
               not (isfact (zwischen_erg   wert:<-)   nr:<n1>)
                    test-attr (>   <n1>   <n>)
                    ) /* sichert die Auswahl des Zwischenerg. mit höchst. Nummer */
            -->
               deletefact (1,2)
               makefact (nachklappern   mit:^(<<F>>   <k>   <z>))
            )


            (rule Fertig
               isfact (nachklappern   mit:<n>) : [1]
               not (isfact (zwischen_erg  wert:<->))
                    /* kein gekellertes Zwischenergebnis mehr vorhanden */
            -->
               deletefact (1)
               makefact (ergebnis   erg:<n>)
            )


            (rule Start
               isfact (QUERY from:<X>  order:<N>   fact:(<<L>>   par:<m>))
               test-attr (posint   <m>)
            -->
               makefact (<<L>>   par:<m>)
               makefact (zeitstempel   zs:1) /* zeitstempel mit 1 starten */
            )


            (rule Ende
               isfact (QUERY   from:<X>   order:<N>   fact:<->)
               isfact (ergebnis   erg:<e>)
            -->
               sendanswer (<X>, <<lineare_rekursion>>, <N>, (ergebnis   erg:<e>))
               abortmodule /* da F-RM */
            )

      }
END_METAMODUL;
```

Am Beispiel der Fakultätsfunktion ist es nun im Regelmoduleditor mit der Option "instantiiere_Metamodul" (vgl. 4.4.1) möglich, eine Zuordnung von konkreten Bezeichnern für die Prädikats- und Funktionssymbole vorzunehmen, z.B.:

L zu fac,

partyp zu posint,

ergtyp zu posint,

B zum Standardprädikat greater1(x) zum Vergleich von x > 1,

F zur Standardfunktion times(x,y) zum Berechnen von x * y,

K zur Standardfunktion sub1(x) zum Berechnen von x - 1,

E zur Standardfunktion id(x) für die Identität,

H zur Standardfunktion const1(x) für die Konstante 1

Funktional geschrieben lautet dann die Fakultät:

funct fac (posint m) : posint
  { **if** greater1 (m) **then** times (fac (sub1 (m)), id (m))
                  else const1 (m) **fi** },

bzw. in besser lesbarer Infix-Notation mit den üblichen arithmetischen Operatoren :

funct fac (posint m) : posint
  { **if** m > 1 **then**   fac(m-1) * m   **else** 1 **fi** }.

Dann ergibt sich durch Instantiierung von <<lineare_rekursion>> der folgende Regelmodul "Fakultät" :

REGELMODUL
  Name: (F-RM , Fakultät)
  SNA: { Dienst = (*Anfrage* = (fac   par:<?>:posint),
                    mögliche-Antworten = { (ergebnis erg:<?>:posint) },
                    Kontroll-Info = { },
                    SVA = { }
)

    }
  Lade-Fakten : { (zwischen_erg   wert:<?> nr:<?>),
                (nachklappern   mit:<?>),
                (zeitstempel zs:<?>),
                (ergebnis erg:<?>)
                }
  Programmierte-Regeln:

END_REGELMODUL;

Die Einbindung der Modulschemata in die komfortable Regelprogrammierumgebung kann somit auf zwei Arten erfolgen. Zum einen können eine Reihe von bereits transformierten Schemata in Form von Metamoduln im System verwaltet und bei Bedarf zur Verfügung gestellt werden. Dann trifft der Benutzer in der in 4.4.1 beschriebenen Form die Zuordnung von konkreten Namen an die Metavariablen, um so einen konkreten Regelmodul zu instantiieren. Zum zweiten wäre es natürlich wünschenswert, sich auch automatisch neue Metamoduln aus funktionalen (oder auch anders definierten) Modulschemata erzeugen zu lassen. Dazu müßte man Termersetzungsregeln für die Umsetzung funktionaler Konstrukte in Regeln oder Regelmengen formulieren. Die Ankoppelung eines solchen Termersetzungssystems, das als Eingabe die funktionale Darstellung eines Algorithmus erhält und als Ausgabe einen vollständigen Metamodul liefert, an die Regelprogrammeditoren wäre problemlos vornehmbar.

B. Ablaufschemata

Während bei einigen linearen Rekursionen die verwendeten Funktionale B[m], E[m], H[m] und K[m] oft noch auf Standardfunktionen des Regelsystems oder seiner Implementierungsumgebung abbildbar sind, ist bei Backtracking-Schemata die Realisierung der Funktionale (s.u.) DEEPVARIANT[problem], NEXTVARIANT[problem] und GELOEST[problem] durch Submoduln sinnvoller. Diese können dann je nach Aufgabenstellung mit der nötigen Faktenstruktur versehen und selbständig ausprogrammiert werden. Backtracking mit Tiefensuche sei durch folgende funktionale Beschreibung gegeben:

```
funct Depth_first_backtracking = (problemtyp  problem):bool
   {
      local (problemtyp nv, bool erfolg);
      if GELOEST (problem)
      then true
      else
            nv := DEEPVARIANT (problem);
            erfolg := false;
            while (not erfolg) and (nv´ <> nil) do
               erfolg := Depth_first_backtracking (nv);
               if not erfolg then  nv := NEXTVARIANT (problem, nv)  fi
            od
            erfolg
   fi }
```

Backtracking mit Breitensuche hat dagegen folgende funktionale Form :

```
funct Breadth_first_backtracking = (problem-queue-typ problem_queue):bool
        /* initial ist in der problem_queue allein das Problem */
    {
      local (problemtyp nv, dv,  bool erfolg);
      erfolg := false;
      while (not erfolg)  and  (not empty(problem_queue))  do
        nv := popfirst (problem_queue);
        erfolg := GELOEST(nv);
        if not erfolg
        then
            dv := DEEPVARIANT (nv);
            while dv <> NIL do
                pushend (dv , problem_queue);
                dv := NEXTVARIANT (nv , dv)
            od
        fi
      od;

      erfolg
    }
```

In den folgenden Abbildungen 20 bis 22 werden Übergangsgraphen für die beiden
Backtracking-Arten gezeigt. In Bild 20 ist der Graph noch zyklisch, was der direkten
Umsetzung der funktionalen Definition mit einem while entspricht. Da nach 3.6 im
Modulkonzept dieser Arbeit auf solche Iterationsgraphen verzichtet werden soll (wegen
der Problematik der Synchronisation mehrerer Zyklen in einem Graph) und auch verzichtet werden kann (wegen der Umsetzbarkeit in rekursive Graphen), ist in Bild 21 der
korrespondierende rekursive Übergangsgraph angegeben, der durch Einbettung (vgl.
3.6) in den Modul "RECURSION" entsteht. In den Submoduln TEST, DEEP-
VARIANT und NEXTVARIANT kann jetzt für das jeweilige Problem (z.B. 8-Damen-
Problem, Springer-Problem usw.) die Auswahl und Überprüfung der nächsten Variante
ergänzt werden. Der Backtracking-Ablauf selbst ist durch die gegebenen Schemata
vollständig beschrieben. Die nötigen Regeln, insbesondere zum Senden der Anfragen an
TEST, DEEPVARIANT und NEXTVARIANT, werden gemäß 4.3.2 aus den Synchronisationsknoten des Kontrollgraphen erzeugt. Bild 22 beinhaltet dann nur noch den
rekursiven Übergangsgraphen für Backtracking mit Breitensuche.

Fragekästchen mit Übergangsgraphen, die Aufrufe an Moduln enthalten, die (noch)
nicht ausprogrammiert sind oder für verschiedene Anwendungen angepaßt werden sollen, heißen **Ablaufschemata**. Sie spezifizieren den Kontrollfluß eines häufiger benötigten Algorithmus' für unterschiedliche Aufgaben, sind also "standardisierte Ablaufskelette". Durch die Generierbarkeit der Übergangsregeln aus diesen Graphen lassen sich

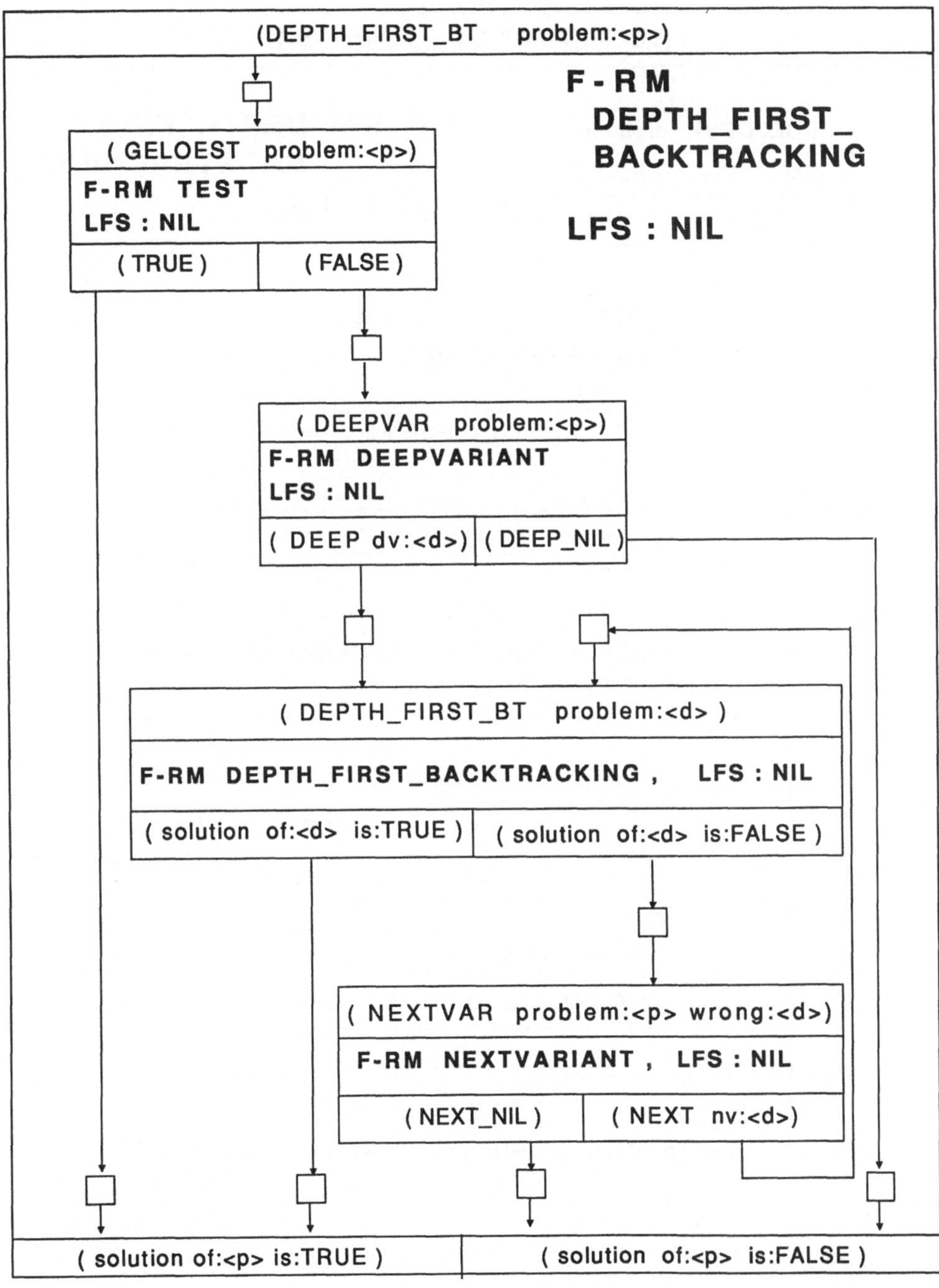

Bild 20: Ablaufschema für Depth_first_backtracking mit zyklischem Kontrollgraph

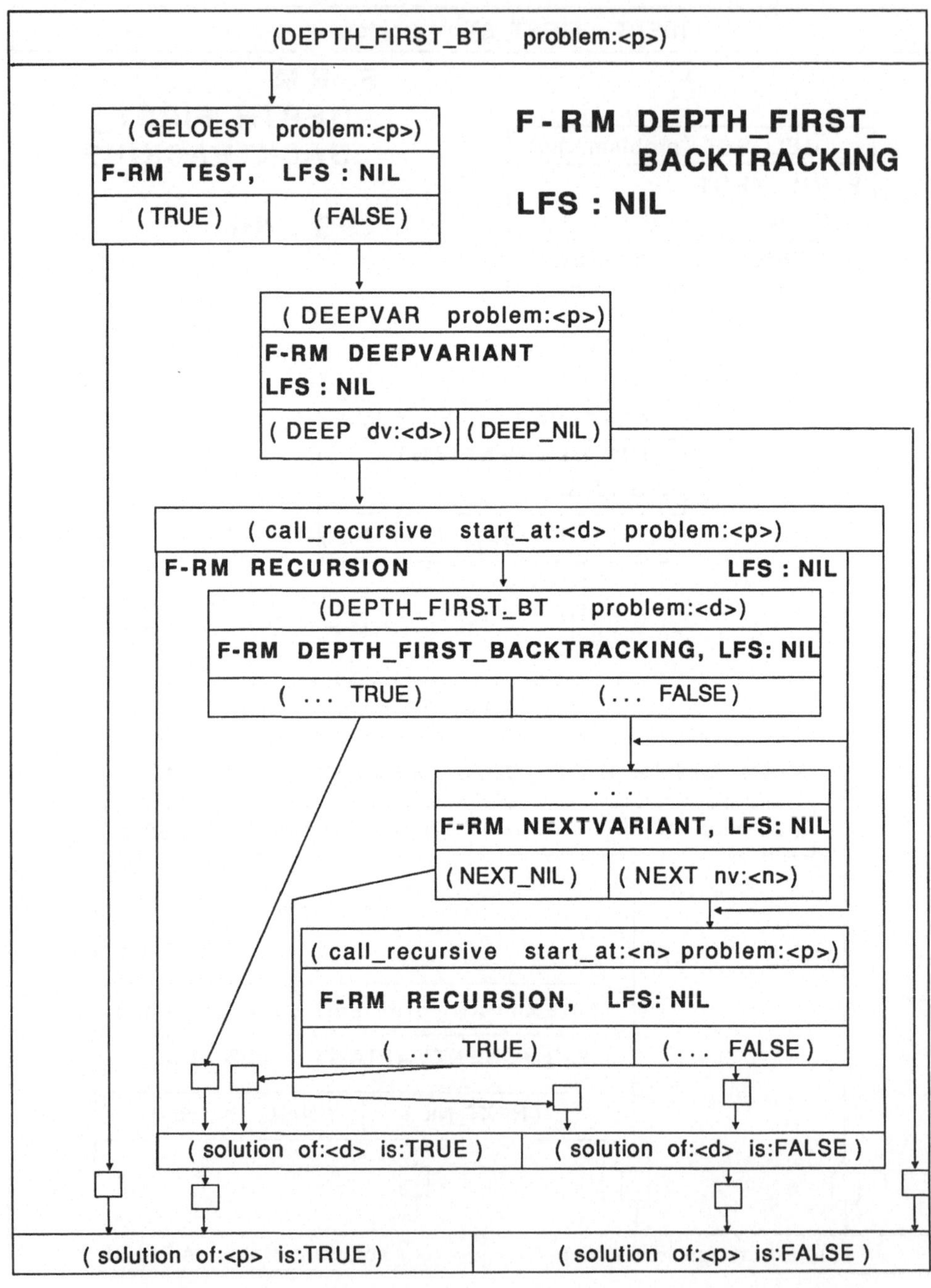

Bild 21: Ablaufschema für Depth_first_backtracking mit rekursivem Kontrollgraph

korrekte Abläufe bzgl. der Suchreihenfolge in einem Problem für alle Anwendungen zusichern. Insbesondere in Regelsystemen, wo Backtracking nur sehr kompliziert über Steuerfakten und Steuerregeln realisiert werden kann (vor allem bei der Breitensuche), bedeutet dies eine immense Zeitersparnis bereits während des Programmierens und erst recht beim Testen (Anforderungen 4.1.1.a,b).

Zur Einbindung in die Regelprogrammierumgebung können die Ablaufschemata als Standardmoduln zur Verfügung gestellt werden. Wenn der Benutzer des Grapheneditors die Option ''edit_modul'' selektiert und dabei den Namen eines vorhandenen Schemas angibt, erscheint eine Kopie des Ablaufschemas gemäß Bild 14. Durch Einsprung (zooming) in die Sub-Moduln TEST, DEEPVARIANT und NEXTVARIANT können dann diese selbst an das Problem angepaßt werden. Zusätzlich werden, wie bei den Metamoduln, Metabezeichner für die Schnittstellen zu den Submoduln instantiierbar. Beim Abspeichern des bearbeiteten Ablaufschemas muß dann ein neuer Modulname angegeben werden. Unter diesem ist der Regelmodul mit den konkreten Instantiierungen von TEST, DEEPVARIANT und NEXTVARIANT ansprechbar und verwendbar.

Die Bereitstellung von Transformationsalgorithmen, die die funktionale Darstellung eines Ablaufs wie in den Backtracking-Beispielen (s.o.) erlauben, ist prinzipiell wie im Fall der Modulschemata möglich. Hier wäre allerdings ein sehr spezielles ''Termersetzungssystem'' nötig, das funktionale Elemente in die graphischen Symbole der Regelmodulsyntax zu transformieren vermag.

In Bild 22 ist die rekursive Version des Breadth-First Backtracking zu sehen. Dabei hat das erste Sub-Fragekästchen BF_TEST die Funktion, das erste Element der problem_queue zu testen und aus der Queue zu entfernen. Die aktualisierte Queue <q> sowie das zuvor entfernte erste Element der Queue <f> werden dann im Startfaktum (PUSH_SONS ...) an das Sub-Fragekästchen PUSH_DEEPVARIANTS geschickt. Dort werden die durch die im Algorithmus (s.o.) angegebenen Funktionen DEEPVARIANT und NEXTVARIANT beschafften Söhne von <f> an die Queue <q> angehängt. Die sich ergebende Queue <nq> ist dann die Eingabe für den rekursiven Aufruf des durch Einbettung entstandenen Fragekästchens RECURSION, das die äußere while-Schleife des Algorithmus (s.o.) ersetzt. Durch Strukturieren von PUSH_DEEPVARIANTS in seine Bestandteile kann die innere while-Schleife analog ent-iteriert werden.

Der Abschnitt 4.4 hat gezeigt, daß das in der vorliegenden Arbeit entwickelte Modulkonzept geeignet ist, generische Prinzipien in die Regelprogrammierung einzubringen (Anforderungen 3.1.f, 4.1.1.e). Metamoduln sind ein hervorragendes Werkzeug, für verschiedene Problemstellungen derselben Klasse lesbare und korrekte Programme praktisch ohne zusätzlichen Aufwand (nämlich nur durch Instantiierung von Bezeichnern) zu erhalten (Anforderung 4.1.1.a). Insbesondere lassen sich Modulschemata, aus einfachen funktionalen Algorithmen transformiert, ebenfalls in der Form von Metamo-

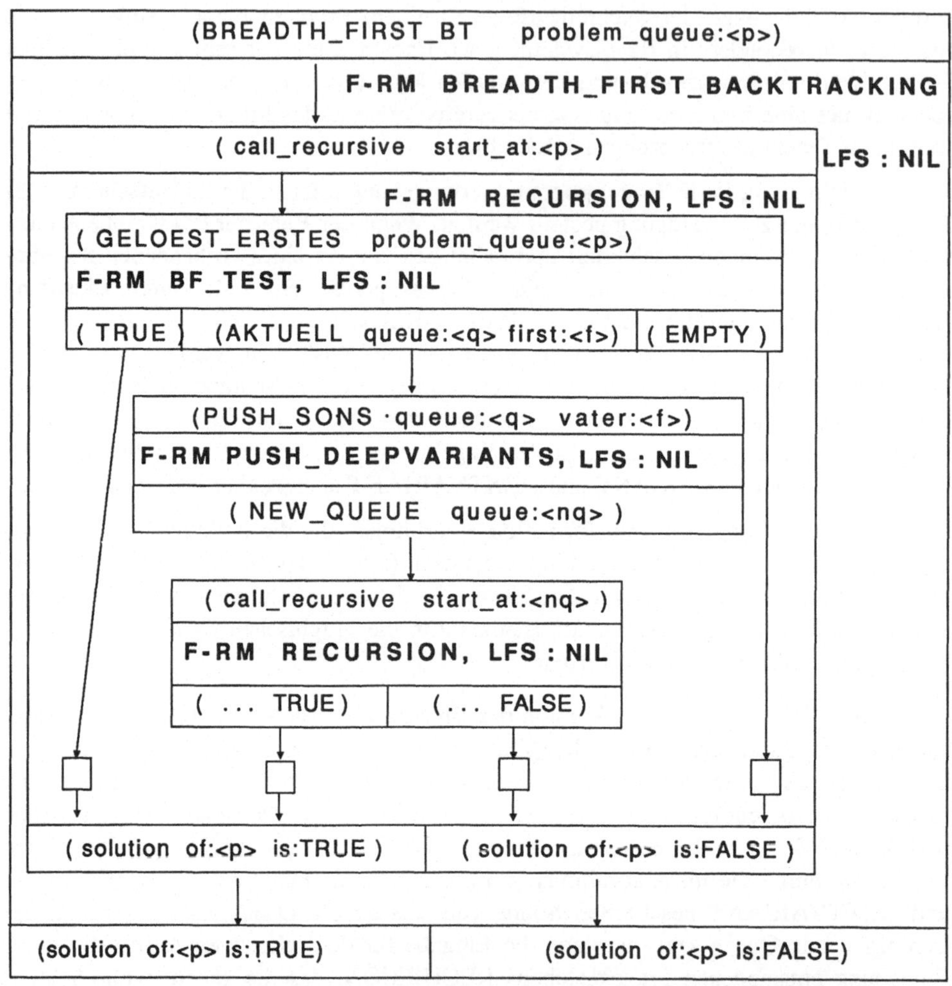

Bild 22: Ablaufschema für Breadth_first_backtracking mit rekursivem Kontrollgraph

duln darstellen und somit einheitlich in der komfortablen Programmierumgebung verwalten. Die Möglichkeit, funktional beschriebene Abläufe als Ablaufschemata zur Verfügung zu stellen, entlastet den Programmierer (vor allem bei Backtracking-Algorithmen) vom WIE bei der Anwendung eines Algorithmus und führt damit zu weniger fehleranfälligen Programmen. Prototypen lassen sich schneller entwickeln, so daß früher als bisher Aussagen über Realisierbarkit und Einsetzbarkeit, z.B. von regelbasierten Expertensystemen, getroffen werden können. Insgesamt stellen die Möglichkeiten der Einbindung generischer Algorithmenteile eine ganz besonders hilfreiche Bereicherung des in dieser Arbeit entwickelten Modulkonzepts in bezug auf Realisierung einer komfortablen Entwicklungsumgebung dar (Anforderung 3.1.j).

Zur Komplettierung der benutzerfreundlichen Programmierschnittstelle für Regelsysteme auf der Basis des Modulkonzepts fehlt jetzt nur noch eine komfortable Laufzeit- und Testumgebung. Möglichkeiten dieser Art werden im folgenden Abschnitt 4.5 untersucht.

4.5 Ablaufumgebung und Testhilfsmittel

Bei der Festlegung des Begriffs *komfortable Ablaufumgebung* sind zunächst zwei Phasen im Lebenszyklus eines Programms zu unterscheiden:

- die Ablaufumgebung während der Programmentwicklung und

- die Ablaufumgebung während des Programmeinsatzes.

Bei der Programmentwicklung müssen möglichst viele Hilfsmittel verfügbar sein, z.B. syntaxgesteuerte Editoren, umfangreiche Laufzeitbibliotheken für Standardroutinen, Codegeneratoren, und bei sehr großen Anwendungen sogar Verwaltungs- und Überwachungshilfsmittel (z.B. Software-Generation-System, Source-Code-Generator usw.). Nur so ist ein Maximum an Komfort vom Erstellen bis zum Integrationstest eines Programmms gegeben. Danach, während des Einsatzes eines validierten Programms, können die Testhilfsmittel (soweit sie nicht die Kontrolle der Schnittstellen des Programms nach außen vornehmen) vollständig oder teilweise abgeschaltet werden, was i.d.R. zur wesentlichen Beschleunigung des Programms beiträgt. Sollten im nachhinein Fehler auftreten, müssen die kompletten Hilfsmittel natürlich wieder einbindbar sein.

Grundsätzlich kann man neben den bereits besprochenen Editoren und Generatoren noch folgende *Werkzeuge* zur Entwicklungsumgebung rechnen:

- Dynamische Überwachung von Laufzeitvariablen und Laufzeitverhalten.

- Trace- und Debug-Einrichtungen zur Beobachtung und Manipulation eines Programmlaufs.

- Testbettgeneratoren und -treiber zum systematischen Austesten eines Programms.

Die folgenden Abschnitte sollen nun darstellen, wie die genannten Hilfsmittel in die Entwicklungs- und Ablaufumgebung des Modulkonzepts für regelbasierte Programmierung integriert werden können.

4.5.1 Laufzeitüberwachung

Zur Laufzeit eines Regelprogramms sind eine Reihe von Überprüfungsmaßnahmen möglich. *Einheit* der Überprüfung ist dabei ein Dienst eines Regelmoduls. D.h., für jedes Fragekästchen eines Übergangsgraphen wird nach der Aktivierung getestet:

a. ob das Faktenmuster der empfangenen Anfrage den Typbedingungen in der *SNA*-Beschreibung des Dienstes genügt;

b. ob empfangene Antworten von aktivierten Sub-Moduln die Typbedingungen der *erwarteten-Antworten* gemäß der *SVA*-Beschreibung erfüllen;

c. ob aufgrund einer nicht vollständigen Alternativenbildung in bedingten Synchronisationsknoten der Dienst vorzeitig (d.h. ohne Antwort) terminiert oder aber falsche Ergebnisse liefert (vgl. die ELSE-Alternative in 3.6.3);

d. ob bei parallelen Regelmoduln aufgrund verletzter Zeitbedingungen nach Aufruf von Sub-Moduln der Dienst nicht terminieren kann.

Grundlage zur Realisierung von a. und b. ist das in dieser Arbeit entwickelte Faktentypenkonzept. Damit läßt sich eine vollständige Überwachung sämtlicher Frage- und Antwortschnittstellen entsprechend der *SNA/SVA*-Definition des Moduls vornehmen. Die Implementierung des dynamischen Typchecks geschieht (wie in 4.3 beschrieben) durch Generierung entsprechender Testregeln aus Modulbeschreibung und Übergangsgraphen. Der Programmierer eines Regelmoduls braucht lediglich die Schnittstellen zu spezifizieren, da das Erstellen sämtlicher Prüfroutinen vollständig automatisierbar ist.

Die Überprüfungen c. und d. erfolgen ebenfalls über generierbare Regeln. Eine CATCH-Regel pro Dienst (evtl. auch für jeden bedingten Synchronisierungsknoten) sorgt dafür, daß der Dienst stets definiert terminieren kann, im Fall des CATCH mit einer entsprechenden Fehlermeldung. Bei Regelprogrammen mit parallel arbeitenden Moduln genügt eine einfache CATCH-Regel nicht. Hier muß sie noch um TIME-Out-Bedingungen erweitert werden, die das Zünden der CATCH-Regel erst dann erlauben, wenn (entsprechend der Zeitbedingungen) keine Antwort von Sub-Moduln mehr erwartet werden kann. Wie CATCH- und TIME-CATCH-Regeln erzeugt werden, ist in 4.3 beschrieben und an Beispielen verdeutlicht.

Das Konzept der dynamischen Fehlerbehandlung durch Generierung entsprechender Regeln aus Schnittstellen- und Kontrollinformation eines Regelmoduls bedeutet für den Programmierer den größtmöglichen Komfort, da er sich "nicht darum zu kümmern braucht". Überdies ist damit für eine *einheitliche* Form gesorgt, die das Kombinieren von Regelmoduln unterschiedlichsten Ursprungs (vgl. Anforderung 3.1.e) auf bequeme Weise zuläßt.

4.5.2 Trace- und Debug-Einrichtungen

Trace-Einrichtungen sind *passive* Hilfsmittel zum Testen, die das Mitverfolgen am Bildschirm oder Nachverfolgen eines Programms im Ausdruck des Trace-Protokoll in unterschiedlicher Diskretisierung (Prozeduraufrufebene, Anweisungsebene, Maschinenbefehlebene) erlauben. Dagegen kann mit einem Debugger ein Programm nicht nur beobachtet, sondern während des Ablaufs (z.B. durch Umbesetzung von Variablen,

Rücksetzen des Befehlszählers) *aktiv* beeinflußt werden. (In der Praxis werden Trace-
und Debug-Hilfsmittel nicht so deutlich unterschieden; normalerweise gibt es ein Entwicklungswerkzeug, das beides umfaßt. Dabei hat sich eher das Wort *Debugger* für das
gesamte Werkzeug eingebürgert.)

Da Tracing und Debugging vor allem auf den unteren Anweisungsebenen zu sehr
langsamer Abarbeitung führen, gibt es allgemein die Möglichkeit, nur an bestimmten
Programmstellen oder bei bestimmten Ereignissen den Debug-Modus einzuschalten. In
der Umgebung von LISP oder LISP-basierten Systemen existiert hierzu ein sogenanntes
Break-Package (z.B. [Allen 84]). Im Break-Modus erlaubt dann ein *Stepper* (z.B.
[Rathke 86]) die schrittweise Abarbeitung des Programms ab dieser Stelle.

Die gängigen Regelsysteme OPS 5 oder YAPS weisen alle mehr oder weniger
umfangreiche Möglichkeiten für Debug und Trace auf. Sie sind jedoch maximal auf die
Ebene von einzelnen Regeln beschränkt. Durch das in der vorliegenden Arbeit entwickelte Modulkonzept eröffnen sich jetzt jedoch zusätzliche Möglichkeiten zur Fehlersuche
auf der Ebene von Moduldiensten bzw. Unteraufgaben. Ein Halt (Breakpoint) ist z.B.
an folgende Ereignisse koppelbar:

- Aktivierung eines Fragekästchens

- Vorliegen einer bestimmten Antwort eines Fragekästchens

- Erfülltsein eines Synchronisationsknotens

- Erfülltsein einer speziellen Alternative eines bedingten Synchronisationsknotens

Die interessierenden Haltpunkte brauchen nicht in irgendeiner neuen (im Fall herkömmlicher Debugger häufig sehr ''kryptischen'') Syntax eingegeben zu werden, sondern
sind durch Anklicken im angebotenen Kontrollgraph auswählbar. Stoppt der Programm-
lauf an so einem Haltpunkt, kann durch gezieltes Manipulieren von Fragen oder Antworten ein bestimmter Ablauf zu Testzwecken erzwungen werden. Weiterhin ist es
möglich, globale und lokale Faktenbasen zu verändern, um auch damit Modifikationen
in der Abarbeitung zu verursachen.

Das Darstellen von Kontrollgraphen im Debug-Modus beinhaltet die zusätzliche
Möglichkeit, den Abarbeitungsverlauf zwischen den Moduldiensten durch blinkende
oder inverse Darstellung der entsprechenden Pfeile und evtl. der Belegung aktueller
Schnittstellenvariablen zu kennzeichen [Fickas 85]. Dies ist zunächst die schnellste und
komfortabelste Art, Fehler grob einzugrenzen. Hat man den vermutlich ''schuldigen''
Sub-Modul, kann man dort einen Haltpunkt setzen und auf feinerer Ebene systematisch
Fehler analysieren .

Die Implementierung eines Haltpunkt-Mechanismus' auf Modulgraphenebene läßt
sich z.B. mit den vorhandenen Regelgeneratoren bewerkstelligen. In allen genannten
Fällen (s.o.) kann man die entsprechende Regel (Startregel, Enderegel, Aktivierungsregel) um eine Existenzbedingung

isfact (breakpoint   rule:<regel_name>)

erweitern. Das Anklicken eines Haltpunkts im Graphen durch den Benutzer bewirkt dann dynamisch das Erweitern der entsprechenden Regel, sowie den Eintrag des break-point-Faktums in die zugehörige lokale Faktenbasis.

Eine zweite Variante besteht darin, Haltpunkte durch Aktionen in den Aktivierungs-regeln zu implementieren. Diese Aktionen stehen immer auf der RHS, rufen aber bei nicht gesetztem Haltpunkt nur eine Dummy-Funktion auf. Wenn erwünscht, könnten solche Aktionen erst von einem Präprozessor vor der Regelübersetzung erzeugt werden, so daß die Möglichkeit besteht, auch ganz auf die Haltepunkte zu verzichten.

Die dritte Möglichkeit zur Realisierung wäre ein entsprechend geänderter Regelin-terpreter sowie die geeignete Implementierung von QUERY- und ANSWER-Fakten. Stützt man sich auf ein existentes System wie OPS 5, kann sich diese Modifikation des Interpreters allerdings als undurchführbar erweisen.

Vom Implementierungsgesichtspunkt ist die zweite Variante am problemlosesten zu realisieren, da nur eine globale Marke (Flag) umzusetzen ist, um in einem bereits vorhandenen Code eine bestimmte Aktion zusätzlich auszuführen. Variante 1, also dynamisches Erweitern einer Regel, bedeutet dagegen, in einem laufenden Regelpro-gramm die Interndarstellung *aller* linken Seiten der Regeln zu modifizieren, was z.B. in OPS 5 mit seinem komplexen RETE-Netz ebenso unsinnig, wie dort die Variante 3 zu installieren unmöglich wäre. Setzt man mit dem Modulkonzept auf existenten Regel-systemen auf, bleibt somit als flexibelste und überall anwendbare Lösung nur die Variante 2.

4.5.3 Testbettgeneratoren und -treiber

Zum unabhängigen Testen von Programmteilen in der Entwicklungsphase großer Applikationen ist es häufig erforderlich, noch gar nicht vorhandene Moduln als *Dummies* einzubinden, um das Aufrufzusammenspiel aller beteiligten Moduln zu prüfen. Weiterhin will man fertig erstellte Moduln systematisch und möglichst *vollständig* austesten, d.h., alle denkbaren Kombinationen von Daten sollen geprüft werden, auf die der Modul Zugriff hat. In beiden Fällen ist es wünschenswert, sich als Programmierer nicht selbst mit der Erzeugung von Dummy-Moduln und Testdaten befassen zu müssen, sondern dies geeigneten Programmen zu überlassen. Diese Programme sind Testbett-generatoren zur Bereitstellung der Aufrufumgebung für einen Modul und Testbettreiber zur Versorgung mit Daten.

Für die in der vorliegenden Arbeit entwickelten Regelmoduln ist es möglich, aus der Schnittstellenbeschreibung der Moduldienste die nötigen Testumgebungen zu erzeu-gen. *Einheit* zum Testen ist dabei ein Fragekästchen, d.h. jeder Dienst eines Moduls. Im Detail hat das Testbett folgende Aufgaben:

- Erzeugen von Anfragen an das Fragekästchen; das Aussehen der Anfragen geht aus der *SNA* des Dienstes hervor.

- Versorgen der globalen Datenbasis mit Fakten, auf die die *Programmierten-Regeln* des Dienstes zurückgreifen. Das Aussehen dieser Fakten kann durch Analyse der Bedingungsliste in der Tabellendarstellung der *Programmierten-Regeln* gewonnen werden.

- Evtl. Erzeugen einer Anzahl von *Lade-Fakten* für die lokale Faktenbasis.

- Überprüfen der Ergebnisse des Dienstes entsprechend der in der *SNA* beschriebenen Antwortschnittstelle.

- Wo im Kontrollgraph des Dienstes Submodul-Dienste aufgerufen werden, die noch nicht existieren, ist entsprechend der Beschreibung der *SVA* ein Dummy-Modul zu erzeugen. Die Regeln des Dummy-Moduldienstes sind eine Startregel und für jede mögliche Antwort eine Enderegel. Sie werden wie in 4.3.2 beschrieben aus der *SVA*-Beschreibung des Dienstes generiert. Zusätzlich muß noch eine Regel dazu dienen, gleichverteilt, oder je nach Relevanz zufällig, Antworten des Submodul-dienstes zu produzieren. Bei allen auftretenden Antworten (auch fehlerhaften) kann dann die Reaktion des Aufrufer-Dienstes überprüft werden.

Die Generierung von sinnvollen Testdaten für und von Fragekästchen ist natürlich kein einfach zu lösendes Problem und kann aus der *syntaktischen* Beschreibung eines Regel-moduls allein nicht vorgenommen werden. Jedoch bieten die klaren Schnittstellen eines Moduldienstes alle Voraussetzungen zum Erweitern der Programmierumgebung um Testdatengeneratoren. Da das Testbett ebenfalls als Regelprogramm implementierbar ist, kann man sich die Trace-Hilfsmitttel der Programmierumgebung (vgl. 4.5.2) zu-nutze machen. Mit diesen wird eine umfassende Protokollierung aller Tests ermöglicht, die bei geeignetem Formmalismus auch vom Rechner auswertbar ist.

Auch im Fall der Testbettgeneratoren ist also das Modulkonzept mit exakten Schnittstellenbeschreibungen die wesentliche Voraussetzung zu deren Realisierung. Nur mit so einem Konzept ist eine problemlose Erzeugung von Anfragen, Testdaten und Dummymoduln möglich (Anforderung 4.1.1.f). Letztlich wird auf diese Weise die Testphase und somit die komplette Entwicklungsumgebung für Regelprogramme ein weiteres Stück komfortabler.

5 Parallel arbeitende Regelmoduln

In der Einleitung zur vorliegenden Arbeit wurden als die zwei Hauptprobleme bei der Verwendung von Regelsystemen die Unübersichtlichkeit sowie das schlechte Laufzeitverhalten größerer, mit ihnen implementierter Programme genannt. Zur Lösung des Problems der Unübersichtlichkeit wurde in den vorangegangenen Kapiteln ein Modulkonzept entwickelt und dessen Eignung als Grundlage zum Aufbau einer komfortablen Programmierumgebung für Regelprogramme nachgewiesen.

Bzgl. der Laufzeitproblematik wurden in Kapitel 2 verschiedene Parallelisierungsansätze aus der Literatur diskutiert. Die meisten dieser Ansätze (vor allem [Gupta 84], [Oflazer 84], [Stolfo/Miranker 84], [Ishida/Stolfo 85]) zielen auf Beschleunigung des Mustervergleichs (matching level) oder auf automatische Partitionierung der Regelmenge in weitgehend unabhängige Gruppen, die parallel bearbeitbar sind (production level). Die Untersuchung parallelisierter Prototypen von bekannten Regelprogrammen (z.B. des VAX-Konfigurierers R1/XCON), entweder auf realen Mehrprozessormaschinen (z.B. DADO, [Stolfo/Miranker 84]) oder in der Simulation (z.B. bei [Ramnarayan 86], [Oshisanwo 87]), haben keine besonders gute Beschleunigung ergeben (vgl. auch 2.2). Hauptursachen dafür sind zum einen, daß die Algorithmen von den Programmierern bereits sequentiell *vor-spezifiziert* wurden [Ishida/ Stolfo 85] und daß ein daraus resultierendes Zünden von wenigen Regeln nur so geringe Änderungen am Gesamtzustand des Programms (also an der *Erfülltsein-Relation* zwischen Regeln und Fakten) vornimmt [Gupta 84], daß sich kaum Vorteile gegenüber sequentiellen Programmen auf einem Prozessor ergeben. Z.B. erreicht [Oflazer 84] mit seinem komplexen, dynamischen Zuteilungsalgorithmus für Regelpartitionen auf Prozessoren nur einen 1.15 - 1.20 -fachen Zeitgewinn im Vergleich zur einfachen, statischen Verteilung.

Ein mehr versprechender Ansatz zur Beschleunigung, der auch bei Vorliegen nur weniger Rechner bzw. Prozessoren realisierbar ist, ergibt sich bei der Parallelisierung von Regelsystemen auf der Ebene von Teilaufgaben. Im Kapitel 5 soll nun, als weiterer Untersuchungspunkt der vorliegenden Arbeit, gezeigt werden, daß das in Kapitel 3 entwickelte Modulkonzept eine geeignete Grundlage zur Programmierung paralleler Teilaufgaben in komplexen regelbasierten Anwendungen darstellt.

Abschnitt 5.1 beschreibt zunächst einige Zielvorstellungen, die aus dem konkreten Einsatz von Regelsystemen im SFB 331 resultieren [SFB331_Bericht 88], und für den Parallelisierung von Teilaufgaben wesentliche Unterstützung bedeuten würde. Ausgehend von den Zielvorstellungen lassen sich eine Reihe allgemeiner Anforderungen ableiten, die ein Parallelitätskonzept für Teilaufgaben in der Regelprogrammierung erfüllen sollte. Bzgl. der aufgestellten Anforderungen werden die (wenigen) existierenden Ansätze aus der Literatur diskutiert.

Danach wird in 5.2 eine Systemarchitektur für parallele Regelmoduln entworfen, die auf der Modularchitektur von 3.2 basiert und die Anforderungen aus 5.1 erfüllt. Dazu sind Fragen nach der Kommunikation der Moduln, dem Zusammenspiel mit der globalen Faktenbasis sowie den Arten der verwendeten Moduln (Funktionsmoduln und/oder Datenobjektmoduln) zu diskutieren. Weiterhin muß das Verhältnis der Moduln und ihrer Dienste bzgl. der Abbildung auf Prozesse geklärt werden, insbesondere wenn verschiedene Inkarnationen desselben Regelmoduls aktiv sein sollen.

Abschnitt 5.3 untersucht dann Möglichkeiten der Implementierung paralleler Regelmoduln. Dabei kommen als Hauptrichtungen prozeßorientierte und objektorientierte Ansätze in Betracht. In beiden Fällen werden die Vor- und Nachteile herausgearbeitet und Implementierungsaspekte auf der Basis existierender Programmierwerkzeuge (VAX-OPS 5, YAPS, ORIENT84/K u.a.) diskutiert. Eine Bewertung der Ansätze bzgl. Erfüllbarkeit der Anforderungen aus 5.1, Verfügbarkeit, Flexibilität, Implementierungsaufwand und erwartetem Gewinn schließt sich an.

5.1 Ziele und Anforderungen

Die folgenden Zielsetzungen für den Einsatz paralleler Regelmoduln haben sich u.a. aus den Untersuchungen des Teilprojekts A2 im SFB 331 [SFB331_Bericht 88] sowie bei der Realisierung des Demonstrationsmodells für die Begehung des SFB im Herbst 1988 ergeben. Im Modell [Pfahl 88] wurden ein regelbasierter Auftragstransformator, ein regelbasierter Aktioneninterpreter sowie eine Reihe weiterer Moduln zur Trajektorienplanung, Codegenerierung und Ein/Ausgabesteuerung implementiert. Es diente dazu, Baukastenprobleme einer Klötzchenwelt unter der Einbindung von Sensoren von einem Manipulator lösen zu lassen.

Parallelbearbeitung unabhängiger Teilaufgaben
Diese Bearbeitungsform wird bei den Aufgabentransformatoren im SFB 331 umso wichtiger, je höher die Programmierebene angesetzt wird, desto mehr Teilaufgaben sich also aus der Zerlegung eines Auftrags ergeben. Ein Beispiel wäre hier parallele Fahrweg-, Trajektorien- und Greifplanung bei einem Rüstauftrag für eine Maschine.

Parallele Mehrfachbearbeitung derselben Aufgabe
Bei Such- und Planungsproblemen aller Art ergibt sich auf diese Weise eine Lösung, die die Vorteile mehrerer (z.B. heuristisch gesteuerter) Verfahren kombiniert und damit für viele Spezialfälle, die beim einen Algorithmus den worst-case bedeuten, die Stärke eines anderen ausnutzen.
Eine Spielart dieser Parallelisierungsform ist die Kombination einer erschöpfenden Suche mit Heuristiken, die schnell sind, aber evtl. trotz Vorhandenseins keine Lösung finden. Ein Beispiel wäre der sichere, aber häufig langsame Dantzig-Wegsuchalgorithmus, kombiniert mit einer schnellen A*-Heuristik. Ebenfalls auf diese Weise parallelisieren lassen sich Suchalgorithmen, die ''von zwei oder mehreren Enden gleichzeitig'' zu suchen anfangen.

Kommunikation und Kooperation über Nachrichten

Am für die SFB-Begehung erstellten Modell konnte weiterhin der Vorteil von parallelen, über Nachrichten kooperierenden Regelprogrammen gegenüber zwangssequentialisierter Teilaufgabenbearbeitung gesehen werden. Ein großer Teil des Aufwands zur Sicherstellung des synchronisierten Ablaufs mit Hilfe von Steuerfakten und Aktivierungsregeln hätte entfallen können, wenn die Kommunikation über Nachrichten bereits zwischen allen Teilaufgaben möglich gewesen wäre. Das hätte nicht nur die Entwicklungszeit, sondern vor allem die Testphase wesentlich verkürzt, was einzelne Prozesse des Modells bereits zeigten, die über die Nachrichtendämonen der aktiven, globalen A2-Wissensbasis [Bocionek/Meyfarth 88] gekoppelt waren.

Ausnutzen auch weniger Prozessoren

Parallelisierungsansätze auf Mustervergleichs- oder Einzelregelebene benötigen stets eine große oder zumindest größere Anzahl von Prozessoren (vgl. 2.2), um einen wesentlichen Beschleunigungseffekt der Programme zu erzielen. Insbesondere werden dafür spezielle Systemarchitekturen oder Vielprozessormaschinen wie DADO [Stolfo/Miranker 84], PESA-1 [Ramnarayan 86] oder MAPPS [Oshisanwo 87] vorausgesetzt. In einer Fabrikationsumgebung, wie sie im SFB 331 vorausgesetzt ist, muß dagegen von Standard-Hardware (ein Zentralrechner für Planung und Auftragsverteilung, Zellenrechner in Workstation- oder sogar PC-Größe), sowie von wenigen Rechnern ausgegangen werden (maximal eine Workstation pro Bearbeitungszentrum). Parallelisierung von Teilaufgaben ist deshalb ein Beschleunigungsansatz, der sich auch in Fabrikumgebungen als realisierbar erweist, da er es dem Programmierer überläßt, seine Programme abhängig von der verfügbaren Rechnerkapazität zu strukturieren.

Die bis jetzt diskutierten Aspekte der parallelen Abarbeitung von Teilaufgaben waren besonders durch den konkreten Einsatz der Regelprogrammierung im SFB 331 motiviert. Für die vorliegende Arbeit ergibt sich aus diesen Zielsetzungen und aus der in 3.2 festgelegten Architektur von Regelmoduln folgende Liste von Anforderungen, an denen das zu entwickelnde Parallelisierungskonzept zu messen sein wird.

a. Aktive globale Faktenbasis

Die globale Faktenbasis soll allen Regelmoduln nicht nur passive Anfragen bzgl. gemeinsamen Wissens ermöglichen, sondern (im Sinne eines aktiven Bestandteils des Informationsflusses in parallelen Regelprogrammen) Fakten auch automatisch weiterleiten. Vorbild dafür ist die aktive, objektorientierte A2-Wissensbasis im SFB 331, wo Attributwerte durch einen Dämonenmechanismus [Bocionek/Meyfarth 88] übermittelbar sind. Damit ist nicht nur eine momentane Auswertung des globalen Faktenzustands möglich, sondern einmal ausgewählte Klassen von globalen Fakten können permanent in Deduktionen eines Regelmoduls einbezogen werden, da die globale Faktenbasis Aktualisierungen dieser Klassen automatisch zustellt.

b. Asynchrone Kommunikation

Regelmoduln untereinander und mit der globalen Faktenbasis müssen asynchron kommunizieren können. Das beinhaltet die Entwicklung eines Konzepts zum asynchronen Zugriff auf lokale und globale Faktenbasen, um parallel zum laufenden Regelinterpreterzyklus Fakten eintragen zu können. Gemäß der Modularchitektur aus 3.2 sind solche Zugriffe Einträge von Anfragen an und Antworten von Regelmoduln, sowie Fakten von und zur globalen Faktenbasis. Die Zugriffe sollten für alle Arten von Moduln und auch für die globale Faktenbasis einheitlich sein.

c. Dynamisches Kreieren von Funktionsmodulprozessen

Um dem in 3.2 festgelegten Inkarnationskonzept Genüge zu leisten, muß die Möglichkeit zum dynamischen Kreieren von Funktionsmodulprozessen vorhanden sein, wenn mehrere oder rekursive Anfragen an denselben Modul ergehen. Die erzeugten Prozesse müssen automatisch mit eindeutigen Identifikatoren ansprechbar gemacht werden, da der Modulname bei mehreren Inkarnationen nicht ausreicht.

d. Datenobjektmoduln als Ergänzung

Zur Erhöhung der Flexibilität der Regelprogrammierung müssen neben dynamisch erzeugbaren Funktionsmodulinkarnationen auch permanente Datenobjektmoduln (zur Unterscheidung der Modularten vgl. [Lewerentz 85]) zur Verfügung gestellt werden, die in ihrer lokalen Faktenbasis Zustandsinformation halten. Mit ihnen würden sich permanent benötigte Prozesse - wie die Leitschichten einer Fabrikumgebung - sehr komfortabel implementieren lassen.

e. Dynamische Ladefaktenzuordnung

Um Funktionsmoduln ohne großen Zeitaufwand mit Datensätzen zu versorgen, auf denen sie ihre Algorithmen abarbeiten, müssen lokale Faktenbasen dynamisch zu Regelmoduln zuordbar sein. Der Zeitaufwand zum einzelnen Übertragen der Fakten von zentraler Stelle (z.B. der globalen Faktenbasis) zu den Moduln ist bei großen Faktenmengen nicht zumutbar.

f. Asynchroner Abbruch von Regelmodulprozessen

Vor allem die Idee der parallelen Mehrfachbearbeitung einer Anfrage (s.o.), aber auch Fehlerreaktionen in einer von mehreren parallel arbeitenden Unteraufgaben eines Moduls fordern, noch aktive aber nicht mehr benötigte Teilaufgaben gezielt abzubrechen. Dies muß vom Konzept her jedem Vatermodul ermöglicht oder sogar von Verwaltungsroutinen für die Moduln automatisiert werden.

g. Nichttransparente Abbildung auf Prozessoren

Für den Programmierer sollte verborgen bleiben bzw. darf es bei der Programmierung keine Rolle spielen, ob, welche und wieviele Regelmodulprozesse vom System auf gleiche oder verschiedene Prozessoren verteilt werden. Sein Strukturierungskonzept soll der Modul sein und nicht der Prozessor.

Wie bereits erwähnt, sind in der Literatur nur sehr wenige Ansätze zu finden, die sich mit der Parallelisierung von Teilaufgaben in Regelprogrammen auseinandersetzen. Sie sollen an dieser Stelle kurz bzgl. der aufgestellten Anforderungen diskutiert werden.

Das Distributed Production System (DPS) von [HSU 87]

In DPS wird versucht, *rule clusters* auf verschiedenen Prozessoren sowohl unabhängig arbeiten als auch miteinander kooperieren zu lassen. Dabei hat jeder cluster über ein *virtual integrated network* asynchronen Lese- und Schreibzugriff auf die lokalen Faktenbasen aller anderen clusters. Mit diesem Konzept stehen kommunizierende Datenobjektmoduln (Anforderungen b. und d.) zur Verfügung, die - als Hauptziel von [HSU 87] - einen *remote condition test* ermöglichen, also den Ablauf eines clusters zusätzlich vom Zustand anderer abhängig machen. DPS kennt keine aktive, globale Faktenbasis (Anforderung a.), obwohl sie meiner Einschätzung nach durch Auszeichnung einer der cluster als globale Faktenbasis mit dem Verteilungskonzept für remote-Fakten relativ einfach zu realisieren sein müßte. Das dynamische Erzeugen oder Abbrechen von *cluster-Prozessen* (Anforderungen c. und f.) ist in DPS nicht vorgesehen; alle clusters werden beim Start eines Programms aktiviert. Rekursive Anfragen gibt es nicht (Anforderung g.) im DPS-Konzept, da keine Inkarnationen von rule clusters dynamisch erzeugt werden. Allerdings kann man Rekursion durch Eintragen entsprechender Kontextfakten in die eigene Faktenbasis realisieren, wie es auch in OPS 5 die übliche Technik ist. Die Abbildung auf Prozessoren ist im Gegensatz zur Anforderung h. transparent, da nach dem Artikel von [HSU 87] jedem cluster ein eigener Rechner (*remote site*) zugeordnet wird.

ORIENT 84/K von [Tokoro/Ishikawa 84]

ORIENT 84/K ist eine Weiterentwicklung von Concurrent Smalltalk [Ishikawa/ Tokoro 86]. Es verbindet die objektorientierte Programmierung mit einem PROLOG-ähnlichen Deduktionskonzept und parallelisiert den Ablauf der Objekte. Mit vorwärtsverkettender Programmierung hat ORIENT 84/K nichts zu tun. Es wird an dieser Stelle aber dennoch angesprochen, da seine Idee der parallelen Objekte einige Voraussetzungen bietet, die als Basis zur *Implementierung* paralleler Regelmoduln geeignet sind. Grundlage der parallelen Objekte ist asynchroner Botschaftenaustausch (Anforderung b.). Jedes Objekt, immer eine Instanz von Unterklassen der Klasse *paralleles Objekt*, fungiert als Datenobjektmodul (Anforderung d.) im Gesamtprogramm. Die Abbildung der Objekte auf Prozesse oder Prozessoren ist - im Einklang mit Anforderung h. - vollkommen nichttransparent. Für jedes Objekt existiert eine lokale PROLOG-Fakten/ Regelbasis, aber keine globale (Anforderung a.) für das Gesamtsystem. Möglichkeiten des dynamischen Kreierens und Abbrechens von Objektprozessen (Anforderungen c. und f.) oder dynamische Zuordnung von Ladefakten (Anforderung e.) werden von [Ishikawa/Tokoro 86] nicht beschrieben. Im Gegenteil, der rekursive Aufruf eines

Objekts (Anforderung g.) über Senden an die Pseudovariable ''self'' ist mit ihrem Kommunikationskonzept nicht vereinbar und muß gesondert behandelt werden. Dennoch glaube ich, daß die Anforderungen bzgl. der Prozeßdynamik von parallelen Objekten durchaus erfüllbar wären. Dieser Ansatz wird daher von mir in 5.3 als eine Implementierungsalternative für parallele Regelmoduln detaillierter behandelt.

Parallele OPS 5 Programme bei [Fischer 88]

Im Rahmen der Implementierung des Modells für die SFB-Begehung 1988 wurde von [Fischer 88] ein Konzept verwirklicht, das die Kommunikation von OPS 5 Programmen über VMS-Mailboxes und die Einprozessor-Port-Realisierung des Teilprojekts A3 [SFB331_Bericht 88] erlaubt. Dabei wurden auf einer MicroVAX-II-GPX OPS 5 Regelprogramme für Fertigungsleit- und Führungsebene des Modells parallel gestartet, die Datenaustausch über die globale, objektorientierte A2-Wissensbasis [Bocionek/Meyfarth 88] vornehmen konnten. Im Modell ließ sich zeigen, wie (unter einigem Aufwand zur Implementierung der Kommunikationsanschlüsse) Regelprogramme in verfügbaren Sprachen wie OPS 5 - ohne Modifikation des Regelsystems - als Menge von Datenobjektmoduln mit asynchroner Kommunikation (Anforderungen b. und d.) geschrieben werden können. Als globale, aktive Faktenbasis (Anforderung a.) fungierte hier die objektorientierte A2-Wissensbasis, was sehr flexibel bzgl. des Datenaustausches zwischen regel- und anderssprachigen Programmen ist, bei zwei Regelmoduln allerdings überflüssigen, doppelten Umcodierungsaufwand bedeutet. Eine Dynamisierung des Konzepts von [Fischer 88] gemäß der Anforderungen c., e.,f. und g. ist bis jetzt nicht beschrieben worden.

Im folgenden Abschnitt sollen nun Fragen diskutiert und geklärt werden, wie die in 3.2 festgelegte Modularchitektur parallelisiert werden kann, so daß die oben aufgestellten Anforderungen erfüllt werden. Dazu sind vor allem Probleme der Kommunikation zwischen Moduln, des Einbindens einer globalen Faktenbasis, des Verhältnisses zwischen Funktions- und Datenobjektmoduln, sowie deren Abbildung auf dynamisch zu verwaltende Prozesse zu untersuchen. Als Ergebnis dieser Untersuchungen wird eine Systemarchitektur für Regelmoduln vorgestellt, die das Ausnutzen von Parallelismus auf der Ebene von Teilaufgaben auch in der Regelprogrammierung ermöglicht.

5.2 Entwurfsaspekte bei parallelen Regelmoduln

In Kapitel 3 der vorliegenden Arbeit wurde ein Regelmodulkonzept entworfen, das vor allem den Strukturierungserfordernissen zur Behebung der Probleme der Unübersichtlichkeit von großen Regelprogrammen mit all ihren Folgen Rechnung trug und sich als geeignete Grundlage für eine komfortable Programmierumgebung erwiesen hat. Dieses Konzept trifft in 3.2 bereits eine Reihe grundlegender semantischer Festlegungen, wie die Kooperation von Regelmoduln über Sende-Aktionen funktionieren soll. Für die Realisierung parallel arbeitender Regelmoduln sind jedoch noch eine Reihe von Entwurfsentscheidungen zu diskutieren, die Einsatzmöglichkeiten, Benutzerkomfort und auch Effizienz eines solchen Systems wesentlich beeinflussen.

Zunächst muß in 5.2.1 geklärt werden, warum zwei Arten von Regelmoduln (nämlich Funktions- und Datenobjektmoduln) überhaupt benötigt werden, was sich vor allem auf die Einsatzmöglichkeiten des parallelen Modulkonzepts auswirkt. 5.2.2 behandelt dann die Einbindung der globalen Faktenbasis, d.h. Zugriffsmöglichkeiten, Konsistenzproblematik sowie das Zusammenspiel mit dem gesamten Regelmodulverbund eines Programms. Danach befaßt sich 5.2.3 mit dem Verhältnis von Moduln zu Prozessen, der Kommunikation zwischen ihnen und der Organisation der Kooperation. In 5.2.4 wird dann, entsprechend der in den vorangegangenen Untersuchungen getroffenen Entscheidungen, eine noch *implementierungsunabhängige* Systemarchitektur für Regelmoduln vorgestellt, die Parallelismus auf der Ebene von Teilaufgaben auszunutzen erlaubt.

5.2.1 Funktions- und Datenobjektmoduln

Die Unterscheidung von Funktions- und Datenobjektmoduln geschieht in dieser Arbeit entsprechend der Definitionen bei [Lewerentz 84]. Dort heißt ein unabhängiges Programmstück mit definierten Ein/Ausgabe-Schnittstellen *Funktionsmodul*, wenn es Eingabedaten stets unter denselben Voraussetzungen (= Belegung der Werte aller lokalen Datenstrukturen) empfängt und dann in Ausgabedaten transformiert. Es besitzt somit keinen *inneren Zustand*, der als Seiteneffekt einer Transformation mit Auswirkungen für den nächsten Aufruf verändert werden könnte. Beispiel für einen Funktionsmodul wäre ein Programm zur Berechnung der Nullstellen eines Polynoms nach der Eingabe seines Koeffizientenvektors.

Datenobjektmoduln enthalten dagegen einen inneren Zustand. Insbesondere existiert von ihnen laut Lewerentz nur ein eindeutiges Exemplar. Über die Schnittstellenfunktionen eines solchen Moduls kann jede Eingabe zur Modifikation seiner Daten führen und damit veränderte Voraussetzungen für jeden weiteren Aufruf schaffen. Beispiel wäre ein Datenobjektmodul real_STACK, bei dem die pop-Funktion die oberste reelle Zahl im Keller liest und gleichzeitig (als Seiteneffekt) löscht.

Im folgenden sollen nun die Unterschiede von Funktions- und Datenobjektmoduln in Hinsicht auf die in der vorliegenden Arbeit angestrebte Parallelisierung von Regelmoduln diskutiert werden. Dabei sind die verschiedenen Möglichkeiten des Einsatzes der Moduln und der Organisation ihrer Anfrageschnittstelle zu untersuchen sowie bzgl. der Anforderungen aus 5.1 zu bewerten. Wie bereits in 3.2 werden auch im folgenden die zwei Abkürzungen *DO-RM* und *F-RM* für Datenobjekt- und Funktions-Regelmoduln verwendet.

Einsatzmöglichkeiten bei DO-RMn und F-RMn

Versucht man, den Unterschied beim Einsatz von DO-RMn und F-RMn kurz zu charakterisieren, so kann man sagen, daß F-RMn überall dort auftauchen, wo *nur etwas zu berechnen* ist, DO-RMn dagegen dort, wo *auch etwas zu verwalten* ist. Das *auch* bedeutet, daß ein DO-Modul stets auch funktional einsetzbar ist, *nie* aber ein F-Modul zur Verwaltung, es sei denn über Seiteneffekte auf Datenstrukturen außerhalb des Moduls. *Verwalten* beinhaltet darüberhinaus den Zugriff auf ein bestimmtes zentrales, globales oder anders ausgezeichnetes Betriebsmittel, das von mehreren Moduln ansprechbar und permanent verfügbar sein muß. Ein Datenobjektmodul kann nun selbst so ein Betriebsmittel sein (z.B. ein Auftragsinterpreter), oder aber den *geordneten* Zugang auf das eigentliche Betriebsmittel organisieren (z.B. ein Modul mit Funktionen zum Ansprechen eines zentralen Manipulators von verschiedenen Anwendern aus). In beiden Fällen beinhaltet der innere Zustand des DO-Moduls Verwaltungsinformation, aus der die Reaktion auf eintreffende Anfragen oder Aufträge resultiert, z.B. Bearbeiten, Einreihen in Warteschlangen oder Zurückweisen von Nachrichten.

Durch Bereitstellung paralleler DO-RMn können zentrale Teilaufgaben einer regelbasierten Anwendung unabhängig bearbeitet und verwaltet werden, was zu erhöhter Produktivität des Gesamtsystems führt. Die Alternative, nur F-RMn zu verwenden und *innere Zustände* (also permanent benötigte Datenstrukturen) ausschließlich in der globalen Faktenbasis zu verwalten, würde diese zu sehr aufblähen. Außerdem wäre dem Prinzip widersprochen, daß jede globale Datenbasis vor allem allgemeine und nicht nur von einem Modul benötigte Daten enthalten sollte. Deshalb müssen DO-RMn als eigenständige Modulart, wie es bereits in 3.2 festgelegt wurde, auf jeden Fall zur Verfügung stehen.

Im Gegensatz zu DO-RMn sind F-RMn für alle Arten von Berechnungen sinnvoll, z.B. bei Suchproblemen oder numerischen Aufgabestellungen. F-RMn lassen in einfacher Weise sowohl die Parallelbearbeitung *unabhängiger* Aufgaben (z.B. Suchalgorithmen parallel zu Matrizenrechnungen) wie auch parallele Mehrfachbearbeitung *derselben* Aufgabe zu (z.B. mehrere Heuristiken bei einem Suchverfahren). Ist zusätzlich die Möglichkeit zur dynamischen Erzeugung beliebig vieler Inkarnationen eines F-RMn vorgesehen, läßt sich der Durchsatz des Gesamtsystems durch paralleles Abarbeiten von Anfragen an denselben Modul weiter steigern.

Mischformen zwischen F-RMn und DO-RMn sind denkbar, wenn typische funktionale Aufgaben so realisiert werden, daß früher erzielte Ergebnisse zur Beschleunigung der aktuellen Berechnung einbezogen werden können. Z.B. kann in einem Wegplanungsmodul eine Auswahl von statistisch ermittelten, häufig benutzten Wegen in einer Liste gehalten werden, um für viele Planungsaufträge sofortige Antworten parat zu haben. Diese Liste wird nach und nach vom Wegplanungsmodul aufgrund der Häufigkeiten bestimmter Anfragen bei Bedarf aktualisiert. *Mischform* bedeutet jetzt, daß man sich aussuchen kann, ob ein einziger oder mehrere DO-RMn für so eine Wegplanung zur Verwendung kommen sollen, oder ob man einer Reihe von F-RMn nur eine zentrale Liste der häufigen Wege zur Seite stellen will, die ihrerseits durchaus ein DO-RMn sein könnte.

Das Beispiel der Mischformen zeigt auf jeden Fall sehr schön, daß zu einer Programmierumgebung für parallele Regelmoduln sowohl F-RMn als auch DO-RMn gehören sollten. Ihre Kombinationsmöglichkeiten bietet dann dem Regelprogrammierer maximale Flexibilität beim Entwurf großer Anwendungen. Damit läßt sich ein komplettes Programm nur aus F-RMn und DO-RMn aufbauen. Insbesondere wird in 5.2.2 und 5.2.3 gezeigt, daß man das Regelmodulkonzept dieser Arbeit selbst nur aus den zwei Modularten implementieren kann, da sowohl die globale Faktenbasis als auch der notwendige Nachrichtenmanager keine zusätzlichen Elemente sein müssen, sondern beide als DO-RMn ins Gesamtsystem eingebunden werden können.

Organisation der lokalen Faktenbasen

Gemäß der in dieser Arbeit entwickelten Struktur gehört zu jedem Regelmodul eine lokale Faktenbasis. Bei DO-RMn stellt der Inhalt dieser lokalen Faktenbasis den internen Zustand des Moduls dar. Abhängig von ihm werden dann Anfragen an den Modul bearbeitet (oder abgelehnt). F-RMn beinhalten dagegen nur Algorithmen für bestimmte Berechnungen. Sobald solche Berechnungen sich auf unterschiedliche Datenmengen beziehen können, z.B. Fahrwegplanung in verschiedenen Wegenetzen, tritt das *Problem der Ladefaktenzuordnung* auf. Arbeitet ein F-RM dagegen stets auf demselben Datensatz, so kann man ihn in der Definition des Moduls als *Lade-Fakten* angeben (vgl. 3.4).

Für den Fall unterschiedlicher Ladefaktenmengen gibt es zwei Lösungsmöglichkeiten, die zweite davon in zwei Varianten.

i. Für jeden unterschiedlichen Datensatz existiert ein eigener F-RM, in dem diese Daten als *Lade-Fakten* definiert sind. Durch Senden an den entsprechenden Modul wählt der Anfragende den gewünschten Datensatz aus.

ii. Es gibt nur einen F-RM, der in seinen *Lade-Fakten* lediglich die Klassenbeschreibungen der verwendeten variablen Fakten beinhaltet, was zur Erstellung der Regeln genügt. Die konkreten Faktensätze werden an zentraler Stelle unter eindeutigen Namen verwaltet. Der Name des gewünschten Faktensatzes muß dann als Parameter in den Anfragen an den Modul übergeben werden. Die Bereitstellung der Ladefaktensätze kann

- in der globalen Faktenbasis oder

- in eigenständigen Datenstrukturen erfolgen.

Möglichkeit i. ist einfach zu implementieren und zur Laufzeit ergibt sich keinerlei Zeitverlust für Zuordnung oder gar Kopieren von Fakten. Andererseits realisiert i. lediglich eine statische Bereitstellung einer begrenzten Anzahl unterschiedlicher Datensätze. Insbesondere würde das Verändern von Faktensätzen in einem F-RM - wegen der Unveränderlichkeit seines Startzustands - ein Neuübersetzen des Moduls erfordern. DO-RMn würden dieses Problem der Veränderung eines Datensatzes zwar leicht lösen, nicht aber die Zuordnung unterschiedlicher Faktenmengen, da per Definition nur ein einziges Exemplar jedes DO-RMs existiert.

Möglichkeit ii. bietet dagegen völlige Freiheit beim Start von F-RMn mit verschiedenen *Lade-Fakten* und wurde daher auch als Anforderung 5.1.e formuliert. Das Problem ist hier vor allem die Realisierung dieser Dynamik. Beim Bereitstellen der Faktensätze in der globalen Faktenbasis handelt man sich den Nachteil ein, daß die betroffenen Fakten, die ja alle zu gleichen Faktenklassen gehören, irgendwie unterscheidbar gemacht werden müssen. Das kann durch Einbetten in standardisierte *Kontextrahmen* geschehen, z.B. jedes Faktum als Attribut ''fact'' in Fakten der Klasse ''DATEN-SATZ'' :

(DATENSATZ   id:wegenetz_7   fact:("eigentliches Faktum"))

oder durch Partitionierung der globalen FB. Beides steht allerdings im Widerspruch dazu, daß die globale FB eine zentrale Datenstruktur für *alle* Moduln eines Regelprogramms sein soll. Ein weiterer Nachteil besteht darin, daß der Zugriff von den F-RMn beim Beschaffen kompletter Ladefaktensätze bei großem Umfang sehr zeitaufwendig sein kann. Läßt man die F-RMn dagegen ihre Deduktionen gleich direkt auf der globalen Faktenbasis ausführen (wie beim remote-condition-test von [Hsu 87]), handelt man sich eine häufige Inanspruchnahme der Kommunikationsverbindung und Konsistenz- bzw. Synchronisationsprobleme ein, wenn von dritter Seite an den Ladefakten manipuliert wird. Daß das Verändern von Faktensätzen, z.B. nach neuen Erkenntnissen eines Robotersensors, in der globalen FB sehr leicht vonstatten gehen kann, wiegt die genannten Nachteile nicht auf.

Eine Lösung des Ladefaktenproblems kann also nur sein, die dynamische Zuordnung von Faktensätzen außerhalb der globalen Faktenbasis zu organisieren, wobei deren Namen durchaus in ihr verwaltet werden könnten. Dadurch fallen Probleme der zusätzlichen Strukturierung der globalen FB nicht mehr an. Ob die Versorgung eines F-RMs mit den Ladefakten ohne Kopieraufwand möglich ist, bzw. wie sie sonst realisiert werden muß, ist von der Implementierungsumgebung des Systems abhängig.

Organisation der Anfrageschnittstellen von Regelmoduln

Die Beschreibung der Arbeitsweise von Regelmoduln in 3.2 erklärt das Senden einer Anfrage an einen Modul als Eintragen des Fragefaktums in dessen lokale Faktenbasis. Abhängig von der Art des Moduls ergeben sich allerdings Fragen zumindest nach dem Zeitpunkt dieses Eintrags. Bei F-RMn wird für jede Anfrage eine neue Inkarnation erzeugt, in deren Faktenbasis das Fragefaktum sofort (bzw. nach Zuordnung der spezifizierten Ladefakten) eingetragen wird.

DO-RMn besitzen dagegen einen inneren Zustand, der für die jeweils folgende Anfrage verändert sein kann, was eine Parallelisierung der Bearbeitung der Anfragen unmöglich und das Einrichten einer Warteschlange notwendig macht. Die hier auftauchende Frage betrifft das Problem, *wo* die Warteschlange aufgebaut und verwaltet werden soll: in der lokalen Faktenbasis des DO-RMs oder außerhalb. Das Verwalten in der eigenen Faktenbasis würde erfordern, die Anfragen zu numerieren, um die richtige Reihenfolge bei der Abarbeitung zuzusichern, insbesondere wenn im Regelsystem die Neuigkeitsstrategie enthalten ist, die ja im Gegenteil eine LIFO-Bearbeitung erzwingt. Geschieht die Zuordnung der Nummer durch eigene Regeln des DO-RMs, muß die laufende Arbeit des Moduls beim asynchronen Eintrag einer neuen Anfrage unterbrochen werden. Günstiger ist, wenn die *Schnittstellenfunktion* des Moduls für den Nachrichtenempfang die laufende Nummer vor dem Eintrag der Anfrage automatisch zuteilt.

Die andere Möglichkeit, Warteschlangen *außerhalb* der DO-RMn aufzubauen und zu verwalten, hieße, das Problem auf den Nachrichtenmanager oder die Kommunikationskanäle abzuwälzen. Im Fall des Nachrichtenmanagers würde das bei einer großen Anzahl aktiver Prozesse zu übermäßigem Verwaltungsaufwand in beim Zugriff zu synchronisierenden Zuordnungs- und Statustabellen führen, was sich wiederum negativ auf den Zeitbedarf für die Kommunikation zwischen den Regelmoduln auswirkt. Benutzt man einfach die Kommunikationskanäle (z.B. UNIX-pipes) als Warteschlangen, so kann man Überlaufprobleme bekommen. Darüber hinaus ist ein ''Überholen'' in der Warteschlange u.U. nicht möglich, im Modulkonzept z.B. beim Senden einer Abbruchnachricht bei paralleler Mehrfachbearbeitung aber nötig. Als Lösung das Abbrechen eines Moduls von außen zu erlauben, z.B. durch den zentralen Nachrichtenmanager, ist gefährlich, etwa wenn ein Modul gerade öffentliche Betriebsmittel blockiert. Abbrechen von laufenden Bearbeitungen in DO-RMn ist jedoch *gar nicht* möglich ohne ein ''Überholen'' von Nachrichten in der Warteschlange. Das gleiche gilt, wenn DO-RMn sich selbst rekursiv Anfragen zusenden.

Um die genannten Schwierigkeiten zu vermeiden, muß die Warteschlangenverwaltung einschließlich des definierten Abbruchs aktiver Bearbeitungen in den Moduln selbst organisiert werden. Erst wenn als Implementierungswerkzeug bereits parallele, kommunizierende Objekte herangezogen werden können, läßt sich der Aufwand für Warteschlangen (eventuell) ihrem Kommunikationssystem überlassen. In 5.3.2 wird diese Frage am Beispiel der parallelen objektorientierten Programmiersprachen Concurrent Smalltalk [Yokote/Tokoro 86] und Orient 84/K [Ishikawa/Tokoro 86] diskutiert.

Als Fazit dieses Abschnitts ergibt sich, daß ein paralleles Regelmodulkonzept auf jeden Fall Funktions- und Datenobjektmoduln gleichzeitig anbieten muß (Anforderung 5.1.c). Probleme, wie das Verwalten innerer Zustände von DO-RMn, Warteschlangenorganisation und dynamischer Ladefaktenzuordnung lassen sich dann in effizienterer Weise behandeln, als in einem System nur mit Funktionsmoduln und globaler Faktenbasis oder gar durch Abschieben der Aufgaben auf das benutzte Betriebs- und/oder Kommunikationssystem. Gleichzeitig bieten sich dem Programmierer in sehr flexibler Weise alle Möglichkeiten, seine Aufgabenstellung in Dienste zur Berechnung und zur Verwaltung zu strukturieren und entsprechend mit F-RMn und DO-RMn zu modellieren. Die Verwaltung der Anfragen in DO-RMn, sowie definiertes Abbrechen von Aufträgen oder aktiven F-RMn (Anforderung 5.1.f) erfolgt nur innerhalb der Moduln selbst. Dadurch lassen sich Verklemmungen bzgl. blockierter öffentlicher Betriebsmittel durch Abbrechen im falschen Zustand vermeiden. Ladefakten werden an F-RMn erst bei deren Erzeugung dynamisch zugeordnet (Anforderung 5.1.e), was maximale Flexibilität bei der Anwendung von Regeln eines Moduls auf beliebige Faktensätze zuläßt, und effizienter ist, als einzelnes Zuladen der betreffenden Fakten aus einer zentralen Faktenbasis über die Nachrichtenkanäle des Systems.

5.2.2 Die globale Faktenbasis

Gemäß der in 3.2 getroffenen Festlegungen bzgl. Struktur und Arbeitsweise von modularisierten Regelprogrammen gehört zu jedem solchen Programm ein ausgezeichneter DO-RM **globale_FB**. Durch ihn soll globales Faktenwissen an zentraler Stelle und in standardisierter Weise allen beteiligten Regelmoduln zur Verfügung gestellt werden. Standardisiert heißt, daß die globale FB Dienste anbieten muß, die alle anderen Moduln kennen und die sie gleichberechtigt benutzen dürfen.

Über die in 3.2 definierten Aktionen, die zur Kommunikation zwischen *allen* Regelmoduln dienen, kann man Fakten in die globale FB eintragen bzw. aus ihr löschen (mit **sendinsert** und **senddelete**), oder man kann Dienste von ihr verwenden (über **sendquery**). Bevor nun diese Dienste, also die *SNA* des DO-RM **globale_FB**, exakt beschrieben werden, ist zunächst zu diskutieren, welche Dienste eine globale Faktenbasis überhaupt anbieten sollte.

Die globale FB ist eine speichernde Datenstruktur, die neben Eintragen und Löschen von Fakten (das geht bereits mit Standardaktionen) natürlich vor allem den lesenden Zugriff anbieten muß. Vom Erfolg solcher Zugriffe - bestimmte globale Fakten sind vorhanden oder nicht - hängt dann, ganz im Sinne der datengetriebenen Programmierung, der Kontrollfluß der lesenden Regelmoduln ab. Prinzipiell sind zwei Arten denkbar, wie Regelmoduln die globale FB in ihrem Ablauf nutzen :

a. Das Schnappschuß-Modell

Hier stellt ein Regelmodul eine Anfrage bzgl. der Existenz bestimmter Fakten und versteht die Antwort als gültig nur zum Zeitpunkt der Anfrage. Die Antwort kann zwei Arten von Ergebnis liefern :

a1. Boolesche Ergebnisse
Damit erhält der anfragende Modul lediglich eine Bestätigung der Existenz oder Nichtexistenz bestimmter Fakten.

a2. Fakten als Ergebnisse
Diese Antwortform erlaubt dem Modul, über Existenzbestätigungen hinaus auch noch die Attributwerte der Ergebnisfakten zur Bindung in seinen Regeln heranzuziehen.

b. Das Interessenten-Modell

In diesem Modell will ein Regelmodul bestimmte Fakten der globalen FB nicht nur zu einem gewissen Zeitpunkt verwenden, sondern alle Veränderungen an den ihn interessierenden Fakten in seinen eigenen Ablauf über einen längeren Zeitraum miteinbeziehen. Als Antwort auf eine *Interessenten-Anmeldung* (*Anfrage* würde eher den Zeitpunkt implizieren) werden somit alle Fakten an den Interessentenmodul gesendet bzw. aus dessen lokaler FB gelöscht, so daß im Regelmodul stets eine Kopie der interessierenden Fakten der globalen FB vorhanden ist.

Beim Programmieren mit Regeln braucht man in jedem Fall Bindungen zwischen Attributen von existenten Fakten, ein Schnappschuß-Modell nur mit Booleschen Ergebnissen (a1.) zu implementieren macht keinen Sinn. Überdies gibt einem ja jedes Modell mit Fakten als Ergebnissen (a2.) gleichzeitig auch die Boolesche Information, ob ein bestimmtes Faktum nun existiert oder nicht. Beide Versionen, a1. und a2. zusammen anzubieten, lohnt sich auch deswegen nicht, weil dann zwei zu unterscheidende Arten von Anfragen nötig wären, worauf aufgrund der Bemühung nach möglichst schmalen Schnittstellen zwischen Regelmoduln (Anforderung 5.1.b) verzichtet werden sollte.

Ein Vorteil des Schnappschuß-Modells a. gegenüber dem Interessenten-Modell b. besteht darin, daß die Konsistenz von globaler und lokaler FB im Moment des Schnappschusses garantiert werden kann, wenn die globale FB für die Dauer des Kopierens z.B. die betroffene Faktenklasse bzgl. Löschen oder Neueintragen sperrt. Das ließe sich mit den üblichen Datenbanktechniken realisieren, z.B. durch ein Transaktionskonzept, das an Schnappschuß-Anfragen gekoppelt ist. Allerdings kann bei großen Faktenmengen die Zeitdauer der Sperre zu deutlichen Verzögerungen des Gesamtablaufs eines Regelprogramms führen.

Wenn man die globale Faktenbasis als *Spiegel* der aktuellen *Umwelt* des Regelprogramms ansieht, bekommt man jedoch auch mit a. Konsistenzprobleme. Wie zuverlässig sind Ergebnisse einer Deduktion auf der Basis eines Schnappschusses, wenn nach dem Schnappschuß, aber noch während der Deduktion, Fakten des Schnappschusses gelöscht werden? Begegnet man dieser Frage dadurch, daß man einem Modul das Sperren von Faktenklassen für die Zeitdauer ganzer Deduktionen erlaubt, bleibt die

Frage, was ist das Ergebnis wert, wenn ein Löschauftrag bzgl. der gesperrten Fakten zwar nicht in der globalen FB, aber dennoch irgendwo in einer Warteschlange gepuffert ist?

Am Beispiel des SFB 331 werden solche Probleme offensichtlich, wenn z.B. eine Fahrwegplanung über der globalen Wegenetzbeschreibung erfolgt und während der Planung Sensornachrichten von einem fahrbaren Roboter eintreffen, der bestimmte Strecken als aktuell nicht passierbar meldet. Für diese Art von Aufgaben hat sich das Interessenten-Modell b. im Teilprojekt A2 des SFB 331 dem Schnappschuß-Modell b. als überlegen erwiesen [SFB331_Bericht 88]. Dort wird beliebigen Prozessen, die die globale, objektorientierte Wissensbasis von A2 benutzen, erlaubt, sich für bestimmte Daten in der WB als Interessenten anzumelden. Ein Datum ist dort der Attributwert einer Instanz einer bestimmten Klasse. Jede Veränderung am in der Anmeldung spezifizierten Attributwert wird dann dem Interessenten übermittelt, d.h. über das von [Bocionek/Meyfarth 88] entwickelten Dämonenkonzept wird automatisch eine Nachricht mit dem veränderten Attributwert abgeschickt. Die Vorteile so eines Interessenten-Modells sind :

- Ein Prozeß braucht nicht mehrfach nachzufragen (polling), welchen Wert ein bestimmtes Attribut aktuell besitzt.

- Die Übermittlung von Veränderungen erfolgt automatisch zum frühestmöglichen Zeitpunkt, nämlich direkt nach Eintrag eines neuen Werts.

- Damit ist die Wissenszentrale nicht nur ein Datenspeicher, sondern eine aktive Komponente des Informationsflusses eines Systems (Anforderung 5.1.a).

- Das Problem der Berücksichtigung von Konsistenzfragen wird auf die Interessenten abgeschoben. Damit ist viel Zeitaufwand für Sperren, Puffern usw. von der globalen Wissenszentrale ferngehalten, was ihren Durchsatz als Datenvermittlung wesentlich erhöht.

Für die globale Faktenbasis eines Programms aus parallelen Regelmoduln sind die Vorteile dieselben wie für die Prozesse einer Fabrikumgebung mit globaler Wissensbasis im SFB 331. Deshalb wird in der vorliegenden Arbeit auf jeden Fall ein Interessenten-Modell in die globale Faktenbasis des Regelsystemarchitektur integriert. Die Frage ist nur noch, ob das Schnappschuß-Modell zusätzlich angeboten werden sollte? Ich meine ja, weil Fragestellungen insbesondere nach der momentanen Nichtexistenz gewisser Fakten auf diese Weise schneller bearbeitbar sind als durch Kombination von ''Anmelden als Interessent'', ''Warten auf Fakten'' und ''Abmelden als Interessent''. Der Programmierer von Regelmoduln, dem das angebotene Interessenten-Modell zu langsam arbeitet, kann sich dann beispielsweise sein eigenes *getaktetes* Interessenten-Modell schaffen, wo er aufgabenabhängig in Minuten-, Stunden- oder sonstigen Intervallen den lokalen Faktenbestand der Regelmoduln aktualisiert.

Ergebnis der obigen Diskussion ist somit, daß die globale Faktenbasis allen Regelmoduln lesenden Zugriff sowohl im Schnappschuß-Modell (Variante a2.) als auch im Interessenten-Modell anbietet. In beiden Fällen macht sich zusätzlich das in 3.3 definierte *Faktentypen-Konzept* vorteilhaft bemerkbar. Man kann damit bzgl. des interessierenden Faktenausschnitts jede beliebige Granulierung vom Einzelfaktum bis hin zu einer ganzen Klasse formulieren. Daraus ergibt sich maximale Flexibilität beim Festlegen des Umfangs der zu kopierenden Faktenmengen und gleichzeitig maximale Effizienz bzgl. der Anzahl der abzuschickenden Anfragen, da eine einzige zur Spezifikation eines kompletten Faktenausschnitts genügt.

Weil die globale Faktenbasis selbst ein DO-RM ist, kann sie vollständig im Regelmodulformalismus dieser Arbeit (vgl. 3.4) beschrieben werden. Die Bestandteile *Kontroll-Info* und *SVA* sind jeweils leer, da **globale_FB** sich nicht auf andere Moduln abstützt.

REGELMODUL
    Name = (**DO-RM** , globale_FB)
    SVA = { Dienst1 = (*Anfrage* = (GIVE_FACTS   facts:<?>),
                             mögliche-Antworten = { (GIVE_FINISHED) },
                             Kontroll-Info = { },
                             SVA = { }
                          ),
               Dienst2 = (*Anfrage* = (INTEREST_IN_FACTS facts:<?>),
                             mögliche-Antworten = { }, /* auf diese Anfrage
                                              wird keine Antwort
                                              rückgesendet. */
                             Kontroll-Info = { },
                             SVA = { }
                             /* Abmelden kann sich ein Modul mit **stopquery** */
)
           }
    Lade-Fakten = {<->} /* any fact */
    Programmierte-Regeln = { siehe Anhang A4 }

END_REGELMODUL;

Da die *Programmierten-Regeln*, also die Regeln zur Behandlung der Dienste, erst im Anhang in Regelform angegeben werden, soll an dieser Stelle zum besseren Verständnis die genaue Semantik der Dienste beschrieben werden. (Die Semantik der in den Diensten verwendeten Aktionen **sendanswer, sendquery, sendinsert** und **senddelete** ist in 3.2 definiert.)

Dienst1 realisiert das Schnappschuß-Modell. Sendet ein Regelmodul "X" die Anfrage

    sendquery (globale_FB, X, Nr, NIL, (GIVE_FACTS   facts:<p>))

mit Auftragsbezeichner "Nr" und (bei der globalen FB immer) mit NIL als Lade-faktenbezeichner, dann schickt die globale Faktenbasis mit

sendinsert (X, globale_FB, Nr, f_k)

alle Fakten f_k an "X", die in ihr zu <p> passen. Während des Übermittelns aller Schnappschußfakten ist die durch <p> spezifizierte Faktenklasse zum Schreiben gesperrt. Nach Zusenden aller f_k sendet die globale Faktenbasis als Abschluß

sendanswer (X, globale_FB, Nr, (GIVE_FINISHED)).

Die Faktenklasse von <p> ist dann wieder entsperrt.

Dienst2 ermöglicht die Anmeldung eines Regelmoduls für eine bestimmte Fakten-menge, deren Veränderungen im Sinne des Interessenten-Modells zugestellt werden sollen. Sendet ein Regelmodul "X" die Anfrage

sendquery (globale_FB, X, Nr, NIL, (INTEREST_IN_FACTS facts:<p>))

mit Auftragsbezeichner "Nr" und (bei der globalen FB immer) mit NIL als Lade-faktenbezeichner, dann schickt die globale Faktenbasis keine Antwort auf die An-frage. Danach wird jede Veränderung in der globalen Faktenbasis bzgl. der zu <p> passenden Fakten an "X" (mit Rücksicht auf den Auftragsbezeichner "Nr") weitergeleitet. Der Eintrag eines passenden Faktums f_k in die globale Faktenbasis bewirkt das Zusenden einer Kopie an "X" mit

sendinsert (X, globale_FB, Nr, f_k).

Löschen eines passenden Faktums g_l aus der globalen Faktenbasis bewirkt das Zusenden einer Löschaufforderung an "X" mit

senddelete (X, globale_FB, Nr, g_l).

Die f_k und g_l sind jeweils eindeutige Fakten, da nach der Modularchitektur von 3.2 nur genau eine Instantiierung vorliegt (im Gegensatz zu OPS 5). Das entspricht der Philosophie der globalen Wissensbasis im SFB 331 (vgl. [Bocionek/Meyfarth 88]), wo jeder im Interessentenmodell ansprechbare Wert ebenfalls als eindeutiges Uni-kat gespeichert ist (selektierbar durch das Tripel *Klasse-Instanz-Attribut*). Doppeltes Anmelden eines Auftrags, d.h. mit derselben Auftragsnummer "Nr", wird vom System abgeblockt (genauer, vom Nachrichtenmanager; vgl. 5.2.3).

stopquery als Standardaktion (vgl. 3.2)

regelt die Abmeldung eines Regelmoduls als Interessent. Sendet ein Regelmodul
''X'' die Aktion

   stopquery (globale_FB, X, Nr)

mit Auftragsbezeichner ''Nr'', dann beendet die globale Faktenbasis das Zusenden
von Faktenveränderungen bzgl. des von ''X'' mit dem Auftragsbezeichner ''Nr''
erteilten Auftrags. Abmelden eines nicht vorher erteilten Auftrags mit **stopquery**
blockt das System ab (genauer, der Nachrichtenmanager; vgl. 5.2.3).

Aus obiger Semantik der Lesezugriffsdienste kann man nun die *Programmierten-
Regeln* von **globale_FB** erstellen (vgl. Anhang A4).

Die Beschreibung des DO-RM **globale_FB** zeigt, daß das Konzept der Regelmoduln dieser Arbeit - eingeteilt in F-RMn und DO-RMn - zur Realisierung einer zentralen Faktenbasis mit Schappschuß- *und* Interessenten-Modell ausreicht. Es muß keine
besondere, außenstehende Struktur aufgesetzt werden, um ein gemeinsames, aktives
Speichermedium für alle Moduln eines Regelprogramms zur Verfügung zu stellen. Z.B.
kann über das Konzept der Standardregeln (3.2) durch einfache Modifikation die Benachrichtigung von Löschvorgängen in der globalen Faktenbasis realisiert werden.
Diese Modifizierbarkeit der Standardregeln erleichtert die Implementierung unterschiedlicher Semantiken der Aktionen bei verschiedenen Moduln und bietet gleichzeitig dem
Anwender eine zu allen Moduln uniforme Schnittstelle an, was das Programmieren
schneller und sicherer, also komfortabler macht. Insbesondere zeigt das Beispiel der
Realisierung der globalen Faktenbasis als *normaler* Modul, wie mit Hilfe von weiteren
DO-RMn zusätzliche globale Faktenbasen in derselben Weise erstellbar sind, ohne daß
am umgebenden Regelsystem Änderungen vorgenommen werden müssen. Damit kann
ein Programmierer dann nach Bedarf globales Wissen partitionieren und so zur größeren Effizienz des Gesamtprogramms beitragen, oder er kann Teile des globalen Wissens nur bestimmten Moduln zur Verfügung stellen und so Zugriffsrechte auf verschiedene Fakten verwalten. (Da **globale_FB** laut Definition aus 3.2 von allen anderen
Moduln benutzt werden darf, prüft sie keinerlei Zugriffsrechte.)

Anmerkung:

Wollte man im Gegensatz zum für diese Arbeit in 2.1 definierten Regelsystem auch
mehrere Instanzen desselben Faktums zulassen (wie in OPS 5), ließe sich das
Interessentenmodell bzgl. der Benachrichtigung über ein Löschen nur mit erheblich
mehr Aufwand realisieren. Insbesondere wäre eine Form der Vergabe und Übermittlung von Zeitstempeln für Fakten einzuführen, um die korrekten Fakteninstan-
tiierungen beim **senddelete** ansprechen zu können. Dieser Aufwand ist meiner
Meinung nach nicht gerechtfertigt, da bei Bedarf die Zeit in Fakten durch ein
entsprechendes Attribut jederzeit verwirklicht werden kann. Selbst OPS 5 benutzt

Zeitstempel nur intern für seine Selektionsstrategien. Sich dieser Zeitstempel implizit zu bedienen, verursacht sehr schnell oft nur schwer aufzudeckende Fehler und arbeitet überdies Zielen der vorliegenden Arbeit entgegen, nämlich verständliche und übersichtliche Regelprogrammierung zu ermöglichen.

5.2.3 Regelmodulprozesse und Kommunikation

Eines der Ziele der vorliegenden Arbeit ist, durch die Modularisierung von Regelmoduln auch eine Grundlage zur Beschleunigung von Regelprogrammen durch Parallelbearbeitung von Teilaufgaben zu ermöglichen. Im entwickelten Konzept können nun Teilaufgaben als eigenständige Regelmoduln mit definierten Schnittstellen programmiert werden. Jeder Regelmodul (bzw. bei F-RMn jede Inkarnation) ist dann ein eigenständiger Prozeß, der eine solche Teilaufgabe des Gesamtprogramms bearbeitet. Wie die Kommunikation und die Kooperation zwischen den Regelmodulprozessen erfolgen soll, wird nun in diesem Abschnitt ausgearbeitet.

Bei der Implementierung der Regelmoduln gemäß der in 3.2 festgelegten Arbeitsweise von modularisierten Regelprogrammen lassen sich unterschiedliche Ansätze verwirklichen. Eine Hauptfrage hierbei ist, soll die Übermittlung von Anfragen und Antworten zentral erfolgen oder kann jeder Regelmodul dies selbst organisieren? Bei dieser Organisation wären folgende Tätigkeiten auszuführen:

- Zusenden von Anfragen an bereits existierende DO-RM-Prozesse.

- Dynamisches Erzeugen von neuen Inkarnationen bei Anfragen an F-RMn.

- Übermitteln von Antworten an die korrekten Anfragerinkarnationen.

- Zusenden von Abbruchanforderungen an die richtigen (Inkarnationen von) Regelmoduln.

- Zusenden von Eintrage- und Löschaufforderungen an die richtigen (Inkarnationen von) Regelmoduln.

- Dynamisches Zuordnen von in Anfragen spezifizierten Ladefakten.

Diese Aufgaben erfordern Übersicht über alle existenten Prozesse und besonders die Unterscheidung der verschiedenen Inkarnationen von F-RMn, wenn die Moduln Sende-Aktionen absetzen. Würden die genannten Aufgaben von jedem Regelmodul eigenständig übernommen, müßten sie die Information über alle anderen Moduln, Prozesse und evtl. sogar Aufträge selbst halten. Um sich Duplikate zu ersparen und die Konsistenzerhaltung zu erleichtern, wären dazu globale Datenstrukturen bereitzustellen, z.B. Prozeßzuordnungstabellen. Hierbei hätte man jedoch die Probleme des konkurrierenden Zugriffs zu behandeln, was prinzipiell nicht schwierig, da mit Standardtechniken (z.B. über Semaphore) lösbar ist. Dennoch kann man sich diesen Aufwand sparen und trotzdem die genannten Schwierigkeiten umgehen, wenn ein einzelner, zentraler Nachrichtenmanager als eigener Prozeß die Organisation übernimmt. Prozeßtabellen sind dann weiterhin nur einmal vorhanden, Duplikatfreiheit und Konsistenz also gesichert. Ihre Benutzung braucht nicht einmal synchronisiert zu werden, da der Nachrichtenmanager als einziger Zugriff auf sie hat. Und vor allem besitzt dieses Konzept den Vorteil, daß die einzelnen Moduln ihre Unabhängigkeit bewahren in dem Sinne, daß sie nur die Namen anderer Moduln kennen müssen, und sich nicht um dynamisch zugeteilte Inkarnationsbezeichner (Prozeßidentifikatoren) zu kümmern brauchen. Daher wird für die Systemarchitektur von modularisierten, parallelen Regelprogrammen in dieser Arbeit ein zentraler Prozeß als Nachrichetnmanager zwischen den Regelmoduln eingesetzt. Er wird im folgenden auch als **Nman** bezeichnet.

Eine andere Frage ist, wie die Zuordnung von Prozessen auf (wenn vorhanden) mehrere Prozessoren geregelt werden soll und von wem. Wenn nicht für jeden Modul bzw. für jede Modulinkarnation ein eigener Prozessor zur Verfügung steht (was bei großen Programmen relativ unwahrscheinlich ist), sind dazu Zuteilungsalgorithmen notwendig, die m Prozesse auf n Prozessoren verteilen, so daß insgesamt ein möglichst guter Durchsatz aller Prozessoren gewährleistet ist. Dieses (insbesondere wenn auch die Analyse des zu verteilenden Programms mit eingeschlossen sein soll) recht komplexe Thema ist jedoch kein Untersuchungspunkt in der vorliegenden Arbeit. Daher wird davon ausgegangen, daß der **Nman** auf ein Betriebssystem aufsetzen kann, das beim Erzeugen neuer Prozesse vollkommen nichttransparent die Verteilung auf die vorhandenen Prozessoren übernimmt.

Bevor nun die Arbeitsweise des **Nman** detailliert beschrieben werden kann, ist noch das Aussehen der Nachrichten zwischen Regelmoduln festzulegen. Es genügt ein Format, ab sofort **RM_Nachricht** genannt, in das die Regelsystem-Aktionen **sendquery**, **sendanswer**, **sendstop**, **sendinsert** und **senddelete** umgesetzt werden. RM_Nachrichten sind wie folgt definiert:

```
RM_Nachricht = record
    to_mod:string; /* Empfänger-Modulname */
    from_mod:string; /* Absender-Modulname */
    from_pid:integer; /* Prozeßid des Absenders */
    order:integer; /* Auftragsnummer */
    msg_type:(QUERY,ANSWER,INSERT,DELETE,STOPQUERY);
    fact:RM_FACT; /* Pattern gemäß Regelsyntax */
    loadfacts:string; /* Name einer Ladefaktenmenge;
                nur bei QUERY-type und bei F-RMn eventuell besetzt. */
end;
```

Den Prozeßidentifikator ''from_pid'' bekommt jeder Modul bei seiner Erzeugung vom **Nman** mitgeteilt und kann ihn dann in seinen send-Aktionen bei der Umsetzung in RM_Nachrichten besetzen.

Die Semantik der sende-Aktionen (vgl. 3.2) des Regelsystems dieser Arbeit läßt sich durch folgende Arbeitsweise des Nachrichtenmanagers **Nman** realisieren:

- **Nman** organisiert die korrekte Übermittlung aller Nachrichten an Regelmoduln bzw. deren Instantiierungen. Dazu verwendet er zum einen eine Prozeßzuordnungstabelle **PT** aus Tripeln

  (Modulname , Modultyp , Prozeßidentifikator),

  wobei der Modultyp F-RM oder DO-RM sein kann. Zum zweiten benutzt **Nman** eine Auftragszuordnungstabelle **AT** aus Tripeln

  (Absender-Pid , Empfänger-Pid , Auftragsnummer).

  PT ist für die Unterscheidung verschiedener Inkarnationen desselben Regelmoduls notwendig, **AT** für die korrekte Zuordnung von Antworten an unterschiedliche Moduln, die Anfragen an denselben Modul mit gleicher Auftragsnummer abgesetzt haben. Die Eindeutigkeit ist unter der Bedingung gewährleistet, daß ein Regelmodul niemals mehrere Aufträge mit gleicher Auftragsnummer an einen anderen Modul absendet. **Nman** kann die Einhaltung dieser Bedingung beim Eingang einer QUERY-Nachricht in seiner **AT** überprüfen und solche Aufträge abweisen.

- Beim Start des Regelprogramms erzeugt **Nman** alle DO-RM-Prozesse und trägt sie in seine **PT** ein. Mindestens ein Tripel

  (globale_FB , DO-RM , <pid1>)

  ist dann normalerweise in **PT** enthalten, es sei denn, die globale Faktenbasis wird nicht benötigt.

- Empfängt **Nman** eine Nachricht vom Typ QUERY (s.o.), dann prüft er, ob der Adressatname in seiner **PT** existiert. Wenn ja, und wenn der Modultyp DO-RM ist, wird die Nachricht weitergeleitet. Gibt es den Adressatenname nicht oder ist sein Typ F-RM, erzeugt **Nman** einen neuen Prozeß, trägt die Information darüber in seine **PT** ein und sendet die Anfrage an den neuen Prozeß. In beiden Fällen trägt er nach dem Senden in seine **AT** ein entsprechendes neues Tripel mit den Prozeßidentifikatoren der beteiligten Moduln und der Auftragsnummer der Nachricht ein.

- Empfängt **Nman** eine ANSWER-Nachricht, so findet er in seiner **AT** über Absender-Pid und Auftragsnummer der Nachricht die zugehörige Empfänger-Pid, an die die Nachricht weitergeleitet wird. Danach löscht **Nman** das zugehörige Auftragstripel aus seiner **AT**. In **PT** sieht er noch nach, ob der Absender der Antwort vom Typ F-RM war. Wenn ja, wird auch das Tripel aus **PT** gelöscht, da der Prozeß gemäß der Semantik von 3.2 nicht mehr existiert.

- Empfängt **Nman** eine INSERT- oder DELETE-Nachricht, erfolgt die Weiterleitung wie bei ANSWER-Nachrichten aber mit dem Unterschied, daß nichts in **AT** oder **PT** zu löschen ist.

- Empfängt **Nman** eine STOPQUERY-Nachricht, erfolgt die Weiterleitung wie bei ANSWER-Nachrichten einschließlich der Entfernung des zugehörigen Auftrags aus **AT**, sowie bei F-RMn auch ein Entfernen aus der **PT**. Um die Möglichkeit noch nicht beantworteter Anfragen des gestoppten Auftrags zu behandeln, überprüft **Nman** nach Empfang der Quittung des gestoppten Auftrags zusätzlich noch die **AT**. Falls solche Anfragen eingetragen sind, schickt er entsprechende STOPQUERY-Nachrichten an diese Prozesse und löscht die zugehörigen Einträge.

- Die bei **Nman** eingehenden Nachrichten werden streng sequentiell und jeweils vollständig bearbeitet. Dadurch lassen sich Konkurrenzprobleme (z.B. bei *gleichzeitigem* Eintreffen eines STOPQUERY-Auftrags und einer ANSWER-Nachricht des im Stopauftrag adressierten, aber bereits beendeten F-RM-Prozesses) vermeiden.

- **Nman** kann QUERY-Nachrichten (s.o.) stets weiterleiten, da sie in Warteschlangen eingereiht oder aber neuen Prozessen zugeordnet werden. Alle anderen Nachrichten können Aufträge betreffen, die (nach **sendanswer** oder **stopquery**; s.o.) definiert beendet wurden und nicht mehr existieren. Da alle solchen Nachrichten keine Antwort mehr erwarten (im Gegensatz zu Anfragen), kann **Nman** sie einfach *verwerfen*, wenn er in seinen Tabellen keinen Adressaten mehr findet.

- **Nman** stößt bei QUERY-Nachrichten an F-RMn mit in der Nachricht ungleich NIL spezifizierten "loadfacts" <lf> das dynamische Zuladen der entsprechenden Ladefaktenmenge in die lokale Faktenbasis des erzeugten F-RM-Prozesses an. Bei Nichtvorhandensein der Ladfaktenmenge wird eine Fehlerantwort, z.B.

  (ANSWER from:Nman order:<nr> fact:(NO_FACTS name:<lf>))

  an den Anfrager zurückgesendet.

- Bzgl. der Erzeugung von Prozessen, der Verteilung auf verschiedene Prozessoren sowie einer asynchronen Nachrichtenübermittlung stützt sich **Nman** auf vorhandene Betriebssystemroutinen ab.

Die Beschreibung der Arbeitsweise von **Nman** zeigt, daß er tatsächlich allen Organisationsaufwand von den Regelmoduln fernhält. Dadurch ist das in 3.2 formulierte Ziel nach loser Koppelung und möglichst großer Unabhängigkeit der Moduln untereinander erreicht. Die Moduln brauchen jeweils nur noch den statischen Namen der von ihnen benutzten anderen Moduln kennen, so wie sie diese in den *SVA*-Schnittstellen ihrer Dienste formulieren (vgl. 3.4). Prozeß- oder Inkarnationsbezeichner sind für sie uninteressant. Durch Vergabe von Auftragsnummern in den Moduln ist die Zuordnung eintreffender Rückantworten stets korrekt möglich.

Wie nun der Nachrichtenmanager letztlich implementiert wird, hängt vor allem von der verwendeten Programmierumgebung ab. Erfahrungen aus der Begehung des SFB 331 im Herbst 1988 mit der Einbindung des OPS 5-basierten Klötzchenplaners von [Pfahl 88] haben jedoch gezeigt, daß gerade zentrale Aufgaben wie ein Nachrichtenmanager regelbasiert sehr einfach, schnell, mit wenig Fehlern, sowie beliebig modifizierbar zu realisieren sind. Im Begehungsmodell waren das Regeln zur gleichzeitigen Abwicklung der Kommunikation Benutzerschicht <--> Auftragsebene und Auftragsebene <--> Aktionsinterpreter. Es handelte sich um ca. 100 Regeln, die aus einer tabellenförmigen Automatenbeschreibung der Übergänge

(Zustand x Nachricht) --> Zustand

in zwei Tagen umgesetzt wurden (einschließlich Erstellung der Tabelle). Dabei traten weniger als 5 Fehler auf, die alle übersehene Kombinationen (Zustand x Nachricht) betrafen und *sofort* problemlos durch Hinzufügen neuer Übergangsregeln korrigiert werden konnten. Diese Erfahrungen legen nahe, auch **Nman** regelbasiert zu implementieren. Da er die Zuordnungstabellen **PT** und **AT** zu verwalten hat, wäre er dann ein typischer Datenobjektmodul. **Nman** als DO-RM würde Vorteile derselben Art mit sich bringen, wie die Realisierung von **globale_FB** als DO-RM (vgl. 5.2.2): einfachere Einbindung ins Gesamtsystem, uniforme Schnittstellen, und Modifizierbarkeit wie bei jedem anderen Modul, z.B. bei Einführung einer neuen Sende-Aktion in das Regelsystem, d.h. eines neuen Nachrichtentyps (s.o. msg_type in RM_Nachrichten), den **Nman** interpretieren können muß.

5.2.4 Die Systemarchitektur für parallele Regelmoduln

In diesem Abschnitt sollen nochmals die Entscheidungen bzgl. des Einsatzes verschiedener Modularten, der Einbindung der globalen Faktenbasis sowie des Kommunikations- und Kooperationsverhaltens im Konzept der parallelen Regelmoduln zusammengefaßt und in Hinsicht auf die Anforderungen aus 5.1 bewertet werden. Das folgende Bild 23 bietet zu diesem Zweck eine Übersicht über die Bestandteile eines parallelen Regelprogramms an. Zusätzlich beschreibt das Bild in schematisierter Form das Zusammenspiel aller beteilgten Elemente.

In Bild 23 ist mit jedem geschlossen umrandeten Kästchen ein eigenständiger Prozeß und mit jedem gepunktet unterlegten eine (speichernde) Datenstruktur bezeichnet. Durchgezogene Pfeile beschreiben die Aktionen, die von den Moduln zum Nachrichtenmanager gesendet werden können, bzw. in der anderen Richtung, welche Faktentypen nach entsprechenden Aktionen in die lokalen Faktenbasen des Adressaten eingetragen werden. Gestrichelte Pfeile deuten die Erzeugung von Regelmodul-Prozessen durch **Nman** mit der Funktion ''create_RM'' an. Als Beispiel ist die Erzeugung des F-RM ''F2'' angegeben, dem gleichzeitig noch dynamisch der Ladefaktensatz ''LF3'' zugeordnet wird. Im Ergebnisparameter PID erhält **Nman** den Prozeßidentifikator der erzeugten Inkarnation von ''F2'' zur Verwaltung in seinen Zuordnungstabellen **PT** und **AT** zurück. Ausgehend von Bild 23 läßt sich die parallele Regelsystemarchitektur wie folgt zusammenfassen:

- ''Zentrale'' jedes Programms aus parallelen Regelmoduln ist der Nachrichtenmanager **Nman**. Er startet, über die auf dem Betriebssystem aufsetzende Routine ''create_RM'', zu Beginn des Programms alle DO-RM-Prozesse, insbesondere die globale Faktenbasis. Mit derselben Routine kann er *dynamisch* beliebige

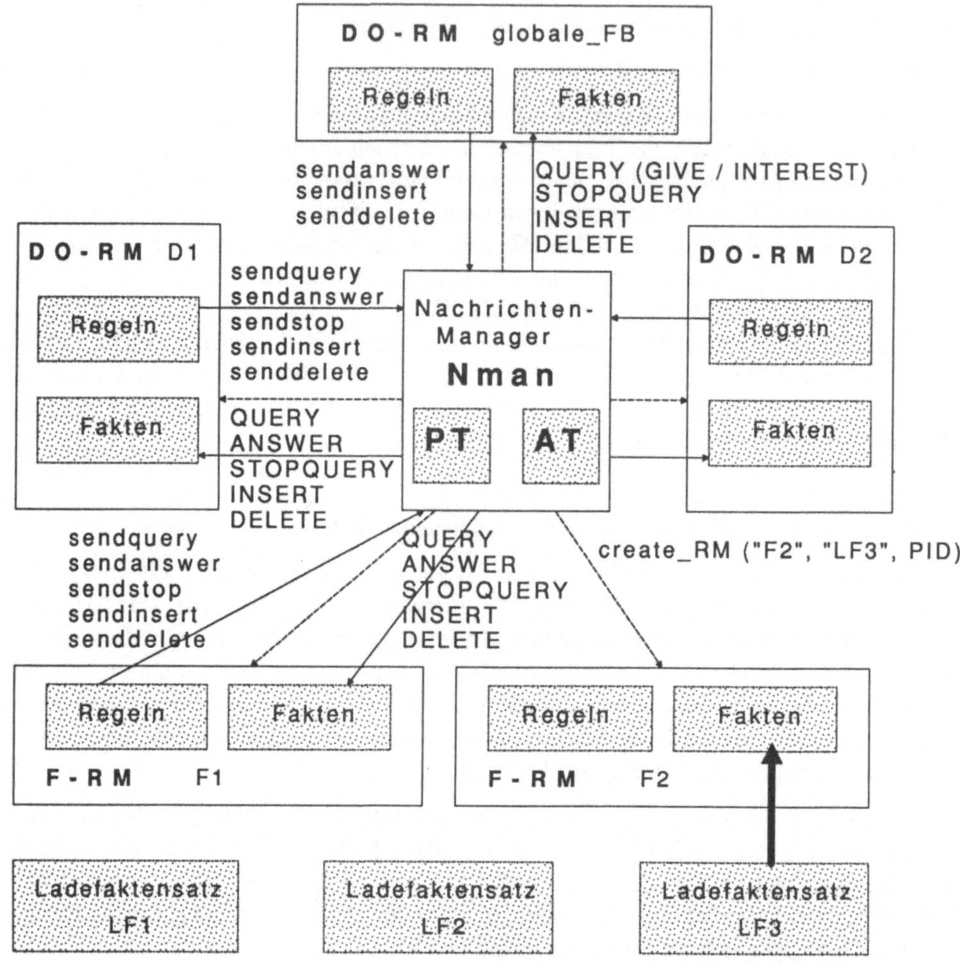

Bild 23: Zusammenspiel paralleler Regelmoduln

Inkarnationen von F-RM-Prozessen je nach Bedarf erzeugen (Anforderung 5.1.c).
Dabei regelt er über seine Prozeßzuordnungstabelle **PT** und die Auftragszuordnungstabelle **AT** die korrekte Zusendung von Anfragen, Antworten, Eintrage-, Lösch-
und Abbruchnachrichten. Sämtliche Regelmoduln sind von solchen organisatorischen
Aufgaben vollständig befreit.

- Bei der Erzeugung von F-RM-Prozessen veranlaßt **Nman** das *dynamische Zuladen*
  der in der sendquery-Nachricht spezifizierten Ladefaktenmenge (Anforderung 5.1.e).
  Damit können einem Regelmodul unterschiedliche Datensätze für gleiche Aufgaben

auf einmal zugeordnet werden. Langwierige Übertragungen mit einzelnen **sendinsert**-Aktionen, z.B. von der globalen Faktenbasis aus, entfallen. Darüberhinaus braucht keine *zentrale* Datenstruktur durch Bereitstellung von Wissen belastet zu werden, das nur für *einen* (oder *wenige*) Regelmoduln interessant ist.

- Die Kommunikation zwischen den Moduln erfolgt *asynchron* (Anforderung 5.1.b) über die Regelsystemaktionen **sendquery, sendanswer, sendstop, sendinsert** und **senddelete**. Dabei bildet die Datenstruktur ''RM_Nachricht'' (vgl. 5.2.3) die einzige Schnittstelle für das Senden und **Nman** den einzigen Kommunikationspartner, an den Moduln konkret zu senden haben, da er die korrekte Weiterleitung an die Adressaten übernimmt. Zur Abbildung auf Kommunikationsroutinen eines Betriebssystems ist dies die schmalste, vorauszusetzende Schnittstelle (Anforderung 5.1.b).

- Die Zuteilung von Prozessoren für die Regelmodul-Prozesse ist vollkommen *nichttransparent* (Anforderung 5.1.h). Selbst wenn diese Zuteilung nicht auf das Betriebssystem abgeschoben wird (wie in 5.2.3 vorausgesetzt), sondern im **Nman** selbst erfolgt, bleibt das den beteiligten Moduln verborgen. Bei genügender Anzahl von Prozessoren kann jeder Modul und jede Inkarnation gleichzeitig arbeiten, was die maximale Parallelisierung der Teilaufgaben eines Programms bedeuten würde.

- Jedes Programm besteht aus Datenobjekt- und Funktionsmoduln. Dadurch ist genügend Flexibilität gegeben, Moduln sowohl für *berechnende*, als auch für *verwaltende* Zwecke zu programmieren, bzw. in größeren Anwendungen gleichzeitig zu verwenden (Anforderung 5.1.d). Z.B. ließen sich im SFB 331 permanent benötigte Auftrags- oder Aktioneninterpreter, die die Aufgaben der Fertigungsleit- oder Koordinationsebene in einer Fabrikumgebung wahrnehmen, in bequemer Form mit Funktionsmoduln zur Planung von Wegen oder Berechnung von Greifpunkten miteinander kombinieren.

- Jedem Regelmodul ist es erlaubt, auch an sich selbst Anfragen zu senden, sich also *rekursiv* aufzurufen (Anforderung 5.1.g). Bei DO-RMn wird so eine rekursive Anfrage sofort bearbeitet, bei F-RMn wird dazu eine neue Inkarnation erzeugt. Mit diesem Vorgehen vermeidet das Regelsystem die Probleme des Senden an "self", wie sie z.B. für parallele Objekte in [Ishikawa/Tokoro 86] beschrieben sind. Über das Senden an sich selbst kann die rekursive Verwendung von Regelmoduln (wie in 3.6.5 beschrieben) vollständig realisiert und somit die Einbindung rekursiver Modulschemata z.B. für Backtracking (gemäß 4.4.2) vorgegenommen werden.

- **Sendstop** erlaubt das Beenden der laufenden Bearbeitung einer Anfrage. Bei F-RMn beinhaltet dies gleichzeitig, daß ein Modul asynchron (also zu beliebigen Zeitpunkten) abbrechbar ist (Anforderung 5.1.f). Damit sind in einem Regelprogramm auf einfache Weise Konzepte der Mehrfachbearbeitung (vgl. 5.1) realisierbar. Weiterhin ist eine Bearbeitung bei auftretenden Fehlern im Auftraggeber definiert zu stoppen. Verklemmungen bzgl. gesperrter Ressourcen sind nicht möglich, da ein Regelmodul den Abbruch nach Eintrag von ''(STOPQUERY from:<adr> order:<nr>)'' selbst organisieren kann (sofern er nicht falsch programmiert ist). Daß ein Auftrag bzw. Modul nur von dem Modul abgebrochen werden kann, der die in Arbeit befindliche Anfrage gesendet hat, ist durch die Beigabe von Auftragsnummern zu allen Sende-Aktionen und durch die Zuordnungstabellen des Nachrichtenmanagers gesichert.

- Zu jedem Regelprogramm gehört eine globale Faktenbasis, über die sich die übrigen Moduln gemeinsames Wissen teilen (Anforderung 5.1.a). Da **globale_FB** auch als DO-RM realisiert ist, kann sie über die üblichen Sende-Aktionen von den Moduln in einheitlicher Art wie jeder andere Modul angesprochen werden. Ihre Schnittstellen sind aus diesem Grund auch mit *normalen* Regeln programmiert, was bedeutet, daß der Programmierer eines Regelprogramms die Schnittstellenregeln der globalen FB in gewohnter Weise modifizieren kann, z.B. um das Standardverhalten um Zugriffsrechte zu erweitern etc. **Globale_FB** bietet lesenden Zugriff sowohl im Sinne des Schnappschuß- wie auch des Interessenten-Modells an (vgl. 5.2.2). Durch letzteres wird sie zur *aktiven* Komponente im Regelsystem (Anforderung 5.1.a), die Veränderungen an ihrer Faktenbasis ohne Verzug automatisch an alle als Interessenten angemeldeten Moduln weiterleitet.

Im folgenden Abschnitt 5.3 soll noch untersucht werden, wie die beschriebene Systemarchitektur paralleler Regelmoduln konkret implementiert werden könnte. Die Untersuchung konzentriert sich dabei auf zwei Ansätze, den prozeß- und den objektorientierten.

5.3 Implementierungsvorschläge für parallele Regelmoduln

Nachdem Arbeitsweise und Systemarchitektur paralleler Regelmoduln nun vollständig beschrieben sind, bleibt noch zu klären, *wo* und *wie* das Konzept realisiert werden kann. Das wirft im Detail die folgenden Fragen auf :

1. Können bereits existierende Regelsysteme im Sinne des parallelen Regelmodulkonzepts erweitert werden?

2. Wenn ja, was ist zusätzlich bereitzustellen; wenn nein, welche Alternativen bieten sich an?

3. Bieten die gängigen Betriebssysteme und die üblichen Kommunikationsverbindungen zwischen Rechnern alle Voraussetzungen zur Realisierung der beschriebenen Kooperation von Regelmoduln?

4. Erlaubt das verwendete Regelsystem Aufrufe von Kommunikationsroutinen oder lassen sie sich wenigstens über externe Funktionen anbinden?

5. Ist der asynchrone Fakteneintrag während einer laufenden Deduktion bei den existierenden Regelinterpretern überhaupt vorgesehen?

6. Wie läßt sich das dynamische Zuladen von Ladefaktensätzen effizient verwirklichen?

7. Was für eine Programmierumgebung muß vorhanden sein, um die beschriebenen, komfortablen Tabellen- und Grapheditoren bereitzustellen?

8. Läßt sich das parallele Regelmodulkonzept auch auf mehreren Rechnern oder Prozessoren implementieren?

9. Welche Hardware muß zur Verfügung stehen?

In den folgenden beiden Abschnitten werden die aufgezählten Fragestellungen diskutiert. Dabei untersucht 5.3.1 die ab sofort *prozeßorientierter Ansatz* genannten Möglichkeiten, herkömmliche Regelsysteme (wie OPS 5) durch Zusammenbinden mit prozedurorientierten externen Funktionen zur Kommunikation (z.B. PASCAL-Schnittstellen zu Mailboxes in VMS) zu erweitern, um die entwickelte parallele Regelsystemarchitektur zu realisieren.

Beim *objektorientierten Ansatz* wird ein ganz anderer Weg beschritten. Hier steht zur Diskussion, wie geeignet eine objektorientierte Programmierumgebung (z.B. Smalltalk-80 [Goldberg/Robson 83] oder FLAVORS [Allen 84]) zur Implementierung paralleler Regelmoduln ist. Dabei will man sich zunutze machen, daß das Senden von Nachrichten an Objekte eine der Grundideen objektorientierter Programmiertechniken ist. Um Objekte zu parallelisieren, muß das Senden, das in den genannten Programmiersprachen lediglich einem (blockierenden) Prozeduraufruf entspricht, auch ohne Warten (also nicht-blockierend) zur Verfügung gestellt werden. Ansätze zur Verwirklichung paralleler objektorientierter Programmierung mit asynchroner Kommunikation sind z.B. Concurrent Smalltalk [Yokote/ Tokoro 86] oder Orient84/K [Ishikawa/Tokoro 86]. Insbesondere Orient 84/K, das PROLOG Fakten- und Regelbasen mit seinen Objekten kombiniert, läßt vermuten, daß der objektorientierte Ansatz eine beachtenswerte Alternative auch zur Verwirklichung paralleler, vorwärtsverkettender Regelsysteme im Sinne der vorliegenden Arbeit sein könnte. In 5.3.2 wird diese Alternative daher genauer diskutiert.

Als Abschluß der Untersuchungen folgt dann in 5.3.3 eine Bewertung der beiden Ansätze, z.B. bzgl. Verfügbarkeit, Flexibilität, Erreichbarkeit der Anforderungen aus den vorangegangenen Kapiteln und erwartetem Implementierungsaufwand zur Bereitstellung des parallelen Modulkonzepts.

5.3.1 Der prozeßorientierte Ansatz

Im Rahmen des zur Begehung des SFB 331 [SFB331_Bericht 88] im Herbst 1988 vorgeführten Demonstrationsprogramms wurden sowohl planende, wie auch überwachende und synchronisierende Schichten für durch einen Roboter zu bearbeitende Klötzchenweltaufgaben regelbasiert in OPS 5 implementiert. Da Planungs- und Koordinationsschichten gleichzeitig zu arbeiten hatten, mußten die Prozesse parallelisiert werden. Dies schien in der verwendeten VMS-Umgebung mit Betriebssystemroutinen zur Prozeßerzeugung sowie Kommunikation über Mailboxes zunächst ohne Schwierigkeiten realisierbar zu sein. Das stimmt auch, wenn OPS 5 Programme im Sinn von Funktionsmoduln parallel gestartet, durchlaufen und regulär wieder beendet werden. Sobald aber ein Eingriff in ein laufendes OPS 5 Programm notwendig ist, z.B. asynchrones Eintragen des STOP-Faktums zum vorzeitigen Abbruch, reichen die OPS 5 Aktionen (gemäß der Sprachbeschreibung von [Forgy 81]) nicht mehr aus. Insbesondere lassen sich deshalb mit "normalen" OPS 5 Programmen keine Datenobjektmoduln realisieren, wie sie in der Systemarchitektur dieser Arbeit definiert sind.

Die aktuelle OPS 5 Version von DEC [OPS5 85] behebt den beschriebenen Mangel und läßt den Eingriff in ein laufendes Regelprogramm von außen zu. Dazu ist der Recognize-Act-Cycle im Vergleich zur Beschreibung in 2.1 ein wenig erweitert worden. Der Regelinterpreter überprüft jetzt noch nach Ausführung des EXECUTE-Schritts, ob der OPS-Systembezeichner "OPS$COMPLETION" einen Wert ungleich Null hat. Wenn ja, wird der Wert als die Einsprungadresse einer externen (z.B. PASCAL-) Prozedur gewertet und diese Prozedur aufgerufen. In ihr kann man dann Fakteneinträge mit den üblichen OPS-Hilfsfunktionen (wie OPS$LITBIND, OPS$ASSERT usw.) in die OPS-Faktenbasis vornehmen. Nach Abarbeitung der mit OPS$COMPLETION assoziierten Prozedur (und damit dem Fakteneintrag) fährt der Regelinterpreter in seinem Zyklus mit einem neuen MATCH-Schritt fort.

Durch den beschriebenen Mechanismus ist die Möglichkeit des *Eingriffs* in den Interpreterzyklus geboten. Über die mit OPS$COMPLETION assoziierte Prozedur kann dieser Eingriff auch noch *asynchron* organisiert werden. D.h., der Regelinterpreter ruft die externe Prozedur nicht mehr in jedem Zyklus auf, sondern immer nur dann, wenn neue Nachrichten von der Prozedur einen Fakteneintrag erfordern. In [Fischer 88] ist beschrieben, wie OPS$COMPLETION asynchron als Reaktion auf bestimmte Ereignisse mit der Prozedur zum Fakteneintrag assoziiert und wieder auf Null gesetzt wird. Man muß dazu zwei externe Prozeduren schreiben, z.B. "ops_interrupt" und "ops_insert" genannt. Wenn "ops_interrupt" durch ein Ereignis des Betriebssystems (z.B. Eintreffen einer Nachricht; in VMS über queued I/O und ast-Adressen organisiert) aktiviert wird, sperrt die Funktion zunächst ihre Unterbrechbarkeit, überträgt die Nachricht in einen Zwischenspeicher und besetzt dann den Systemnamen OPS$COMPLETION mit der Adresse der Prozedur "ops_insert". Als letztes wird noch ein Eventflag umgeschaltet (s.u.) und die Unterbrechungssperre wieder aufgehoben. Sobald OPS$COMPLETION besetzt ist und der Regelinterpreter den nächsten EXECUTE-

Schritt beendet hat, wird die Prozedur "ops_insert" ausgeführt, die dann aus den zwischengespeicherten Nachrichten Fakten ableiten und eintragen kann. Die letzte Anweisung in "ops_insert" ist dann das Rücksetzen von OPS$COMPLETION auf Null, damit der Eingriff in den Regelinterpreterzyklus erst wieder bei neuen Nachrichten von "ops_interrupt" aus veranlaßt wird.

Durch den asynchronen Fakteneintrag können alle Sende-Aktionen wie in der Regelsystemarchitektur in 3.2 und 5.2 beschrieben in OPS 5 implementiert werden. Ein Problem bei den DO-RMn besteht allerdings noch darin, daß OPS 5 Programme gemäß ihrer Semantik [Forgy 81] terminieren, sobald keine Regel mehr erfüllt ist. Dies tritt bei DO-RMn immer dann auf, wenn sie aktuell keine Anfrage zu bearbeiten haben. Daher ist noch ein Wartemechanismus in jeden DO-RM einzubauen. Eine *Endlosregel* dafür zu benutzen, z.B.

```
(rule aktiv_warten
   isfact (WARTEN) : [1]
-->
   deletefact (1)
   makefact (WARTEN)
),
```

erfordert in den Selektionsstrategien das Spezifitätskriterium (Regeln mit mehr Bedingungen werden bevorzugt; in OPS 5 vorhanden), damit die Regel, die ja *permanent* erfüllt ist, nur zündet, wenn *keine andere* mehr möglich ist. Leider verbraucht eine solche Endlosregel auch *permanent* CPU-Zeit, da der Regelinterpreter beständig aktiv ist, obwohl der Modul nichts zu tun hat. [Fischer 88] löst dieses Effizienzproblem mit der in [Krickhahn/Radig 87] angegebenen Technik der *rien ne va plus* Regel, die bei ihm als letzte Aktion eine externe Prozedur "passiv_warten" aufruft. In dieser Prozedur wird dann *passiv* auf das Umschalten eines VMS-Eventflags gewartet, was in "ops_interrupt" (s.o.) als letzte Anweisung erfolgt. Tritt das erwartete Ereignis ein, wird "passiv_warten" verlassen und die *rien ne va plus* Regel, d.h. der aktuelle EXECUTE-Schritt, ist beendet. Dadurch gelangt die vor dem Umschalten des Eventflags in "ops_interrupt" an OPS$COMPLETION .gekoppelte Prozedur "ops_insert" unmittelbar nach der Unterbrechung des passiven Wartens zur Ausführung.

Die bisherigen Ausführungen dieses Abschnitts zeigen, daß ein Regelsystem wie OPS 5 im Sinne des Modulkonzepts der vorliegenden Arbeit parallelisiert werden kann (Frage 1.), wenn man Moduln auf OPS 5 Programme mit ein paar wenigen externen Prozeduren abbildet. Sobald in Regelsystemen der Eingriff in den Interpreterzyklus erlaubt wird (Frage 5.), und wenn das umgebende Betriebsystem die Programmierung mit Ereignissen und Unterbrechungen erlaubt, ist jeder Modul hauptsächlich nur um die beschriebenen externen Prozeduren "ops_interrupt", "ops_insert" und "passiv_warten" zu erweitern (Frage 2.). Die Voraussetzungen zur Kooperation von Regelmoduln sind in gängigen Betriebssystemen wie VMS vorhanden, d.h. Erzeugen von Prozessen, Kommunikation über Mailboxes und damit assoziierbare Unterbrechungen und Ereignisse sind möglich (Frage 3.) und können von einer Sprache wie OPS 5 über den Aufruf externer Prozeduren auch genutzt werden (Frage 4.). Damit läßt sich der in 5.2.3 beschriebene Nachrichtenmanager programmieren. [Weikert 89] weist dies durch Implementierung eines zu der in der vorliegenden Arbeit entwickelten Systemarchitektur ähnlichen Konzepts für parallele OPS 5 Programme praktisch nach, die in der Terminologie von 5.2.1 als DO-RMn eingesetzt werden könnten.

Das dynamische Einbringen von Ladefakten (Frage 6.) ist in einem einzigen Interpreterzyklus möglich, wenn eine externe Prozedur dazu die Fakten z.B. aus einer Datei einliest und mit OPS\$ASSERT von außen in die Faktenbasis einfügt. Das Zuladen direkt über Regeln wäre zwar möglich, doch sind dafür soviele Zyklen zu durchlaufen, wie Fakten geladen werden, da in einem Regelsystem Schleifen nur als Wiederholungen des Interpreterzyklus programmiert werden können *und* das Lesen von Datei noch hinzukäme.

Unter VMS, und damit nutzbar auch für die OPS 5 Programmierung, existieren Graphikpakete (Frage 7.) wie GKS oder UIS. [Bodinet 88] und [Jörg 89] implementier(t)en mit diesen Funktionen die in Kapitel 4 der vorliegenden Arbeit beschriebenen Editoren, so daß tabellenorientierte Regelerstellung und interaktive Manipulation der Kontrollgraphen zwischen Moduln möglich ist (siehe auch 6.2).

Die Parallelisierung der Regelsystemarchitektur auf einem (z.B. mit Ethernet vernetzten) Rechnerverbund (Frage 8.) kann nur über die vorhandene Kommunikationssoftware wie DECnet oder TCP/IP realisiert werden. Komfortable Dienste wie ein ''create_process'', das Prozesse automatisch verteilt, sind in den heute *gängigen* Betriebssystemen noch nicht enthalten. Der Nachrichtenmanager müßte die Rechnerzuteilung also selbst organisieren.

Insgesamt kann man sagen, daß marktübliche Workstation-Hard- und Software (Frage 9.) durchaus zur Verwirklichung aller in dieser Arbeit entwickelten Konzepte sowohl für eine komfortable Programmierung wie auch zur Parallelisierung von Teilaufgaben ausreichen. Beschränkungen bzgl. Prozeßanzahl, Puffer- und Mailboxgrößen oder Anzahl von Eventflags läßt sich meist durch Konfigurierung von Systemparametern begegnen bzw. bieten neuere Systemversionen i.d.R. höhere Grenzwerte für ein solches Systemtuning an. Ständig wachsende Hauptspeichergrößen und schnellere Prozessoren beschleunigen in jeder neuen Rechnergeneration zusätzlich den Ablauf von Regelprogrammen, so daß der prozeßorientierte Ansatz auf jeden Fall eine aussichtsreiche Alternative zur Implementierung paralleler Regelmoduln auf der Basis vorhandener Systeme wie OPS 5 darstellt.

5.3.2 Der objektorientierte Ansatz

Die Idee der objektorientierten Programmierung (vgl. z.B. [Rathke 86]) enthält eine Reihe von Analogien zum Modulkonzept dieser Arbeit, so daß ihre Untersuchung als Implementierungsgrundlage für parallele Regelmoduln - trotz der guten Eignung des prozeßorientierten Ansatzes - dennoch interessant ist. Zwei Analogien fallen beim Vergleich der Ansätze sofort auf :

- In der objektorientierten Programmierung ist das Senden von Nachrichten der zentrale Aufrufmechanismus für die Methoden eines Objekts. Das entspricht genau dem Zusenden einer Anfrage zur Aktivierung eines Regelmoduldienstes.

- Objekte sind Inkarnationen abstrakter Datentypen, also speichernde Strukturen, zusammen mit einem Satz von Zugriffsfunktionen, deren Implementierungsdetails nach außen verborgen sind. Auch die Regelmoduln dieser Arbeit kann man als solche Objekte ansehen, die in ihrer *SNA* die Zugriffsdienste definieren, ohne die in der *SVA* beschriebene Implementierung offenzulegen.

Andere Gründe, mehr praktischer Natur, die das Interesse am objektorientierten Ansatz wecken, sind :

- Es gibt bereits parallele, objektorientierte Sprachen, die asynchronen Nachrichtenaustausch zwischen Objekten als normale Anweisung der Programmiersprache zur Verfügung stellen.

- Durch die Möglichkeit, verschiedenartigste Klassen zu definieren, kann man das Ladefaktenproblem wesentlich eleganter durch Instanzen einer Klasse ''loadfacts'' lösen als durch Dateizuordnung wie im prozeßorientierten Ansatz.

- Objektorientierte Programmierumgebungen wie Smalltalk-80 [Goldberg/Robson 83], das z.B. als eines der Ergebnisse der Bemühungen bei XEROX PARC um neue Ansätze auf dem Gebiet komfortabler Benutzeroberflächen in den 70er Jahren entstanden ist, bieten exzellente Möglichkeiten der Bildschirmmanipulation an. Praktisch alle Routinen zum Erzeugen, Verschieben, Skalieren, horizontal und vertikal Scrollen usw. von Fenstern und Menüs sind als Basisfunktionen bereits vorhanden und brauchen nicht, wie in UIS oder GKS, zu großen Teilen selbst ausprogrammiert zu werden.

Die genannten Analogien und praktischen Vorteile sind der Ausgangspunkt für die Diskussion der zu Beginn von 5.3 aufgeworfenen Fragen am Beispiel von YAPS, Concurrent Smalltalk und Orient84/K.

YAPS [Allen 83]

YAPS (Yet Another Production System) ist ein im FLAVOR-Package [Allen 84] der FRANZ LISP Umgebung an der Universität von Maryland entwickeltes Produktionensystem mit OPS 5 ähnlicher Semantik. Jedes YAPS-Programm ist eine

Instanz der Objektklasse YAPS-DATABASE. Daraus ist schon ersichtlich, daß
beliebig viele YAPS-Programme an einem FLAVOR-Programm beteiligt sein können. Da die üblichen Aktionen eines Regelsystems (z.B. Eintragen und Löschen
von Fakten) jetzt Methoden der Klasse YAPS-DATABASE sind, kann jede YAPS-
Instanz und auch jedes andere Objekt auf die Faktenbasis anderer YAPS-Instanzen
über Senden von Eintrage- oder Löschnachrichten zugreifen. Dadurch, und weil als
Attributwerte in YAPS-Bedingungen auch ganze FLAVOR-Objekte verglichen
werden können, sind regelbasierter und objektorientierter Programmierstil in der
FLAVOR-YAPS-Umgebung sehr flexibel kombinierbar. Die Ladefaktenzuordnung
(Frage 6.) kann darüberhinaus durch simple Übergabe des Namens einer Instanz der
Klasse "loadfacts" vorgenommen werden.

Nach dem bisher Gesagten wäre YAPS eine ideale Implementierungsumgebung für
Regelmoduln mit verschiedenen Ladefaktensätzen. Die Schwierigkeiten beginnen
jedoch, wenn diese Moduln parallel arbeiten sollen. Innerhalb eines FLAVOR-
Programms mit YAPS-DATABASE-Instanzen kann immer nur eine einzige aktiv
sein, die über die Methode "use-yaps-db" selektiert wird. D.h., man muß die
gesamten FLAVOR-*Programme* parallelisieren. Jedes FLAVOR-Programm enthält
aber immer den kompletten LISP Interpreter samt aller FRANZ LISP Funktionen,
was auch bei kleinsten YAPS-Anwendungen immer Operatoren größer als 1 MByte
ergibt. Der parallele Aufruf solcher Operatoren muß auf dieselbe Art wie bei
OPS 5 Programmen vorgenommen werden, wobei allerdings nicht unbedingt externe Funktionen nötig sind, da in FRANZ LISP alle UNIX Systemdienste direkt
zur Verfügung stehen. Bei der Größe der Prozesse ist so eine Parallelisierung nicht
mehr ratsam, insbesondere, da der YAPS-Regelinterpreter nicht wie OPS 5 den
sehr effizeinten RETE-Algorithmus verwendet [McDermott 78], [Forgy 82], sondern (deutlich langsamer) auf eigenen Internstrukturen arbeitet. Der Vorteil, daß
unter UNIX das den UIS-Diensten überlegene X-WINDOWS Graphikpaket zur
Implementierung der komfortablen Programmierumgebung benutzbar ist, wiegt die
Nachteile bzgl. des langsamen Ablaufs von YAPS und der Erzeugung der riesigen
FLAVOR-Prozesse nicht auf.

Concurrent Smalltalk [Yokote/Tokoro 86], Orient84/K [Ishikawa/Tokoro 86]

Concurrent Smalltalk und Orient84/K sollen hier gemeinsam untersucht werden, da
letztere Sprache ein direkter Abkömmling der ersten ist. Wenn im folgenden nur
von Concurrent Smalltalk gesprochen wird, sind beide Sprachen gemeint. Dort, wo
Unterschiede existieren, wird das im Text entsprechend unterscheidbar formuliert.

Während Concurrent Smalltalk eine parallelisierte Variante der *Programm-
miersprache* Smalltalk-80 [Goldberg/Robson 83] darstellt, die mit Smalltalk-80
kompatibel gehalten wurde, ist Orient84/K eher ein *hybrides Werkzeug zur Wissensverarbeitung*, das objektorientierte mit logikorientierter Programmierung durch

Anbinden von PROLOG-ähnlichen Regelprogrammen zu kombinieren erlaubt. Grundidee von Concurrent Smalltalk ist, das Senden von Nachrichten an Objekte auch nicht-blockierend zu erlauben. Damit sind keine externen Kommunikationsroutinen (Frage 4.) und auch keine Mailboxes nötig. Auf einen Nachrichtenmanager als zentralem Auftragsverwalter kann, obwohl jeder Regelmodul direkt an jeden anderen senden dürfte, dennoch nicht verzichtet werden (Frage 2.). Ansonsten hätte jedes Modulobjekt selbst die Verwaltung laufender Anfragen zu übernehmen, und müßte vor allem Nachrichten um Inkarnationsbezeichner erweitern. Dies widerspricht aber der Forderung, daß Regelmoduln für Anfragen nur statische Modulbezeichner kennen sollten und nicht irgendwelche Prozeßabbildungsdetails. Zusätzlich braucht man den Nachrichtenmanager, weil die send-Anweisung in Concurrent Smalltalk für die parallelen Regelmoduln dieser Arbeit nicht ausreicht, da das Senden Erzeugen oder Abbrechen von Prozessen nicht direkt beinhaltet. Weiterhin ist der rekursive Aufruf von Modulobjekten, also ein Senden an die Pseudo-Variablen "self" und "super" in Concurrent Smalltalk nur als Prozeduraufruf implementiert, da nicht-blockierendes Senden zu Verklemmungen führt. Dieses Vorgehen ist erstens uneinheitlich und verhindert zweitens die Realisierung der in 5.2.4 festgelegten Modularchitektur, die bei rekursivem Senden an F-RMn eine parallele Inkarnation erzeugen will. Ein weiterer Nachteil der send-Anweisung in Concurrent Smalltalk ist, daß eintreffende Nachrichten in "extra" Warteschlangen eingereiht werden und nicht direkt als QUERY-, ANSWER- oder STOP-Fakten in die Faktenbasis des Systems gelangen und dort asynchron sofort ausgewertet werden können. Das macht in Concurrent Smalltalk Prioritäten nötig, um z.B. stopquery-Nachrichten bevorzugt zu behandeln. Dann muß aber der Absender bereits über die Prioritätenbehandlung im Empfänger Bescheid wissen, um seiner Nachricht die geeignete Wichtigkeit beigeben zu können. Das beinhaltet allerdings die Möglichkeit, daß von anderer Seite Nachrichten mit gleicher oder höherer Priorität vorliegen, die ein sofortiges stopquery vereiteln. Vor allem widerspricht die Prioritätensteuerung aber dem Ziel, Regelmoduln möglichst lose zu koppeln, die nichts weiter als die *SNA* von anderen Moduln kennen sollten. Die Sende-Anweisung von Concurrent Smalltalk allein erlaubt somit den asynchronen Fakteneintrag (Frage 5.) und damit eine Systemarchitektur wie in 5.2.4 definiert nicht.

Vorteile von Concurrent Smalltalk sind wie bei YAPS in der dynamischen Ladefaktenzuordnung (Frage 6.) und vor allem in der graphischen Benutzerumgebung zu (Frage 7.) sehen. Bei Orient84/K kommt noch der Zugriff auf eine PROLOG-Regel- und Faktenbasis pro Objekt hinzu, was allerdings für vorwärtsverkettende Regelsysteme, wie in der vorliegenden Arbeit betrachtet, keinen Vorteil mit sich bringt. Als notwendige Hardware (Frage 9.) genügen wie im prozeßorientierten Ansatz VAX oder SUN Graphikstationen. Die Verteilbarkeit auf mehrere Rechner (Frage 8.) ist nirgends bei [Yokote/Tokoro 86] oder [Ishikawa/Tokoro 86] angesprochen. Ich glaube jedoch, daß die Problematik ähnlich wie bei YAPS ist, da das isolierte Verteilen von Regelmodulobjekten nur unter "Mitnahme" der kompletten Smalltalk-Umgebung möglich sein dürfte, die in ihrem Umfang LISP-Prozessen in nichts nachsteht.

Als wichtigster Punkt im Zusammenhang mit der Diskussion paralleler, objektorientierter Systeme als Grundlage für die parallelen Regelmodularchitektur dieser Arbeit darf nicht vergessen werden, daß ein vorwärtsverkettender Regelinterpreter für solche Systeme erst einmal programmiert werden muß (Frage 1.). Ob sich dieser Aufwand lohnt ist fraglich, vor allem, da sich durch das vorhandene, nicht-blockierende Senden viel Erleichterung bei der Organisation des Zusammenspiels von Moduln *nicht* ergibt. Meiner Meinung nach ist der Aufwand nur vertretbar, wenn die *Kombination* von regel- mit objektorientierter Programmierung im Vordergrund steht, z.B. zur Bereitstellung möglichst flexibler Expertensystem-Shells wie KEE oder LOOPS. Ein nochmaliges Überdenken und wenn möglich Modifizieren der Sende-Mechanismen wäre dabei allerdings immer noch sehr ratsam.

5.3.3 Bewertung der Ansätze

In den vorangegangenen zwei Abschnitten wurden prozeß- und objektorientierter Ansatz bzgl. der Realisierbarkeit des parallelen Regelmodulkonzepts dieser Arbeit untersucht und der benötigte Implementierungsaufwand zur Erweiterung existenter Systeme angesprochen. Dem soll nun noch eine abschließende Bewertung in Hinsicht auf Verfügbarkeit, Einsatzmöglichkeiten, Flexibilität sowie der Erfüllung der Anforderungen aus 5.2 hinzugefügt werden.

Das einzige kommerzielle Produkt unter den beschriebenen Programmierwerkzeugen ist VAX-OPS5 von DEC [OPS5 85]. Es ist überall erhältlich und stellt eine gut ausgetestete, im Einsatz sehr stabile Programmiersprache dar. Da OPS 5 auf der DEC-Standardhardware läuft und über externe Funktionen mit allen Softwareprodukten der Firma (Graphik- und Kommunikationspaketen, allen Programmiersprachen, Datenbanken, Produktionsplanungssystemen usw.) kombiniert werden kann, bietet dieses System gute Voraussetzungen, wenn man die regelbasierte Programmierung in kommerziellen Umgebungen einsetzen will, z.B. bei der Fabrikationssteuerung. Sich auf YAPS, Concurrent Smalltalk oder Orient84/K zu verlassen, die im Umfeld von Universitäten und Einrichtungen primär zu Forschungszwecken entwickelt wurden, ist nicht ratsam, obwohl sie i.d.R. gegen geringe Gebühren erhältlich sind. Es fehlt zumeist jede Unterstützung, insbesondere bei der Installation. Die Dokumentationen sind unvollständig und/oder entsprechen nicht der ausgelieferten Version. Handbücher und Benutzungsanleitungen sind sehr mager und von Einführungskursen für nicht mit der Materie vertraute Mitarbeiter kann keine Rede sein. Darüber hinaus treten in den Systemen häufig noch Laufzeitfehler auf, die man i.d.R. selbst zu beheben versuchen muß, wenn man mit dem System wirklich arbeiten will. Für den Forschungsbetrieb sind die genannten Sprachen dagegen sicherlich interessant, da an ihnen neue Prinzipien und

Techniken studiert und ausprobiert werden können.

Von den Einsatzmöglichkeiten her sind die objektorientierten Sprachen, insbesondere wenn sie schon Regelinterpreter enthielten, flexibler als pures OPS 5. Das ist meiner Meinung nach aber nur für den *Entwickler* komplexer Programmierumgebungen (z.B. einer Expertensystem-Shell oder eben des parallelen Regelmodulsystems dieser Arbeit) ein Vorteil, weniger für deren *Anwender*. Diese sollten gar nicht merken, auf welchen Systemschichten ihre Regelprogramme arbeiten, wenn sie ausschließlich mit den in der vorliegenden Arbeit definierten Sprachkonzepten (am besten innerhalb der komfortablen Benutzerumgebung) erstellt wurden. Da jedoch parallele, objektorientierte Programmiersprachen bis heute noch keine vorwärtsverkettenden Regelinterpreter enthalten und überdies, wie 5.3.2 zeigt, noch genügend Schwierigkeiten bzgl. ihrer Realisierung der Kommunikation zwischen Objekten aufwerfen, sind sie zur Implementierung des parallelen Regelmodulkonzepts (noch) nicht anzuraten. Insbesondere können sie, anders als parallelisierte OPS 5 Prozesse, die Anforderungen nach dynamischem Kreieren und Abbrechen von Funktionsregelmoduln (5.1.c. und f.) nur erfüllen, wenn viel Zusatzaufwand für die Erweiterung der Kommunikation zwischen Objekten betrieben wird. Dasselbe gilt für das rekursive Senden von Anfragen (Anforderung 5.1.e). Damit geht der evtl. Vorteil, sich bei der Kooperation der Regelmoduln auf vorhandene Kommunikationsfunktionen der objektorientierten Sprache abstützen zu können, weitgehend verloren.

Überlegen sind die objektorientierten Systeme mit ihrer eleganten Lösungsmöglichkeit des dynamischen Ladefaktenproblems (Anforderung 5.1.e). Dieser, eher nebensächliche Vorteil (da parallele Regelprogramme nicht in der Hauptsache aus Ladevorgängen bestehen) ist jedoch kein ausreichender Grund, sich bereits auf die heutigen parallelen, objektorientierten Sprachen im professionellen Einsatz abzustützen. Zur Implementierung des von mir in dieser Arbeit entwickelten Konzepts der parallelisierten Regelmoduln halte ich deshalb den prozeßorientierten Ansatz mit OPS 5 für den geeigneteren, besonders in Hinsicht auf Einsatzmöglichkeiten zur Aufgabenplanung und Aufgabenüberwachung in Fabrikumgebungen, wie sie z.B. im SFB 331 erforscht werden. Der Ansatz kann ausschließlich mit kommerziell einsatzfähigen Hilfsmitteln realisiert werden (DEC-OPS5, DEC-PASCAL, DECnet, VMS, UIS) und erfüllt alle in 5.1 aufgestellten Anforderungen.

6 Schlußbemerkungen

6.1 Zusammenfassung

In der vorliegenden Arbeit wurde ein Modularisierungskonzept für Regelsysteme entwickelt, das zur Behebung der beiden Hauptprobleme dieser Programmiertechnik geeignet ist: der Unübersichtlichkeit größerer Anwendungen mit all ihren Nachteilen bzgl. Programmierung, Test und Wartung, sowie der im Vergleich zu prozedurorientierten Implementierungen langsamen Laufzeit solcher Programme.

Grundidee des Modularisierungskonzepts ist es, *überschaubare* Regelmengen für bestimmte Dienstleistungen mit einheitlich definierten Anfrage- und Antwortschnittstellen zu versehen. Man kann diese Dienste dann unabhängig entwickeln, testen und später bequem zu größeren Programmen kombinieren. Ein Regelmodul besteht somit aus mehreren solchen Diensten, die ihre Daten in einer gemeinsamen lokalen Faktenbasis verwalten. Durch die Lokalität der Faktenbasen bei jedem einzelnen Modul ist es nun möglich, die Aktivierung seiner Dienste *per Anfrage* vorzunehmen, während beim üblichen Strukturierungsverfahren des Grouping by Context [Brownston 85] nur der *Eintrag von Kontextfakten* in eine für alle Moduln globale Faktenbasis in Frage kommt. Zur dynamischen Überwachung der Anfragen und Antworten von Moduldiensten wurde ein Typenkonzept (ähnlich dem in [Bocionek/Meyfarth 88]) eingeführt, das die fehlerfreie Benutzung der Schnittstellen eines Moduls zusichert und bei der Programmerstellung, sowie in der Test- und Wartungsphase hilfreiche Unterstützung bietet.

Insgesamt besteht ein Regelprogramm jetzt aus einer Menge lose gekoppelter Regelmoduln, die auf der Basis von 5 Sendeaktionen (**sendquery, sendanswer, stopquery, sendinsert, senddelete**) miteinander kooperieren. Zur Gewährleistung maximaler Flexibilität beim Programmieren und in Hinsicht auf die Beschleunigung von Regelprogrammen durch parallele Abarbeitung von Teilaufgaben werden zwei Typen von Regelmoduln angeboten: Funktions-Regelmoduln (F-RMn) und Datenobjekt-Regelmoduln (DO-RMn). Erstere bearbeiten stets nur eine einzige Anfrage; von ihnen werden bei Bedarf beliebig viele Inkarnationen erzeugt. Sie können immer dort eingesetzt werden, wo zustandsunabhängige Berechnungen und ähnliche Dienstleistungen vorzunehmen sind. Datenobjekt-Regelmoduln sind dann nötig, wenn globale Daten längerfristig zu verwalten oder der Zugang zu öffentlichen Betriebsmitteln zu organisieren ist. Von DO-RMn gibt es stets nur eine einzige Inkarnation, die Anfragen in Warteschlangenmanier (z.T. mit Vorrangstrategien) puffert. Ihre lokalen Faktenbasen stellen dann den inneren Zustand dar, von dem (im Gegensatz zu F-RMn) die Bearbeitung einer Anfrage abhängig sein kann. Durch die Bereitstellung von DO-RMn konnte insbesondere die Forderung nach einer aktiven, globalen Faktenbasis für das Modulkonzept mit den Mitteln des Konzepts selbst erfüllt werden.

Neben den Anfrage- und Antwortschnittstellen (das ist die Schnittstelle nach außen oder *SNA*) gehört zur Definition jedes Moduldienstes die Schnittstelle von außen (*SVA*), die beschreibt, welche anderen Dienste zu seiner Implementierung verwendet werden. Als übersichtliche Darstellungsmöglichkeit wird dazu für jeden Dienst ein dreischichtiges *Fragekästchen* benutzt. Schicht 1 enthält die *Anfrage* und Schicht 3 die darauf *möglichen Antworten*. In die mittlere Schicht 2 kommt (neben Modulname und -typ) die sogenannte *Kontroll-Info*, ein gerichteter, zyklenfreier Übergangsgraph, der die Abfolge aller in der *SVA* beschriebenen, zur Implementierung eines Dienstes herangezogenen Moduldienste in übersichtlicher Weise festlegt. Diese sind als *Unterfragekästchen* im Graph enthalten und lassen sich mit Hilfe von *Frage-* und *Antwortpfeilen* verknüpfen. Sogenannte (einfache oder bedingte) *Synchronisationsknoten* organisieren das parallele Verteilen von Anfragen und das Aufsammeln benötigter Antworten. Damit können die aus prozedurorientierten Sprachen bekannten Ablaufkonstrukte Aufruf und Rückkehr von bzw. aus Unterprogrammen, Verzweigung und Rekursion nachgebildet werden. Auf Iterationen (das wären *Rückwärtsfragepfeile*, die zu Zyklen im Graph führten) wurde verzichtet, da sie Probleme bei der Synchronisation konkurrierender Antworten aufwerfen, Verklemmungen beim Ablauf ermöglichen und zu Unübersichtlichkeit im Graphen (ähnlich den "gotos" in prozedurorientierten Programmen) führen. Darüberhinaus ließ sich ein Algorithmus angeben, wie jeder Kontrollgraph mit Zyklen durch Einbettung in einen Graph nur mit rekursiven Aufrufen transformiert werden kann.

Das entwickelte Modulkonzept mit exakten Schnittstellenbeschreibungen jedes Moduldienstes und deren *SVAs* im Übergangsgraphenformalismus bildet eine ausgezeichnete Grundlage zum Aufbau einer komfortablen Programmierumgebung für regelbasierte Anwendungen. Hauptbestandteile sind zwei syntaxgeführte Editoren, der eine zur tabellenorientierten Erstellung der *Programmierten-Regeln*, der andere zur graphischen Festlegung der *Kontroll-Info*. Die tabellenartige Bearbeitung von Regeln bietet dem Programmierer größere Übersicht und erspart viel Schreibarbeit. Zusätzlich blockt der Editor alle syntaktischen und einfachere semantische Fehler sofort ab. Darüberhinaus lassen sich während der Programmierung komplexe Überprüfungen bzgl. Vollständigkeit und Konsistenz einzelner Regeln oder der gesamten Regelmenge aufrufen, was in textueller Form (ohne Konvertierung in eine andere Repräsentation) kaum möglich ist. Der Grapheneditor erlaubt nicht nur die Erstellung von Kontrollgraphen, sondern generiert aus ihnen automatisch die notwendigen Start- und Aktivierungsregeln für die *Subdienste* der *SVA*. Damit ergeben sich stets korrekte Übergänge, die nicht verifiziert zu werden brauchen. Bei Graphen nur mit vollständigen Pfaden ist sogar die Terminierung des Dienstes gesichert (sofern die dabei verwendeten *Subdienste* terminieren). Neben den durch den Benutzer über die *Synchronisationsknoten* spezifizierten Aktivierungsregeln lassen sich (optional) eine Reihe von ergänzenden Fehlerbehandlungs-, ELSE-, TIMER- und CATCH-Regeln ohne jeden Aufwand für den Programmierer miterzeugen.

Eine weitere Möglichkeit zum sicheren und vor allem schnellen Entwickeln großer Anwendungen bietet die Einbindung generischer Hilfsmittel. *Metamoduln* sind dabei mit den beschriebenen Editoren erstellbare Regelmoduln, deren freie Bezeichner (für

Regel-, Faktenklassen-, Attribut- und Operatornamen) als Metavariable gekennzeichnet und instantiierbar sind. Damit lassen sie sich in beliebigen Anwendungen bei unterschiedlicher Interpretation einsetzen, brauchen aber nur einmal erstellt zu werden. Neben *Metamoduln* dienen *Modul-* und *Ablaufschemata* dazu, Algorithmen bzw. Ablaufstrukturen als Regelmoduln zur Verfügung zu stellen, die bereits in anderer, z.B. funktionaler Repräsentation existieren. Aus einem *Modulschema* für die allgemeine, lineare Rekursion läßt sich beispielsweise ein *Metamodul* mit 6 *Programmierten-Regeln* erzeugen, aus dem durch Instantiierung der Metavariablen für die Operatoren konkrete Funktions-Regelmoduln für verschiedene Berechnungen, z.B. der Fakultät, entstehen. Als *Ablaufschemata* werden Übergangsgraphen für Backtracking mit Tiefen- und Breitensuche vorgestellt, in denen der Programmierer für seine spezielle Anwendung nur noch die Sub-*Fragekästchen* zum Abbruchtest, zur Auswahl der Nachbarvariante und zum Abstieg in die Tiefe ausprogrammieren muß. Die Organisation des Backtracking, in vorwärtsverkettenden Regelsystemen vor allem für Breitensuche sehr kompliziert und damit fehleranfällig, wird ihm vollständig abgenommen, da aus dem Graph des *Ablaufschemas* die korrekten Übergangsregeln generiert werden.

Zur Abrundung der komfortablen Benutzerumgebung lassen sich noch verschiedene Trace- und Debug-Werkzeuge für die Testphase bereitstellen. Insbesondere ist die detaillierte Schnittstelleninformation jedes Moduldienstes eine gute Grundlage zur Generierung von Testbetten und Testdaten für die rechnergestützte Validierung großer Regelprogramme.

Bei der Festlegung der Architektur eines Programmsystems auf der Basis von Regelmoduln wurde besonderer Wert auf die möglichst lose Kopplung der Moduln, sowie deren Kooperation über Austausch von Fragen und Antworten gelegt. Damit ist eine wesentliche Voraussetzung gegeben, die einzelnen Moduln (bzw. ihre Inkarnationen) auf Prozesse abzubilden und parallel Teilaufgaben eines Programms abarbeiten zu lassen. Die Kommunikation zwischen solchen Regelmodulprozessen erfolgt asynchron über Nachrichten. Ein zentraler Nachrichtenmanager ist der Organisator und Verteiler der Botschaften und erzeugt, wo nötig, die Inkarnationen bei Anfragen an Funktions-Regelmoduln. Überdies regelt er die dynamische Zuordnung von Ladefaktensätzen an sie. Trotz des Nachrichtenmanagers behalten die Modulprozesse maximale Autonomie, da nur sie selbst die Reaktion auf eintreffende Nachrichten festlegen. Damit entfallen Probleme bzgl. blockierter, öffentlicher Betriebsmittel, wenn ein Abbruchwunsch eintrifft, und das rekursive Senden von Anfragen eines Moduls an sich selbst wird möglich.

Die Bereitstellung von Funktions-Regelmoduln garantiert maximale Parallelität auf der Ebene von Teilaufgaben, da Berechnungen sofort durchführbar sind. Zusätzlich kann man Verwalter- und Managerprogramme für globale Daten oder Betriebsmittel in Form von Datenobjekt-Regelmoduln realisieren. Der Datenobjekt-Regelmodul **globale_Faktenbasis** wurde als zentraler Faktenspeicher für gemeinsames Wissen und als *aktive* Komponente des Regelmodulverbunds ausgelegt. Dadurch können ihn die

Moduln zum einen für *Schnappschüsse* benutzen und sich Teile seines Inhalts zu einem bestimmten Moment beschaffen. Zum anderen können sich Moduln als *Interessenten* für bestimmte Fakten anmelden (im Sinne von [Bocionek/Meyfarth 88]) und bekommen dann, solange sie den Auftrag nicht mit **stopquery** beenden, alle Änderungen bzgl. der interessierenden Fakten automatisch mitgeteilt. Das führt zur beschleunigten Arbeit in Regelmoduln, da sie vom zeitaufwendigen permanenten "Nachschauen" (Polling) befreit sind. Überdies kann frühzeitig auf Änderungen im globalen Datenbestand des Gesamtprogramms reagiert werden.

Zur Implementierung paralleler Regelmoduln bieten sich zwei Ansätze an, der prozeß- und der objektorientierte. Bei ersterem verwendet man ein herkömmliches Regelsystem, z.B. OPS 5 [OPS5 85], und realisiert jeden Regelmodul als ein OPS 5 Programm und damit als eigenen Prozeß. Durch Anbinden externer Funktionen kann man dann eine Mailbox-Kommunikation zwischen den Prozessen bereitstellen. Der objektorientierte Ansatz bedeutet dagegen, eine parallele objektorientierte Sprache zur Implementierung paralleler Regelmoduln heranzuziehen, z.B. Concurrent Smalltalk [Yokote/Tokoro 86]. Hierbei könnte man sich auf das bereits vorhandene Senden von Nachrichten zwischen Objekten abstützen. Dennoch sollte man diesem Ansatz heutzutage noch nicht der Vorzug geben, da das vorhandene Nachrichtensenden nicht ausreicht (zumindest ein "send+create" für Anfragen an Funktionsmoduln ist zusätzlich zum üblichen "send" nötig). Außerdem sind in solchen Sprachen noch keine vorwärtsverkettenden Regelinterpreter enthalten, sie haben das Forschungsumfeld von Universitäten noch nicht verlassen und sind damit vorerst kommerziell nicht einsetzbar. Dagegen läßt sich das parallele Regelmodulkonzept bereits heute mit dem kommerziellen Produkt OPS 5 in einer gewöhnlichen VAX-VMS Umgebung verwirklichen. Überdies sind in der VAX-VMS Umgebung auch alle Hilfsmittel verfügbar, um die in der vorliegenden Arbeit beschriebene komfortable Programmierumgebung aufzubauen.

6.2 Implementierungen

In diesem Abschnitt soll kurz der aktuelle Stand (Dezember 1989) der Implementierungen beschrieben werden, die die im vorliegenden Buch entwickelten Konzepte realisieren. Das betrifft den *Tabelleneditor*, den *Übergangsgrapheneditor* und den *Nachrichtenmanager* für verteilte Regelmodulprozesse. Wegen seiner Komplexität extra erwähnt wird die Komponente zur *Konsistenz- und Vollständigkeitsprüfung* von Regelmengen als Bestandteil der Analysefunktionen innerhalb des Tabelleneditors.

Übergangsgrapheneditor OPSGRAPH und Programmierumgebung OPSSHELL

OPSGRAPH ist der Hauptbestandteil der von W. Jörg in seiner Diplomarbeit realisierten komfortablen Programmierumgebung OPSSHELL für OPS 5 Regelmoduln [Jörg 89]. OPSSHELL enthält zusätzlich auch einen Anschluß zum Tabelleneditor OPSED von P. Bodinet (s.u.). Damit entspricht OPSSHELL genau dem in 4.2.1 beschriebenen Regelprogrammeditor.

OPSSHELL bietet eine moderne, graphikorientierte Bedienoberfläche mit mehreren Fenstern und einer Maus als zusätzliches Eingabegerät zur Tastatur. Eine komfortable *Fileselector-Box* (FAD) erlaubt Einzel- und Gruppenselektion von Dateinamen sowohl für die Aufgaben von OPSSHELL selbst als auch für Betriebssystemfunktionen (z.B. Compiler, Linker), die aus OPSSHELL heraus angesprochen werden können. Variable *Memory-* und *Home-Voreinstellungen* der FAD unterstützen angenehm das "Manövrieren" im hierarchischen Dateisystem von VAX-VMS.

Kern der OPSSHELL ist OPSGRAPH, der (bis auf die Typisierung von Faktenmustern und das Miterzeugen von Fehlerbehandlungsregeln) den in Kapitel 4 beschriebenen Übergangsgrapheneditor vollständig realisiert. Darüber hinaus läßt er noch die direkte Verkettung von Synchronisationsknoten zu, was nach [Jörg 89] die Verknüpfung von Synchronisierungsbedingungen verschiedener Antwortschichten vereinfacht. Neben den Graphikfunktionen enthält OPSGRAPH noch einen eigenen Texteditor (TEXED) für alle notwendigen *Beschriftungen* der Fragekästchen.

Die Generierung von Regeln aus den Übergangsgraphen erfolgt mehrstufig. Zunächst wird der Graph analysiert, ob alle Parameterpositionen mit Variablen belegt, ob alle Bindungen zwischen Antworten und Fragen konsistent und ob alle Elemente des Graphen korrekt verkettet sind. Danach erzeugt die Komponente GEN_SYN exakt die in Abschnitt 4.3.2 beschriebenen Regeln (mit Ausnahme der Fehlerbehandlungsregeln). Die Komponente GEN_OPS macht dann aus den *idealen* Regeln konkrete OPS 5 Regelmengen, könnte aber jederzeit auch durch eine Komponente für eine andere Zielsprache ersetzt werden. Hauptproblem bei der OPS 5 Codeerzeugung ist die Abbildung der geschachtelten Fakten- und Bedingungsstrukturen auf das eine erlaubte, flache Vektorattribut in jeder OPs 5 Faktenklasse (vgl. z.B. [Krickhahn/Radig 87]). Eine weitere Komponente, genannt CONC_OPS, erlaubt schließlich noch das Aneinanderhängen von OPS 5 Textdateien, was insbesondere zur Einbindung der mit dem Tabelleneditor (s.u.) erstellten *Programmierten-Regeln* eines Moduls benötigt wird. Aus den vollständigen OPS 5 Quelldateien entstehen dann die ablauffähigen Operatoren durch Aufrufen der über die OPSSHELL zugänglichen Übersetzer und Binder.

OPSSHELL (und damit OPSGRAPH) sind auf einer MicroVAX-II-GPX Farbgraphikstation unter VMS implementiert. Verwendet wurden VAX-C, VAX-OPS 5 und die (primitive !) Graphikschnittstelle UIS. Jedes Fenster ist Ausschnitt eines virtuellen Displays und besitzt Verschiebebalken zur Einstellung des aktuellen Ausschnitts. OPS-GRAPH organisiert neben der Verwaltung der graphischen Objekte auch die Verwaltung aller Ereignisse beim Benutzen der Eingabegeräte. Dabei sind die UIS-Funktionen als sogenannte *AST-Routinen* (Asynchronous System Traps) mit der OPSSHELL "verankert". Ereignisse sind hier Betätigen von Tasten/Mausknöpfen, Betreten/Verlassen von Fensterbereichen u.v.m. Der Umfang von OPSSHELL (ohne OPSED) beträgt circa 30000 Zeilen (dokumentierten) C-Code. Ich habe mich bei W. Jörg zu bedanken, daß er die OPSSHELL tatsächlich in vollem Umfang realisierte, obwohl sie den Rahmen einer Diplomarbeit für eine Person vom Implementierungsaufwand her doch deutlich überschritten hat.

Tabelleneditor OPSED

OPSED wurde von P. Bodinet implementiert, ebenfalls als Diplomarbeit [Bodinet 88]. Das Programm realisiert den in Kapitel 4 beschriebenen Editor zur tabellenorientierten Erstellung von *Programmierten-Regeln* (wie bei OPSGRAPH ebenfalls ohne das Faktentypenkonzept). Allerdings erzeugt und manipuliert OPSED sofort OPS 5 Code und nicht Regeln in der Syntax dieses Buches. Da OPSGRAPH (s.o.) letztlich ebenfalls OPS 5 Regeln generiert, sind beide Programme kompatibel.

Wie OPSGRAPH bietet auch OPSED eine komfortable Mehrfensteroberfläche und Mausunterstützung. Neben Faktenklassen- und Tabellenfenster bietet OPSED ein Dialog-, ein Editier- sowie zwei Menüfenster an. Über das Dialogfenster werden Interaktionen mit dem Benutzer abgewickelt, während das Editierfenster die Bearbeitung von Faktenklassen und Regeln in Textform mit dem integrierten Texteditor vorsieht. OPSED erzeugt nicht nur OPS 5 Programme aus den Tabelleneinträgen, sondern erlaubt auch die Rückkonvertierung von OPS 5 Quelltexten in die Tabellenform. Dabei müssen die in [Bodinet 88] beschriebenen Einschränkungen der OPS 5 Syntax nach [Brownston 85] eingehalten werden: Attributwerte sind stets zusammen mit dem Attributnamen zu verwenden, alle in Bedingungen und Aktionen verwendeten Elementklassen müssen deklariert sein und die Startup-Regel von VAX-OPS 5 ist nicht erlaubt. Neben der Umsetzung ins Tabellenformat werden die eingelesenen Programme in ein Standardtextformat gebracht, dessen genaues Aussehen konfigurierbar ist.

Herz von OPSED ist ein *Recursiv Descent Parser*, der OPS 5 Programme (Einschränkungen s.o.) analysiert und intern einen Syntaxbaum aufbaut. Die Elemente des Syntaxbaums werden dann (über UIS-Attributblöcke) mit den Fensterstrukturen und -inhalten verkettet. Neben der syntaktischen Überprüfung erfolgen auch Semantiktests durch die Parserkomponente, insbesondere auf vorhandene Deklarationen und ungebundene Variable in Aktionen. Eine Komponente zur Vollständigkeits- und Konsistenzanalyse ist noch nicht integriert, aber zur Zeit in Arbeit (s.u.).

OPSED ist in derselben Systemumgebung und mit ähnlichen Techniken wie OPSSHELL (s.o.) realisiert. Fensteroberfläche und Ereignisverwaltung sind ähnlich organisiert, da beide Programme auf denselben UIS-Funktionen aufsetzen. Der Umfang von OPSED beträgt ca. 10000 Zeilen (dokumentierten) C-Code.

Konsistenz- und Vollständigkeit von Programmierten-Regeln

Die Konsistenz- und Vollständigkeitsanalysen von OPS 5 Regelprogrammen wird derzeit in einer eigenen Diplomarbeit von B. Mayr implementiert [Mayr 90] und soll danach in OPSED integriert werden. Als Grundlage der Analysen dient der von OPSED aufgebaute Syntaxbaum (s.o.), der auch in lesbarer Form in eine Datei ausgegeben werden kann.

B. Mayr will für die Analysen Algorithmen aus der Entscheidungstabellen-Technik (ET-Technik) verwenden, wie sie in [Erbesdobler 76] beschrieben sind. Diese Verfahren müssen allerdings geeignet erweitert werden, insbesondere da Bedingungen in Regeln (anders als in ETn) auch Variable und logische Ausdrücke enthalten können.

Die Konsistenzprüfung erfolgt auf der Basis syntaktischer Kriterien durch paarweisen Vergleich der Bedingungen in einer Regel und dann der linken Seiten aller Regeln miteinander. Schwieriger ist die Vollständigkeitsüberprüfung. Ihr Algorithmus arbeitet wie folgt: Man startet mit einer hypothetischen H_LHS, die von allen *Faktenkonstellationen* aller Faktenklassen erfüllbar wäre. Davon ''subtrahiert'' man die LHS einer Regel. Übrig bleibt eine reduzierte H_LHS, die nur noch von einem Teil möglicher Faktenkonstellationen erfüllbar ist. Diese ''Subtraktion'' erfolgt mit allen vorhandenen Regeln. Bleibt eine ''leere'' H_LHS übrig, ist das Programm *vollständig* (im Sinne von [Mayr 90]), d.h. bei jeder möglichen Faktenkonstellation würde eine Regel zünden. Bei gegenteiligem Ergebnis erhält der Benutzer ein ausführliches Protokoll mit *Hinweisen*, wo Unvollständigkeiten vorhanden sein könnten. Ihre Ursachen zu beseitigen liegt dann in seiner Verantwortung.

. Die Aussage, daß ein Regelprogramm vollständig ist, muß jedoch als **nur für einen einzigen Zyklus gültig** angesehen werden wegen der Strategie vorwärtsverkettender Regelinterpreter, die das Zünden von Regeln mit denselben Fakten nur genau einmal zulassen. Eine Analyse des dynamischen Verhaltens der Faktenbasis durch Untersuchung der Aktionen in den Regeln wäre sehr aufwendig, wenn überhaupt durchführbar. Überdies sind solche Anstrengungen bei der Benutzung externer Funktionen zum Scheitern verurteilt, falls diese von außen (z.B. mit OPS\$ASSERT) Fakten eintragen, was bei der Regelprogrammierung jedoch häufig benötigt wird (z.B. auch bei der Interaktion paralleler Regelmoduln über den Nachrichtenmanager; vgl. 5.2.4).

Eine weitere Frage, die sich frühestens nach Abschluß der Arbeiten von B. Mayr beantworten lassen wird, ist, welchen zeitlichen Aufwand benötigen die Analysen und damit, sind sie in der Praxis überhaupt einsetzbar?

Der Nachrichtenmanager NMAN

Die Implementierung des Nachrichtenmanagers NMAN aus Kapitel 5 konnte wegen Personalmangels noch nicht begonnen werden. Hier wären die fünf Sende-Aktionen gemäß der in 5.2.4 entworfenen Systemarchitektur zu programmieren sowie die Funktion ''create_RM'', die Regelmodulprozesse erzeugt und auf parallele Prozessoren verteilt. Evtl. kann man NMAN auf der Basis des Programmpakets POPE (Parallel OPS 5 Programming Environment; [Weikert 89]) implementieren, das zur Zeit für den netzweiten Einsatz in einem VAX-cluster (unter VMS 5.2) erweitert wird.

6.3 Ausblick

Verbesserung der komfortablen Programmierumgebung

Eine Möglichkeit, die entwickelten Editoren auch in anderen Regelsprachen als der für die vorliegende Arbeit vorausgesetzten nutzbar zu machen, wäre, die Umsetzungsroutinen von Regeltabellen und Übergangsgraphen bzgl. der Zielsprache zu parametrisieren. Nach Bereitstellung verschiedener *Backends* ließen sich dann Regelprogramme und Moduln in einheitlicher Weise erstellen und in unterschiedlichen Ablauf-umgebungen verwenden.

Interessant ist auch die Frage, ob und wie sich Transformatorprogramme realisieren lassen, die *Modul-* und *Ablaufschemata* automatisch aus funktionalen oder anderen Spezifikationen erzeugen. Bis jetzt muß dies, wie die Beispiele für lineare Rekursion und Backtracking zeigen, "von Hand" erfolgen. Mit Hilfe der Transformatoren wären dann eine Menge bereits vorhandener Programme effizient in Regelsysteme einbeziehbar. Insbesondere ließen sich formale Verifikationsverfahren auf funktional spezifizierte Algorithmen deutlich leichter anwenden als direkt auf regelbasierte. Eine ähnliche Art von Erweiterung wäre auch ein Graphentransformationsprogramm, das den beschriebenen Algorithmus zur Umformung iterativer in rekursive Kontrollgraphen realisierte. Damit stünde dem Programmierer das Konstrukt Iteration explizit zur Verfügung, ohne beim Ablauf die angesprochenen Synchronisationsprobleme zu verursachen.

Ein weiteres, in dieser Arbeit angeschnittenes Problem ist die Generierung *sinnvoller* Testdaten. Durch die Schnittstelleninformation eines Moduldienstes und durch den Übergangsgraphen sind zwar sehr viele und detaillierte Informationen zur Erzeugung solcher Daten vorhanden. Wie man diese Informationen dann allerdings für automatische Testzwecke auswertet muß noch untersucht werden.

Sehr nützlich bei der Entwicklung und beim Eisatz insbesondere von regelbasierten Expertensystemen wäre eine ausführliche Erklärungskomponente. Sie könnte Ergebnisse des Programms verdeutlichen, vor allem, wenn das Aufgabengebiet so komplex ist, daß ein Resultat nicht sofort als korrekt nachvollzogen werden kann. Gewisse Erklärungen lassen sich aus den Schnittstellen der Moduldienste und aus den Pfeilen im Übergangsgraph ableiten, z.B. aufgrund welcher Antworten welche Anfragen gesendet wurden. Das sind aber eher komfortable Ausbauten von Trace-Mechanismen. Wenn mehr erwartet wird als die aus Schnittstellenbeschreibungen ableitbaren Erklärungen, muß in die Programme Wissen über die Bedeutung von Anfragen, Fakten und Algorithmen integriert werden. Damit wäre z.B. eine semantische Attributierung formaler Modulbeschreibungen möglich, die eine entsprechend "intelligente" Erklärungskomponente zu interpretieren hätte. Zur Entwicklung eines solcherart hochstehenden Hilfsmittels, wenn überhaupt erfolgreich realisierbar, reicht das Modulkonzept der vorliegenden Arbeit nicht aus.

Beschleunigung der Abarbeitung

In der vorliegenden Arbeit wurde die Grundlage entwickelt, Regelprogramme durch Parallelisierung auf der Ebene von Teilaufgaben zu beschleunigen, wenn diese Teilaufgaben in Form von Regelmodulprozessen organisiert sind. Der Entwurf des zentralen Nachrichtenmanagers ist dabei so angelegt, daß er die dynamische Verteilung der Prozesse auf ein Netz von Rechnern oder Prozessoren mitorganisiert. Dabei stützt er sich auf eine Funktion "create_RM" zum Erzeugen von Prozessen und Zuteilen eines Prozessors. Diese Funktion existiert noch nirgends, so daß sie bzw. ein Nachrichtenmanager, der ihre Funktionalität enthält, erst noch erstellt werden müßte. Zusätzlich wären dann Laufzeittests mit größeren Anwendungen durchzuführen, um konkrete Maßzahlen für den erzielbaren Beschleunigungsgewinn zu erhalten.

Neben der Beschleunigung eines Gesamtprogramms durch Parallelisierung seiner Teilaufgaben kann man noch an die Beschleunigung jedes einzelnen Prozesses durch Einführung *dynamischer Faktenbasen* denken. Bis jetzt testen Regelinterpreter in ihrem MATCH-Schritt nur die Existenz oder Nichtexistenz von Fakten. Will man in Regelsystemen Deduktionen programmieren, so muß der MATCH-Schritt, der nach [Stolfo/ Miranker 84] ca. 90% eines Interpreterzyklus ausmacht, entsprechend oft wiederholt werden. Das Bereitstellen einer dynamischen Faktenbasis, die nicht nur die Existenz, sondern auch die *Deduzierbarkeit* eines Faktums in einem einzigen MATCH-Schritt feststellen könnte (z.B. per Resolution [Robinson 65]), würde solche Programme deutlich beschleunigen, da kein Eintragen und Löschen von *Merk-Fakten* mehr anfiele. U.U. könnte dies sogar ein Ansatz sein, rückwärtsverkettende mit vorwärtsverkettenden Mechanismen vorteilhaft in einem Regelsystem zu verknüpfen.

Übertragbarkeit des Modulkonzepts

Eine sehr interessante Frage ist, ob und wie sich das Regelmodulkonzept auch auf andere Programmiersprachen und -systeme übertragen ließe. Hinter den Schnittstellen jedes *Fragekästchens* könnten sich ja beliebige Implementierungen verbergen, die in verschiedenen Sprachen geschrieben sein dürften. Die Übergangsgraphen, sowie die aus ihnen erzeugbare Aufrufsteuerung würden dann in derselben sicheren Weise den Kontrollfluß zwischen Subdiensten organisieren wie im Fall von Regelmoduln. Für die Aktivierung der einzelenen Dienste könnten Regeln durchaus beibehalten werden, da sie solche Übergänge in natürlicher Wenn-Dann-Form repräsentieren. Die *Arbeitsalgorithmen* selbst dürften jeweils in den Programmiersprachen implementiert werden, die für das Problem am geeignetsten oder für den Ablauf am effizientesten sind. Bereits vorhandene Programme wären dann sogar ohne zusätzlichen Transformations- oder Reimplementierungsaufwand sofort in Regelsystemanwendungen einbindbar.

Insgesamt ergäbe sich ein hybrides Werkzeug zur Programmierung paralleler Moduln, das über die in dieser Arbeit entwickelten Schnittstellen- und Kontrollgraphenmechanismen einen einheitlichen Aufbau großer Softwarepakete ermöglichen würde,

die von vielen Projektbeteiligten mit unterschiedlichen Programmierstilen und Sprach-
präferenzen erstellt wurden. Dabei könnten die sowohl in die Breite wie in die Tiefe
verfeinerbaren Übergangsgraphen einerseits als Spezifikationssprache auf allen Ebenen
eines top-down Entwurfs verwendet werden. Andererseits wären die aus den Graphen
generierten Regeln gleichzeitig Treiber, zunächst für die Integrationstests bei der bottom-up Implementierung und letztlich für den Ablauf des gesamten Programms.

7 Literaturverzeichnis

[Allen 83] Allen E.M.: YAPS, Yet Another Production System; Maryland Artificial Intelligence Group, Univ. of Maryland, Dep. of Comp. Science, College Park, Report TR-1146, Dec. 1983

[Allen 84] Allen E.M. et al.: FRANZ LISP ENVIRONMENT, (wie *[Allen 83]*), Report TR-1226, Dec. 1984

[Andrews/Schneider 83] Andrews G.R., Schneider F.B.: Concepts and Notations for Concurrent Programming. Computing Surveys, Vol. 15, No. 1, March 1983

[Barachini 88a] Barachini F.: How Production Systems Can Survive in Real-time Process Control. Proc. of the 8th Int. Workshop on Expert Systems and their Applications, Avignon, May/June 1988

[Barachini 88b] Barachini F., Theuretzbacher N.: PAMELA: An Expert System Technology for Real-time Control Applications. Proc. of the 8th ECAI, München, August 1988

[Barachini 88c] Barachini F., Theuretzbacher N.: The Challenge of Real-time Process Control for Production Systems. Proc. of the 7th AAAI Nat. Conf. on Artificial Intelligence, Saint Paul (Minnesota), Aug. 1988

[Bauer/Wössner 81] Bauer F. L., Wössner H.: Algorithmische Sprache und Programmentwicklung. Springer 1981

[Beetz 87] Beetz M.: Specifying Meta-Level Architectures for Rule-Based Systems. In: Proc. of the 11th GWAI, Geseke, Sept./Okt. 1987

[Bocionek 86] Bocionek S.: LISP-PROLOG-YAPS (eine vergleichende Untersuchung). TU München, Institut für Informatik, Report Nr. TUM I8618, Nov. 1986

[Bocionek 87a] Bocionek S. : Dynamic Flavors. TU München, Institut für Informatik, Report Nr. TUM I8708, Juni 1987

[Bocionek 87b] Bocionek S.: Ein regelbasiertes Expertensystem zur Konfigurierung von Ladeportalen. In: Beiträge zum Workshop Konfigurieren und Planen, Ed. M. Ochs und W. Weule, Karlsruhe, Dez. 1987

[Bocionek 88a] Bocionek S.: Modularization of Rule-based Programs. Proc. of the 8th Int. Workshop on Expert Systems and their Applications, Avignon, May/June 1988

[Bocionek 88b] Bocionek S.: Computer-Aided Configuration of Gantry Robots. Proc. of the 8th ECAI, München, Aug. 1988

[Bocionek/Meyfarth 88] Bocionek S., Meyfarth R.: Aktive Wissensbasen und Dämonenkonzepte. TU München, Institut für Informatik, Report Nr. TUM I8811, Sept. 1988

[Bodinet 88] Bodinet P.: Entwurf und Implementierung eines tabellenorientierten Edi-

tors zur Erstellung von Regelprogrammen. TU München, Institut für Informatik, Diplomarbeit, Nov. 1988

[Brownston 85] Brownston L. et al.: Programming Expert Systems in OPS5. Addison-Wesley 1985

[Buchanan/Shortliffe 84] Buchanan B.G., Shortliffe E.H.: Rule-Based Expert Systems: the MYCIN Experiments of the Stanford Heuristic Programming Project. Addison-Wesley, 1984

[Buchka 87] Buchka P.: Entwurf und Implementierung eines regelbasierten Expertensystems zur Konfigurierung von Ladeportalen. TU München, Institut für Informatik, Diplomarbeit, Nov. 1987

[Clancey 83] Clancey W.J.: The Advantages of Abstract Control Knowledge in Expert System Design. Proc. of 3rd AAAI Nat. Conf. on Artificial Intelligence, Washington (DC), 1983

[Clocksin/Mellish 81] Clocksin W.F., Mellish C.S.: Programming in PROLOG. Springer 1981

[Cunis 87] Cunis R.: PLAKON, ein Ansatz zur domänen-unabhängigen Konstruktion. In: Beiträge zum Workshop Konfigurieren und Planen, Ed. M. Ochs und W. Weule, Karlsruhe, Dez. 1987

[Davis/Lenat 82] Davis R., Lenat D.: Knowledge Based Systems in Artificial Intelligence. McGraw-Hill 1982

[Davis/Buchanan 77] Davis R., Buchanan B.: Production Rules as a Repräsentation for a Knowledge-Based Consultation Program. Art. Intelligence 8, 1977

[Davis/King 77] Davis R., King J.: An Overview of Production Systems. In: Machine Intelligence 8, Eds. Elcock E.W. and Mitchie D., Ellis Horwood Ltd. 1977

[DEC_LS 85] VAX Language-Sensitive Editor, User's Guide, Version V1.1, DEC, Maynard (Mass), July 1985

[DeRemer/Kron 75] DeRemer F., Kron H.: Programming-in-the-Large versus Programming-in-the-Small. In : Proc. of the Int. Conf. on Reliable Software, Los Angeles, April 1975

[Eichholz 86] Eichholz S.: Parallel Programming with Modules. In: Software-Architektur und modulare Programmierung. Ed.: H.-W. Wippermann. German Chapter of the ACM, Berichte 26, Teubner 1986

[Erbesdobler 76] Erbesdobler R. et al.: Entscheidungstabellentechnik: Grundlagen und Anwendung von Entscheidungstabellen. Springer 1976

[Feigenbaum 71] Feigenbaum E.A. et al.: On Generality and Problem Solving: A Case Study Using the DENDRAL Program. In: Machine Intelligence, Vol. 6, Eds. B. Melt-

zer, D. Michie, Edinburgh University Press 1971

[Feigenbaum 77] Feigenbaum E.A.: The Art of Artificial Intelligence: 1. Themes and Case Studies of Knowledge Engineering. Proc. of 5th IJCAI, MIT, Cambridge (Mass), Aug. 1977

[Fickas 85] Fickas S.: Design Issues in a Rule-Based System. ACM SIGPLAN, Vol. 20, 1985

[Fischer 88] Fischer K.: Regelbasierte Aktionsplanung für einen autonomen (mobilen) Roboter. In : Autonome mobile Roboter, Beiträge zum 4. Fachgespräch. Ed. P. Levi und U. Rembold, Karlsruhe, Nov. 1988

[Foderaro 83] Foderaro J.K. et al.: The FRANZ LISP MANUAL. Univ. of California, Berkeley, 1983

[Forgy/McDermott 77] Forgy C.L, McDermott J.: OPS, a Domain-Independent Production System Language. Proc. of the 5th IJCAI, MIT, Cambridge (Mass), 1977

[Forgy 81] Forgy C.L.: OPS 5 User's Manual. Dep. of Computer Science, Carnegie Mellon University, July 1981

[Forgy 82] Forgy C.L: Rete: a fast algorithm for the many pattern / many object pattern match problem. Artificial Intelligence, Vol. 19, No. 1, 1982

[Forgy 84] Forgy C.L. et al.: Initial Assessments of Architectures for Production Systems. In: Proc. of 4th AAAI Nat. Conf. on Artificial Intelligence, Austin (Texas), 1984

[Goldberg/Robson 83] Goldberg A., Robson D.: Smalltalk-80: the Language and its Implementation. Addison-Wesley 1983

[Güntzer 87] Güntzer U. et al.: Entscheidungstabellen und Expertensysteme. In: Expertensysteme '87: Konzepte und Werkzeuge, Ed. Balzert H., Heyer G., Lutze R., Teubner 1987

[Gupta 84] Gupta A.: Implementing OPS5 Production Systems on DADO. IEEE, Proc. of the Int. Conf. on Parallel Processing, Ohio State University, Columbus (Ohio), 1984

[Gupta/Tambe 88] Gupta A., Tambe M.: Suitability of Message Passing Computers for Implementing Production Systems. Proc. of the 7th AAAI Nat. Conf. on Artificial Intelligence, Saint Paul (Minnesota), Aug. 1988

[Hayes-Roth 85] Hayes-Roth F.: Rule-Based Systems. CACM, Vol. 28, No. 9, 1985

[Hertzberg 87] Hertzberg J.: Über die Abhängigkeitsstruktur von Plänen. In: Beiträge zum Workshop Konfigurieren und Planen, Ed. M. Ochs und W. Weule, Karlsruhe, Dez. 1987

[Hein/Tank 87] Hein M., Tank W.: Einordnung des Konfigurationsproblems in die Klasse der Planungsprobleme und konzeptioneller Entwurf für wissensbasierte

Lösungen des Konfigurationsproblems. In: Beiträge zum Workshop Planen der GMD, Ed. Joachim Hertzberg, April 1987

[Hoare 78] Hoare C.A.R.: Communicating Sequential Processes. CACM, Vol. 21, No. 8, Aug. 1978

[Hsu 87] Ching-Chi Hsu et al.: A Distributed Approach for Inferring Production Systems. In: Proc. of the 10. IJCAI, Milano, Aug. 1987

[Ishida/Stolfo 85] Ishida T., Stolfo S.: Towards the Parallel Execution of Rules in Production System Programs. In: Proc. of IEEE Int. Conf. on Parallel Processing, Penn State University, University Park (Pennsylvania),1985

[Ishikawa/Tokoro 86] Ishikawa Y., Tokoro M.: An Object-Oriented Concurrent Programming Language for Knowledge Representation. In: [Yonezawa/Tokoro 86]

[Jensen/Wirth 78] Jensen K., Wirth N.: PASCAL - User Manual and Report. 2nd ed., Springer 1978

[Jörg 89] Jörg W.: Ein Grapheneditor zur Erstellung von Kontrollgraphen für Regelmoduln und zur Generierung ihrer Übergangsregeln. TU München, Institut für Informatik, Diplomarbeit, erscheint im Juni 1989

[KEE 85] KEE Software Development System, User's Manual, Version 2.1, IntelliCorp, July 1985

[Kernighan/Ritchie 78] Kernighan B.W., Ritchie D.M.: The C Programming Language. Prentice-Hall 1978

[Kibler 85] Kibler D.F.: Parallelism in AI Programs. Proc. of the 9th IJCAI, Los Angeles 1985

[Krickhahn/Radig 87] Krickhahn R., Radig B.: Die Wissensrepräsentationssprache OPS5. Verlag Vieweg und Söhne 1987

[Laird 87] Laird J.E., Newell A., Rosenbloom P.S.: Soar: An Architecture for General Intelligence. Artificial Intelligence 33, Sept. 1987

[Lewerentz 84] Lewerentz C., Nagl M.: Inkrementelles Programmieren im Großen: syntax-gestützte Erstellung und Wartung von Systemspezifikationen. In: German Chapter of the ACM Berichte, Entwurf großer Software-Systeme, Eds. Morgenbrod/Remmele, Teubner 1984

[Lewerentz 85] Lewerentz C., Nagl M.: Incremental Programming in the Large: Syntax-aided Specification Editing, Integration and Maintenance. In: Proc. of the 18th Hawaii Int. Conf. on System Sciences, Hawaii 1985

[Liskov/Zilles 74] Liskov B., Zilles S.: Programming with Abstract Data-Types. SIGPLAN Notices 9, 1974

[LOOPS 83] The LOOPS Manual (preliminary version), Bobrow D.G., Stefik M.,

Xerox PARC, 1983

[Mayr 90] Mayr B.: Konsistenz- und Vollständigkeitsanalysen in OPS 5 Regelprogrammen. TU München, Institut für Informatik, Diplomarbeit, erscheint im Mai 1990

[McDermott 78] McDermott J. et al.: The Efficiency of Certain Production System Implementations. In: Pattern Directed Inference Systems, Eds. Waterman/Hayes/Roth, Academic Press 1978

[McDermott 82] McDermott J.: R1, a Rule-Based Configurer of Computer Systems. Art. Intelligence 19, 1982

[McDermott/Forgy 78] McDermott J., Forgy C.: Production System Conflict Resolution Strategies. In: Pattern Directed Inference Systems, Eds. Waterman/Hayes-Roth, Academic Press 1978

[Miranker 87] Miranker D.P.: TREAT: A Better Match Algorithm for AI Production Systems. Proc. of the 6th AAAI Nat. Conf. on Artificial Intelligence, Seattle (Wash), July 1987

[Moon 83] Moon D. et al.: Objects, Message Passing and Flavors. In: LISP Machine Manual, MIT, Cambridge (Mass), Jan. 1983

[Nagl 83] Nagl M.: An Incremental Programming Support Environment. Universität Osnabrück, Technischer Report OSM-I-11, 1983

[Nayak 88] Nayak P., Gupta A., Rosenbloom P.: Comparison of the Rete and Treat Matchers for Soar (A Summary). Proc. of the 7th AAAI Nat. Conf. on Artificial Intelligence, Saint Paul (Minnesota), Aug. 1988

[Neches 84] Neches R. et al.: Enhanced Maintenance and Explanation of Expert Systems through Implicit Models of their Development. Proc. of the Workshop on Principles of Knowledge-Based Systems, Denver (Colorado), 1984

[Newell/Simon 63] Newell A., Simon H.A.: GPS, a Program that Simulates Human Thought. In CT, pp. 279-293, 1963

[Newell 77] Newell A.: Knowledge Representation Aspects of Production Systems. Proc. of the 5th IJCAI, MIT, Cambridge (Mass), 1977

[Nguyen 85] Nguyen T.A. et al.: Checking an Expert Systems Knowledge Base for Consistence and Completeness. Proc. of 9th IJCAI, Los Angeles, 1985

[Ochs/Weule 87] Ochs E., Weule H.: Beiträge zum Workshop 'Planen und Konfigurieren', Karlsruhe, Dez. 1987

[Oflazer 84] Oflazer K.: Partitioning in Parallel Processing of Production Systems. IEEE, Proc. of the Int. Conf. on Parallel Processing, Ohio State University, Columbus (Ohio), 1984

[OPS5 85] VAX OPS5 V2.1 DOC. User's and Reference Manual, DEC 1985

[Oshisanwo 87] Oshisanwo A.O., Dasiewicz P.P.: A Parallel Model and Architecture for Production Systems. Proc. of IEEE Int. Conf. on Parallel Processing, Penn State University, University Park (Pennsilvania), Aug. 1985

[Pfahl 88] Pfahl P.: Ein Beispiel für regelbasierte Bauplangenerierung in zwei Dimensionen. TU München, Institut für Informatik, Diplomarbeit, Mai 1988

[Rathke 86] Rathke C.: ObjTalk - Repräsentation von Wissen in einer objektorientierten Sprache. Dissertation am Institut für Informatik der Universität Stuttgart 1986

[Ramnarayan 86] Ramnarayan R. et al.: PESA-1: A Parallel Architecture for OPS5 Production Systems. In: Proc. of the 19th Hawaii Int. Conf. on System Sciences, Hawaii 1986

[Robinson 65] Robinson J.A.: A Machine-Oriented Logic Based on the Resolution Principle. Journal of the ACM, Vol. 12, No. 1, Jan. 1965

[Rosenbloom 84] Rosenbloom P.S. et al.: R1-Soar: An Experiment in Knowledge-Intensive Programming in a Problem-Solving Architecture. Proc. of the Workshop on Principles of Knowledge-Based Systems, Denver (Colorado), 1984

[Rosenbloom 87] Rosenbloom P.S. et al.: Knowledge Level Learning in SOAR. Proc. of the 6th AAAI Nat. Conf. on Artificial Intelligence, Seattle (Wash), July 1987

[Schöll 87] Schöll C.: Vergleich von Entscheidungstabellen mit regelbasierten Expertensystemen. TU München, Institut für Informatik, Diplomarbeit, Mai 1987

[Schweiger 88] Schweiger H.: Implementierung eines Typenkonzepts für eine objektorientierte Wissensbasis-Shell. TU München, Institut für Informatik, Fortgeschrittenenpraktikum, Februar 1988

[SFB331_Antrag 86] Antrag für SFB 331 "Informationsverarbeitung in autonomen mobilen Handhabungssystemen", Januar 1986 - Dezember 1988.

[SFB331_Bericht 88] Zwischenbericht für SFB 331 "Informationsverarbeitung in autonomen mobilen Handhabungssystemen", Sommer 1988

[Soloway 87] Soloway E. et al.: Assessing the Maintainability of XCON-in-RIME: Coping with the Problems of a VERY large Rule-Base. Proc. of 6th AAAI Nat. Conf. on Artificial Intelligence, Seattle (Wash), July 1987

[Stolfo/Miranker 84] Stolfo S.J., Miranker D.P.: DADO: A Parallel Processor for Expert Systems. IEEE, Proc. of the Int. Conf. on Parallel Processing, Ohio State University, Columbus (Ohio), 1984

[Strunz 77] Strunz H.: Entscheidungstabellentechnik. Hanser 1977

[Surko 86] Surko P.: Modularizing OPS5-Based Xpert-Systems under UNIX. In: Proc. of COMPSAC, Illinois, Oct. 1986

[Teitelbaum/Reps 81] Teitelbaum T., Reps T.: The Cornell Program Synthesizer : A

Syntax-Directed Programming Environment, CACM Vol. 24, No. 9, Sept. 1981

[Tichy 87] Tichy W.F.: What can Software Engineers Learn from Artificial Intelligence?, IEEE Computer, Vol. 20, No. 11, Nov. 1977

[Tokoro/Ishikawa 84] Tokoro M., Ishikawa Y.: An Object-Oriented Approach to Knowledge-Systems. In: Proc. of the Int. Conf. on 5th Generation Computer Systems, ICOT 1984

[van de Brug 85] van de Brug a. et al.: Doing R1 with Style. Proc. of the 2nd IEEE Int. Conf. on AI-Applications, Miami (Fl), 1985

[VanMelle 80] Van Melle W. et al.: The EMYCIN Manual. Stanford University, Report No. HPP-81-16, Stanford (Ca.), 1980

[VanMelle 84] Van Melle W. et al.: EMYCIN, a Knowledge Engineer's Tool for Constructing Rule-Based Expert Systems. In *[Buchanan/Shortliffe 84]*

[Weikert 89] Weikert P.: Parallelisierung von OPS 5 Programmen durch Nachrichtenübermittlung. TU München, Institut für Informatik, Diplomarbeit, erscheint im Februar 1989

[Winston 84] Winston P.H.: Artificial Intelligence (2nd ed.). Addison-Wesley 1984

[Winston/Horn 81] Winston P.H., Horn B.K.P.: LISP. Addison-Wesley 1981

[Wirth 71] Wirth N.: Program Development by Stepwise Refinement. CACM 14, No. 4, 1971

[YAPS 83] : YAPS, Yet Another Production System. Vgl. *[Allen 83]*

[Yokote/Tokoro 86] Yokote Y., Tokoro M.: Concurrent Programming in Concurrent Smalltalk. In: [Yonezawa/Tokoro 86]

[Yonezawa/Tokoro 86] Yonezawa A., Tokoro M.: Object-Oriented Concurrent Programming. MIT Press 1986

Anhang

A1 Vollständige Syntax der verwendeten Regelsprache

Im folgenden ist die vollständige Syntax der in der vorliegenden Arbeit verwendeten Regelsprache aufgelistet. Syntaxvariable sind mit großen Buchstaben geschrieben, Schlüsselwörter der Sprache sind stets fett (bold) gedruckt. Runde, geschweifte, eckige und spitze Klammern gehören zur Regelsprache. Axiom der Sprache ist RBM für regelbasierter Modul. "eps" steht für die leere rechte Seite einer Grammatikregel.

1. Regelmodul

RBM ::= RM I M_RM

RM ::= **REGELMODUL**
       MOD_NAME,
       SNA,
       LADE_FAKTEN,
       PROGRAMMIERTE_REGELN
     END_REGELMODUL;

MOD_NAME ::= (**F-RM** , BEZEICHNER) I (**DO-RM** , BEZEICHNER)

SNA ::= { DIENST DIENST_LISTE }

DIENST_LISTE ::= ,DIENST DIENST_LISTE I eps

DIENST ::= (A_FAKTEN_MUSTER, ANTWORTEN, SVA, KONTROLL_INFO)

A_FAKTEN_MUSTER ::= (BEZEICHNER A_ATTR_LISTE)

A_ATTR_LISTE ::= A_ATTR A_ATTR_LISTE I eps

A_ATTR ::= BEZEICHNER:<?> I
       BEZEICHNER:<?>:ATTR_TYP I
       BEZEICHNER:ATTR_CONST

ANTWORTEN ::= { } I { A_FAKTEN_MUSTER A_FAKTEN_MUSTER_LISTE }

A_FAKTEN_MUSTER_LISTE ::= ,A_FAKTEN_MUSTER
                    A_FAKTEN_MUSTER_LISTE I
       eps

SVA ::= { } I { QUADRUPEL QUADRUPEL_LISTE }

QUADRUPEL_LISTE ::= ,QUADRUPEL QUADRUPEL_LISTE I eps

QUADRUPEL ::=
     (MOD_NAME, LADEFAKTEN_SATZ, A_FAKTEN_MUSTER, ANTWORTEN)

LADEFAKTEN_SATZ ::= **LFS:**BEZEICHNER I **LFS:**<?> I **LFS:NIL**

KONTROLL_INFO ::= *gerichteter Übergangsgraph gemäß 3.4, 3.5*

LADE_FAKTEN ::= { } | {<->} | { FAKTUM FAKTEN_LISTE }

FAKTEN_LISTE ::= ,FAKTUM FAKTEN_LISTE | eps

FAKTUM ::= (BEZEICHNER F_ATTR_LIST)

F_ATTR_LIST ::= F_ATTR | F_ATTR, F_ATTR_LIST | eps

F_ATTR ::= BEZEICHNER:ATTR_CONST | BEZEICHNER:FAKTUM

PROGRAMMIERTE_REGELN ::= { } | { REGEL REGEL_LISTE }

REGEL_LISTE ::= ,REGEL REGEL_LISTE | eps

2. Metamodul

M_RM ::= METAMODUL
        MOD_NAME,
        SNA,
        LADE_FAKTEN,
        PROGRAMMIERTE_REGELN
     END_METAMODUL;

Die Syntax ist wie bei Regelmoduln; ersetze dort überall auf den rechten Seiten der Grammatikproduktionen BEZEICHNER durch <<BEZEICHNER>> (damit ist der entsprechende Bezeichner dann als Metavariable gekennzeichnet), außer wenn BEZEICHNER bereits in einfachen spitzen Klammern steht (da dann mit <BEZEICHNER> eine Variable des Regelprogramms gemeint ist).

3. Regel

REGEL ::= (**rule** BEZEICHNER LHS --> RHS)

LHS ::= BEDINGUNG BEDINGUNGS_LISTE

BEDINGUNGS_LISTE ::= LHS | eps

BEDINGUNG ::= POS_BED | NEG_BED | ATTR_BED

POS_BED ::=   **isfact** FAKTEN_MUSTER |
            isfact FAKTEN_MUSTER : [int_WERT] |
            isfact <BEZEICHNER> |
            isfact <BEZEICHNER> : [int_WERT]

NEG_BED ::=   **not** (**isfact** FAKTEN_MUSTER TEST_ATTR_LIST) |
            not (**isfact** <BEZEICHNER>)

TEST_ATTR_LIST ::= ATTR_BED TEST_ATTR_LIST | eps

ATTR_BED ::= **test-attr** LISP_PRED

FAKTEN_MUSTER ::= (BEZEICHNER ATTR_LIST)

ATTR_LIST ::= ATTR ATTR_LIST | eps

ATTR ::= BEZEICHNER:<-> |
      BEZEICHNER:<BEZEICHNER> |
      BEZEICHNER:<BEZEICHNER>:ATTR_TYP |

      BEZEICHNER:FAKTEN_MUSTER |
      BEZEICHNER:ATTR_CONST

ATTR_TYP ::= *vgl. Anhang A2*

ATTR_CONST ::= bool_WERT | int_WERT | real_WERT |
        char_WERT | string_WERT | symbol_WERT

LISP_PRED ::= *definiert wie Aufruf einer LISP-Funktion mit booleschem*
        Ergebnis; als Parameter sind PARAM (s.u.) möglich.

RHS ::= AKTION AKTIONS_LISTE

AKTIONS_LISTE ::= RHS | eps

AKTION ::= **deletefact** (int_WERT int_WERT_LISTE) |
      makefact FAKTEN_MUSTER_MIT_AUSWERTUNG |
      read (<BEZEICHNER> VAR_BEZEICHNER_LISTE) |
      write (PARAM PARAM_LISTE) |
      call (BEZEICHNER PARAM_LISTE) |
      sendquery (VARorBEZ, BEZEICHNER, VARorINT, VARorBEZ,
                FAKTEN_MUSTER_MIT_AUSWERTUNG) |
      sendanswer (VARorBEZ, BEZEICHNER, VARorINT,
                FAKTEN_MUSTER_MIT_AUSWERTUNG) |
      stopquery (VARorBEZ, BEZEICHNER, VARorINT) |
      sendinsert (VARorBEZ, BEZEICHNER, VARorINT,
                FAKTEN_MUSTER_MIT_AUSWERTUNG) |
      senddelete (VARorBEZ, BEZEICHNER, VARorINT,
                FAKTEN_MUSTER_MIT_AUSWERTUNG) |

      abortmodule |
      nextquery |
      lockclass (FAKTENMUSTER) |
      lockclass (<BEZEICHNER>) |
      unlockclass (FAKTENMUSTER) |
      unlockclass (<BEZEICHNER>)

VARorBEZ ::= <BEZEICHNER> | BEZEICHNER

VARorINT ::= <BEZEICHNER> | int_WERT

VAR_BEZEICHNER_LISTE ::= ,<BEZEICHNER> VAR_BEZEICHNER_LISTE | eps

PARAM_LISTE ::= ,PARAM PARAM_LISTE | eps

PARAM ::= <BEZEICHNER> I ATTR_CONST I LISP_FUNCT

LISP_FUNCT ::= *definiert wie Aufruf einer LISP-Funktion; als Parameter
                sind PARAM möglich.*

FAKTEN_MUSTER_MIT_AUSWERTUNG ::= FAKTEN_MUSTER I
                                 <BEZEICHNER> I
                                 (BEZEICHNER ATTR_LIST_M_A)

ATTR_LIST_M_A ::= ATTR_LIST I ATTR_M_A ATTR_LIST_M_A I eps

ATTR_M_A ::= BEZEICHNER:<-> I

              BEZEICHNER:FAKTEN_MUSTER_MIT_AUSWERTUNG I
              BEZEICHNER:ATTR_CONST I
              BEZEICHNER:^LISP_FUNCT

Bis hierher noch nicht definierte Syntaxvariable sind bei der Typensyntax in Anhang
A2 zu finden.

A2 Syntax und Ordnung der Faktentypen

In den typisierten Faktenmuster (vgl. 3.3) sind die folgenden Typen für Attribute
möglich:

ATTR_TYP ::= BASIS_TYP I
             GENERISCHER_TYP /* für Ausschnitt- und Aufzählungstypen */

BASIS_TYP ::= **bool** I **int** I **real** I **char** I **string** I **symbol**

GENERISCHER_TYP ::= **range_int** (int_WERT , int_WERT) I
                    range_char (char_WERT , char_WERT) I
                    enum_int (int_WERT int_WERT_LISTE) I
                    enum_real (real_WERT real_WERT_LISTE) I
                    enum_string (string_WERT string_WERT_LISTE) I
                    enum_char (char_WERT char_WERT_LISTE) I
                    enum_symbol (symbol_WERT symbol_WERT_LISTE)

bool_WERT ::= **t** I **nil**

int_WERT_LISTE ::= ,int_WERT int_WERT_LISTE I eps

real_WERT_LISTE ::= ,real_WERT real_WERT_LISTE I eps

string_WERT_LISTE ::= ,string_WERT string_WERT_LISTE I eps

char_WERT_LISTE ::= ,char_WERT char_WERT_LISTE I eps

symbol_WERT_LISTE ::= ,symbol_WERT symbol_WERT_LISTE I eps

int_WERT ::= *alle ganzen Zahlen (integer-Zahlbereich des Rechners)*

real_WERT ::= *alle reellen Zahlen (real-Zahlbereich des Rechners)* string_WERT ::= *alle in Gänsefüßchen " " eingefaßten Zeichenfolgen*

char_WERT ::= *alle string_WERTE der Länge 1*

symbol_WERT ::= BEZEICHNER

BEZEICHNER ::= *zusammenhängende Zeichenfolge, die mit einem Buchstaben*
beginnt und dann aus Buchstaben, Ziffern und den Zeichen
_ , - , . , : , & , # , @ , $ besteht.

Auf den Faktenmustern läßt sich bzgl. der Attributtypen eine partielle Ordnungsrelation "ist_allgemeiner_als" (ia) definieren. Grob werden die Faktenklassenmuster in 4 Ebenen aufgeteilt, von denen die letzten 2 sich selbst weiter strukturieren lassen. Durch die Ordnungsrelation ist es möglich, in der SVA eines Regelmoduls die Schnittstellendefinitionen der verwendeten Moduldienste auf interessierende Bereiche einzuschränken (vgl. 3.3.2).

1. Das *any-Faktum*, getestet mit **isfact** <?>, bildet die Ebene 1 und ist_allgemeiner_als alle Faktenklassenmuster der Ebenen 2 bis 4.

2. Alle *typlosen Faktenklassenmuster* mit Namen c und Attributen a_1 bis a_n, die **keine** Typangabe besitzen, bilden die Ebene 2. Jedes von ihnen, getestet mit

   isfact (c a_1:<?> ... a_n:<?>),

ist_allgemeiner_als *alle aus ihm abgeleiteten* Faktenklassenmuster der Ebenen 3 und 4.

3. Aus jedem Faktenklassenmuster der Ebene 2 lassen sich durch Besetzen der Typpositionen der Attribute *typisierte Faktenklassenmuster* ableiten (d.h. je ein Attribut kann typisiert sein, oder je zwei usw.). Der Test erfolgt z.B. mit

   isfact (c a_1:<?>:int ... a_n:<?>:string).

Die Elemente der Ebene 3 lassen sich, abhängig von der Anzahl der mit Typen besetzten Attribute, weiter in Ebenen 3.1 bis 3.n strukturieren.

3.1 enthält alle typisierten Faktenklassenmuster mit einem besetzten Typ.

3.2 enthält alle typisierten Faktenklassenmuster mit zwei besetzten Typen.

...

3.n enthält alle typisierten Faktenklassenmuster, in dem alle Typen besetzt sind.

Zwischen den Unterebenen 3.1 bis 3.n herrscht folgende partielle Ordnung:

- Jedes Element E aus 3.1 ist_allgemeiner_als alle Elemente der Ebenen 3.2 bis 3.n, die dasselbe Attribut wie E mit demselben Typ (oder einer Spezialisierung von ihm; s.u.) besetzt haben.

- Jedes Element E aus 3.2 ist_allgemeiner_als alle Elemente der Ebenen 3.3 bis 3.n, die dieselben zwei Attribute wie E mit denselben Typen (oder Spezialisierungen von ihnen; s.u.) besetzt haben.

• usw.

Jedes Element der Ebenen 3.1 bis 3.n kann durch Spezialisierung der Attribut-
typangaben noch verfeinert werden. Ein typisiertes Faktenklassenmuster der
Ebenen 3.1 bis 3.n mit einem Attribut a_i mit Typ T ist_allgemeiner_als alle
daraus abgeleiteten typisierten Faktenklassenmuster, wo a_i mit Ausschnitten oder
Aufzählungen bzgl. T typisiert ist. Darüberhinaus sind Faktenklassentypen mit
Ausschnittypen allgemeiner_als Faktenklassentypen mit daraus abgeleiteten
Aufzählungstypen.

Alle Elemente (auch die spezialisierten) der Ebene 3 sind_allgemeiner_als die
daraus ableitbaren Elemente der Ebene 4.

4. Ein *konkretisiertes Faktenklassenmuster* wird aus typlosen oder typisierten Fakten-
klassenmustern der Ebenen 2 und 3 abgeleitet, indem ein oder mehrere Attribute
durch konkrete Werte (Konstanten) besetzt werden. Der Test erfolgt z.B. mit

isfact (c a_1:1234 ... a_n:"Error7: type conflict").

Die Elemente der Ebene 4 lassen sich, abhängig von der Anzahl der mit konkreten
Werten besetzten Attribute, weiter in Ebenen 4.1 bis 4.n strukturieren.

4.1 enthält alle konkretisierten Faktenklassenmuster mit einem konstant besetzten
Attribut.

4.2 enthält alle konkretisierten Faktenklassenmuster mit zwei konstant besetzten
Attributen.

...

4.n enthält alle konkretisierten Faktenklassenmuster, in dem alle Attribute konstant
besetzt sind.

Zwischen den Unterebenen 4.1 bis 4.n herrscht folgende partielle Ordnung:

• Jedes Element E aus 4.1 ist_allgemeiner_als alle Elemente der Ebenen 4.2 bis
  4.n, die dasselbe Attribut wie E mit demselben konstanten Wert besetzt haben.

• Jedes Element E aus 4.2 ist_allgemeiner_als alle Elemente der Ebenen 4.3 bis
  4.n, die dieselben zwei Attribute wie E mit denselben konstanten Wert besetzt
  haben.

• usw.

Innerhalb einer Unterebene 4.i (1 <= i < n) herrscht zwischen den Elementen, die
dieselben i Attribute mit denselben konstanten Werten konkretisiert haben,
ebenfalls eine Ordnung. Sie entspricht der Ebene 3 und baut sich analog dazu bzgl.
den verbleibenden typisierten Attributen auf.

Das folgende Bild 24 soll die Typenordnung an einem Beispiel verdeutlichen. Es
ergeben sich folgende Relationen:

Ebene 1 : K0 ia { K1 ... K13 }

Ebene 2 : K1 ia { K3 ... K13 }

         K2 ia { }

Ebene 3.1 : K3,K4 ia { K5 ... K13 }

     3.2 : K5 ia { K6 ... K13 }

     3.3 : K6 ia { K8 ... K13 }

         K7 ia { K8 , K12 }

Ebene 4.1 : K8 ia { K12 }

         K9, K10 ia { K13 }

Ebene 1 | K0 | < ? > |

E. 2 | K1 | (c a1:<?> a2:<?>) | | K2 | (d b1:<?> b2:<?>) |

E. 3.1 | K3 | (c a1:<?>:int a2:<?>) | | K4 | (c a1:<?> a2:<?>:char) |

E. 3.2 | K5 | (c a1:<?>:int a2:<?>:char) |

E. 3.3 | K6 | (c a1:<?>:range_int (1,10)   a2:<?>:char) |

| K7 | (c a1:<?>:enum_int (1,5,7)   a2:<?>:char) |

E. 4.1 | K8 | (c a1:5   a2:<?>:char) |

| K9 | (c a1:8   a2:<?>:char) |

| K10 | (c a1:<?>:range_int(1,10)   a2:'X') |

E. 4.2 | K11 | (c a1:3   a2:<?>:'Y') |

| K12 | (c a1:5   a2:<?>:'F') |

| K13 | (c a1:8   a2:<?>:'X') |

Bild 24: Beispiel für eine Hierarchie typisierter Faktenklassenmuster

A3 Die Standardregeln jedes Regelmoduls

Im folgenden sind die Standardregeln aufgeführt, die zu jedem Regelmodul dazugebunden werden. Wünscht der Benutzer ein anderes Verhalten der Modulschnittstellen als die in 3.2.4 beschriebene Arbeitsweise, so kann er die Standardregeln entsprechend modifizieren.

```
(rule eintragen     /* behandelt empfangen von INSERT-Fakten */
   isfact (INSERT  from:<->  order:<->  fact:<p>) :[1]
-->
   makefact (<p>) /* Faktum <p> eintragen; falls es schon existiert, wird nur der
                    Zeitstempel aktualisiert */
   deletefact (1) /* Auftrag löschen */

)


(rule löschen1     /* behandelt empfangen von DELETE-Fakten */
   isfact (DELETE   from:<->   order:<->   fact:<p>) :[1]
   isfact <p> : [2] /* Faktum <p> existiert */
-->
   deletefact (1,2) /* <p> und Auftrag löschen */

)


(rule löschen2     /* behandelt empfangen von DELETE-Fakten */
   isfact (DELETE   from:<->   order:<->   fact:<p>) :[1]
   not (isfact <p>) /* Faktum <p> existiert nicht */
-->
   deletefact (1) /* nur Auftrag löschen */
)


(rule abbrechen_FRM_1    /* behandelt empfangen von STOP-Fakten in F-RMn */
   isfact (STOP  from:<f>   order:<n>)
   isfact (QUERY   from:<f>   order:<n>   fact:<->) /* Frage existiert */
-->
   abortmodule /* Modul bricht definiert ab und benachrichtigt
                   den Nachrichtenmanager davon */
)
```

```
(rule abbrechen_FRM_2   /* behandelt empfangen von STOP-Fakten in F-RMn */
   isfact (STOP   from:<f>   order:<n>) :[1]
   not (isfact (QUERY   from:<f>   order:<n> fact:<->)) /* Frage existiert nicht */
-->
   deletefact (1) /* Nur Auftrag löschen; kein Effekt auf Modul */
)


(rule abbrechen_DORM_1 /* behandelt empfangen von STOP-Fakten
                          in DO-RMn */
   isfact (STOP  from:<f>  order:<n>) :[1]
   isfact (QUERY  from:<f>  order:<n>  fact:<->) :[2]     /* Frage existiert */
-->
   deletefact (1,2)
   nextquery /* Nächste Frage bearbeiten und den Nachrichtenmanager
                vom Abbruch der alten unterrichten */
)


(rule abbrechen_DORM_2 /* behandelt empfangen von STOP-Fakten in DO-RMn,
                          falls keine Anfrage vorhanden war. */
   isfact (STOP  from:<f> order:<n>) :[1]
   not (isfact (QUERY  from:<f> order:<n>  fact:<->))     /* Frage existiert nicht */
-->
   deletefact (1)    /* Nur STOP-fact löschen; kein Effekt auf Modul */
)
```

Über die Belegungen der Attribute "from" und "order" kann der Programmierer
weitere Bedingungen in die Regeln einfügen, z.B. um Zugriffsberechtigungen zu prüfen
oder die Aktionen abhängig vom momentanen Zustand seiner Faktenbasis auszuführen.

A4 Die *Programmierten-Regeln* der globalen Faktenbasis

Im folgenden sind die *Programmierten-Regeln* der globalen Faktenbasis aufgeführt, die
die in 5.2.2 beschriebenen Lesezugriffe gemäß Schnappschuß- und Interessenten-
Modell realisieren.

1. Schnappschuß-Regeln

```
(rule schnappschuß_ein /* bearbeitet den Eintrag einer Schnappschuß-Anfrage */
    isfact (QUERY from:<x> order:<nr> fact:(GIVE_FACTS facts:<p>)) : [1]
-->
    lockclass (<p>)
    makefact (GIVE_LOCKED from:<x> order:<nr> classof:<p>)
    deletefact (1)
)


(rule schnappschuß_aus1 /* Sendet Antwort auf Schnappschuß-Anfrage.
                           Falls mehrere Sperren existieren, darf die
                           Klasse noch nicht freigegeben werden. */
    isfact (GIVE_LOCKED from:<x> order:<nr> classof:<p>) :[1]
    isfact (GIVE_LOCKED from:<x1> order:<nr1> classof:<p>)
    test-attr (or (neq <x> <x1>) (neq <nr> <nr1>))
-->
    sendanswer (<x>, globale_FB, <nr>, (GIVE_FINISHED))
    deletefact (1)
)


(rule schnappschuß_aus2 /* Sendet Antwort auf Schnappschuß-Anfrage.
                           Falls keine weitere Sperre existiert,
                           darf die Klasse freigegeben werden. */
    isfact (GIVE_LOCKED from:<x> order:<nr> classof:<p>) :[1]
    not (isfact (GIVE_LOCKED from:<x1> order:<nr1> classof:<p>)
         test-attr (or (neq <x> <x1>) (neq <nr> <nr1>)) )
-->
    sendanswer (<x>, globale_FB, <nr>, (GIVE_FINISHED))
    deletefact (1)
    unlockclass (<p>)
)
```

```
(rule benachrichtigen_schnappschuß /* Regel zum Übermitteln der Fakten
                                       eines Schnappschusses */
   isfact (GIVE_LOCKED from:<x>  order:<nr>  classof:<p>)
   isfact <p>
-->
   sendinsert (<x>, globale_FB,  <nr>, <p>)
)
```

2. Interessenten Regeln

```
(rule anmelden1 /* Bearbeitet den Eintrag einer
                    Interessenten-Anfrage */
   isfact (QUERY from:<x>  order:<nr>
                    fact:(INTEREST_IN_FACTS facts:<p>)) : [1]
   not (isfact (INTERESSE  wer:<x>  order:<nr>  pattern:<p>))
-->
   makefact (INTERESSE  wer:<x>  order:<nr>  pattern:<p>)
   deletefact (1)
)
```

```
(rule anmelden2 /* Bearbeitet den Eintrag einer
                    Interessenten-Anfrage; falls Interesse
                    schon bekannt, wird Anfrage ignoriert. */
   isfact (QUERY  from:<x>  order:<nr>
                    fact:(INTEREST_IN_FACTS  facts:<p>)) : [1]
   isfact (INTERESSE  wer:<x>  order:<nr>  pattern:<p>)
-->
   deletefact (1)
)
```

```
(rule benachrichtigen_eintrag /* Regel zum Übermitteln interessierender Fakten */
   isfact (INTERESSE  wer:<x>  order:<nr>  pattern:<p>)
   isfact <p>                         /* hier wird <p> mit konkretem Faktum belegt */
-->
   sendinsert (<x>,  globale_FB,  <nr>,  <p>)
)
```

/* Die Regel ''benachrichtigen_eintrag'' sorgt dafür, daß alle zum pattern:<p> passenden Fakten an <x> gesendet werden. Bei Systemen mit Neuigkeitsbevorzugung von Fakten kann es bei permanentem Zuwachs von neuen passenden Fakten zu einem unfairen Verhalten in dem Sinne kommen, daß die alten passenden Fakten nie zugestellt werden. Das ist im Sinne der Philosophie der ersten OPS-Systeme akzeptabel [McDermott 78], wenn einen veraltetes Wissen irgendwann sowieso nicht mehr interessieren sollte. In den ersten OPS-Prototypen wurde z.B. immer nur eine Schlange der 300 aktuellst benutzten Fakten gehalten. Will man das unfaire

Verhalten verhindern, so ist eine FIFO-Strategie in den *Programmierten-Regeln* für das Interessenetnmodell zu implementieren, z.B. mit expliziten Zeitstempelattributen in den INSERT-Fakten. */


```
(rule benachrichtigen_löschen /* Benachrichtigt einen Interessenten
                              von einem gelöschten Faktum */
   isfact (INTERESSE  wer:<x>  order:<nr>  pattern:<p>)
   isfact (DELETED fact:<p>)
                     /* hier wird <p> mit konkretem Faktum belegt */
-->
   senddelete (<x>, globale_FB,  <nr>,  <p>)
)
```

/* Da im Regelsystem dieser Arbeit keine Duplikate von Fakten existieren dürfen (vgl. 2.1), ist <p> eindeutig instantiierbar. Das Eintragen des DELETED-Faktums wird durch Modifikation der Standardregel "löschen1" (vgl. 3.2) erreicht (s.u.). Es wird mit der folgenden Regel DELETED-löschen aus der globalen Faktenbasis entfernt, wenn kein Interesse mehr an dem Fakt vorliegt. */


```
(rule DELETED_löschen /* Verwaltungsregel; zündet wenn kein
                        Interesse an Löschung des Faktums besteht. */
   isfact (DELETED  fact:<p>) : [1]
   not (isfact (INTERESSE  wer:<-> order:<->  pattern:<p>))
-->
   deletefact (1)
)
```

```
(rule löschen1_in_globale_FB /* für die globale FB modifizierte
Standardregel löschen1 aus 3.1 */
   isfact (DELETE  from:<-> order:<->  fact:<p>) : [1]
   isfact <p> : [2]
-->
   deletefact (1,2)
   makefact (DELETED fact:<p>) / * Diese Information braucht obige
                              Regel "benachrichtigen_löschen" */
)
```

```
(rule abbrechen_globale_FB1  /* für die globale FB modifizierte Standardregel
                  abbrechen_DORM1; behandelt empfangen von STOP-Fakten */
    isfact (STOP  from:<x>  order:<nr>) : [1]
    isfact (INTERESSE  wer:<x>  order:<nr>  pattern:<->) : [2]
                                  /* entsprechendes Interesse existierte */
-->
    deletefact (1,2)
)


(rule abbrechen_globale_FB2   /* für die globale FB modifizierte Standardregel
                  abbrechen_DORM2; behandelt empfangen von STOP-Fakten,
                  falls keine Anfrage vorhanden war. */
    isfact (STOP  from:<x>  order:<nr>) : [1]
    not (isfact (INTERESSE  wer:<x>  order:<nr>  pattern:<->))
                          /* entsprechendes Interesse existierte nicht */
-->
    deletefact (1) /* Nur STOP-fact löschen; kein Effekt auf Modul */
)
```

A5 Glossar

Das nachfolgende Glossar besteht aus zwei Teilen. Im ersten sind alle in der Arbeit neu
definierten bzw. unter spezieller Bedeutung verwendeten Begriffe kurz erklärt. Werden
bei der Erklärung andere Begriffe des Glossars verwendet, so erscheinen diese *kursiv*.
Der zweite Teil beinhaltet dann eine Übersicht über die wichtigsten Programmiersprachen, Programmierumgebungen, Programmierwerkzeuge, Systemarchitekturen, Matchalgorithmen und Expertensysteme, die in der Arbeit (zumeist unter Abkürzungen)
diskutiert wurden. Zu jedem Begriff wird ein Hinweis auf die zu seinem Verständnis
wesentlichen Textkapitel gegeben.

1. In der Arbeit verwendete Begriffe

Ablaufschema

Ein Ablaufschema ist ein *Übergangsgraph*, dessen benutzte *Fragekästchen* (die
SVA) noch individuell ausprogrammiert werden müssen. Es dient dazu, eine korrekte Kontrollstruktur für unterschiedliche Anwendungen bereitzustellen. (4.4.2)

aktive Faktenbasis

Die aktive Faktenbasis übermittelt automatisch Änderungen an ihrem Faktenbestand
an alle *Regelmodulprozesse*, die sich im Sinne des *Interessenten-Modells* für bestimmte Faktenklassen angemeldet haben. (5.2.2, Anhang A4)

Aktivierungsregel siehe *Übergangsregel*

Anfrage

Eine Anfrage ist ein (typisiertes) Faktenmuster, das mit der Aktion **sendquery** zur
Aktivierung eines bestimmten Dienstes an einen *Regelmodul* gesendet wird. Es
wird in der *SNA* des empfangenden Regelmoduls definiert. (3.2.4, 3.4, 5.2.4)

Anfrageschicht

Die Schicht 1 jedes *Fragekästchens*. Sie enthält die *Anfrage* eines *Moduldienstes*.
(3.5)

ANSWER-Faktum

Dies ist das aus einer **sendanswer**-Nachricht erzeugte Faktum, das vom *Nachrichtenmanager* in die lokale Faktenbasis des empfangenden *Regelmoduls* eingetragen
wird. (3.2.4, 5.2.4)

Antwort

Eine Antwort ist ein (typisiertes) Faktenmuster, das mit der Aktion **sendanswer** an
den anfragenden *Regelmodul* zurückgesendet wird. Es wird in der *SNA* des senden-
den Regelmoduls definiert. (3.2.4, 3.4, 5.2.4)

Antwortfaktum siehe *ANSWER-Faktum*

Antwortpfeil

Das ist innerhalb eines *Übergangsgraphen* die gerichtete Verbindung von einer *Antwort* der *Antwortschicht* eines *Fragekästchens* zu einem *Synchronisationsknoten*. Die Pfeile von Schicht 1 des umgebenden Fragekästchens zu den *Start-Synchronisationsknoten* hat eine etwas unterschiedliche Bedeutung bei der Generierung der *Übergangsregeln*. (3.5, 3.6.2, 4.3.2)

Antwortschicht

Das ist die Schicht 3 jedes *Fragekästchens*. Sie enthält die *Antworten* eines *Moduldienstes*. (3.5)

any-Symbol, any-Variable

Das any-Symbol <-> wird in Bedingungen benutzt, um anzuzeigen, daß ein Attributwert beliebig belegt sein darf. (2.1)

bedingter Synchronisationsknoten

Das ist ein *Synchronisationsknoten*, von dem aus *Fragepfeile* abhängig von den Attributwerten der (über *Antwortpfeile* spezifizierten) synchronisierten Antworten wegführen. (3.5, 3.6.3)

blinder Antwortpfeil

Das ist ein *Antwortpfeil*, der von einer *Antwort* wegführt, aber mit keinem *Synchronisationsknoten* verbunden ist. Er zeigt an, daß die Antwort in den *Programmierten-Regeln* des Moduls verwendet wird oder werden kann. (3.5)

blinder Fragepfeil

Das ist ein *Fragepfeil*, der zu einem *Fragekästchen* eines *Übergangsgraphen* führt, ohne von einem *Synchronisationsknoten* auszugehen. Er zeigt an, daß der bezeichnete *Moduldienst* von den *Programmierten-Regeln* des Moduls aufgerufen wird oder werden kann. (3.5)

CATCH-Regel

Das ist eine Regel, die immer erfüllt ist, aber nur dann zündet, wenn sonst keine Regel erfüllt ist. (4.3.2, 4.5.1)

Datenobjektmodul, Datenobjekt-Regelmodul

Ein Datenobjekt-Regelmodul (DO-RM) ist ein *Regelmodul*, dessen innerer Zustand, d.h. seine lokale Faktenbasis, sich im Gegensatz zu *Funktions-Regelmoduln* durch die Bearbeitung von *Anfragen* dauerhaft ändern kann. In einem Regelprogramm gibt es von jedem DO-RM genau eine, permanent existierende Inkarnation. DO-RMn werden für Bereitstellung und/oder Verwaltung globaler Daten oder anderer gemeinsamer Betriebsmittel verwandt. (3.2.3, 3.2.4, 5.2.1, 5.2.4)

DELETE-Faktum

Dies ist das aus einer **senddelete**-Nachricht erzeugte Faktum, das vom *Nachrichten-*

manager in die lokale Faktenbasis des empfangenden *Regelmoduls* eingetragen wird. (3.2.4, 5.2.4)

DO-RM siehe *Datenobjekt-Regelmodul*

dynamische Ladefaktenzuordnung

Vor Eintrag des *QUERY-Faktums* in die lokale Faktenbasis eines *Funktions-Regelmoduls, lädt der Nachrichtenmanager den in der* **sendquery**-Nachricht spezifizierten *Ladefaktensatz* in die lokale Faktenbasis. Er bildet zusammen mit dem QUERY-Faktum den initialen Zustand des empfangenden Funktions-Regelmoduls. (3.2.1, 3.2.4, 3.4, 3.5, 5.2.1, 5.2.4)

ELSE-Regel

Sind die Alternativen in einem *bedingten Synchronisationsknoten* nicht vollständig spezifiziert, so können durch die (automatisch erzeugbare) ELSE-Regel die fehlenden Fälle erfaßt und auf sie reagiert werden. (3.6.3, 4.3.2)

Ende-Knoten

Das sind die *Synchronisationsknoten,* von denen Pfeile zu den *Antworten* der *Anwortschicht* eines *Fragekästchens* führen. (3.5)

Ende-Regel

Das ist eine *Übergangsregel,* die aus einem *Ende-Knoten* erzeugt wird und über eine **sendanswer**-Nachricht die Rücksendung einer *Antwort* an den Anfrager veranlaßt. (4.3.2)

Ent-Iterierung

Das ist die Transformation eines *iterativen Übergangsgraphen* (d.h. mit *Rückwärtsfragepfeilen*) in einen funktional gleichwertigen *rekursiven Übergangsgraph.* Sie geschieht i.w. durch Einbettung. (3.6.4, 3.6.5)

erwartete-Antwort

Erwartete-Antworten sind die in den (Sub-)*Fragekästchen* eines *Übergangsgraphen* spezifizierten *Antworten* der *Antwortschicht.* Sie gehören zur *SVA* eines *Regelmoduls.* (3.4, 3.5)

Export-Interface siehe *SNA*

Evaluierungssymbol

Um Klammerausdrücke auf Attributpositionen der Faktenmustern einer Aktion **auszuwerten** (d.h. nicht als konstantes Muster zu verwenden), wird dem Klammerausdruck das Zeichen ^ vorangestellt; z.B:

>   **makefact** (ROBOTER länge: ^(* <m> 2))   (2.1, Anhang A1)

Faktentyp siehe *typisiertes Faktenmuster*

Filterprädikat

Das ist ein LISP-Ausdruck, dessen Ergebnis boolesch interpretiert wird. Er dient dazu, Attributwerte aus Existenzbedingungen zusätzlichen Bedingungen zu unterwerfen. Dadurch werden bestimmte Fakten aus der Menge der die Existenzbedingungen erfüllenden Fakten ausgefiltert. (2.1, Anhang A1)

Fragealternativen

Wollte man alle Dienste eines *Regelmoduls* in einem *Modulkästchen* zusammenfassen, würden in der *Anfrageschicht* dieses Kästchens alle an den Regelmodul möglichen *Anfragen* als Fragealternativen aufgenommen werden. (3.6.2)

Fragekästchen

Das ist ein dreischichtiges Kästchen, das einen Dienst eines *Regelmoduls* graphisch beschreibt. Schicht 1 enthält die *Anfrage*, Schicht 3 die *Antworten*. Sie bilden die *SNA* des Dienstes. In Schicht 2 wird die *SVA* des Dienstes samt der *Kontroll-Info* beschrieben, (3.4, 3.5)

Fragepfeil

Das ist innerhalb eines *Übergangsgraphen* die gerichtete Verbindung von einem *Synchronisationsknoten* zur *Anfrage* eines *Fragekästchens*. Die Pfeile von den *Endeknoten* zu den *Antworten* des umgebenden Fragekästchens haben eine etwas unterschiedliche Bedeutung bei der Generierung der *Übergangsregeln*. (3.5, 3.6.2, 4.3.2)

F-RM siehe *Funktions-Regelmodul*

Funktions-Regelmodul, Funktionsmodul

Ein Funktions-Regelmodul (F-RM) ist ein *Regelmodul* ohne inneren Zustand. D.h., bei jeder *Anfrage* hat seine lokale Faktenbasis denselben Inhalt, nämlich nur die *Ladefakten*. Von jedem F-RM können in einem Regelprogramm beliebig viele *Inkarnationen* existieren, die vom *Nachrichtenmanager* dynamisch erzeugt werden. (3.2.3, 3.2.4, 5.2.1, 5.2.4)

Import-Interface siehe *SVA*

Inkarnation siehe *Modulinkarnation*

INSERT-Faktum

Dies ist das aus einer **sendinsert**-Nachricht erzeugte Faktum, das vom *Nachrichtenmanager* in die lokale Faktenbasis des empfangenden *Regelmoduls* eingetragen wird. (3.2.4, 5.2.4)

Interessenten-Modell

Dies ist eine Art des lesenden Zugriffs auf eine globale *aktive Faktenbasis*. Ein *Regelmodulprozeß* kann sich hierbei als Interessent für bestimmte Fakten anmelden. Danach werden ihm (über **sendinsert**- und **senddelete**-Nachrichten) alle Veränderungen an den spezifizierten Fakten automatisch mitgeteilt. (5.2.2, Anhang A4)

iterativer Übergangsgraph

Das ist ein *Übergangsgraph*, der *Rückwärtsfragepfeile* enthält. (3.6.4, 3.6.5)

Kontrollgraph siehe *Übergangsgraph*

Kontroll-Info

Das ist die in Form eines *Übergangsgraphen* dargestellte *SVA* eines *Moduldienstes*, in der die Parametervariablen bereits eindeutig zwischen den verwendeten Diensten zugeordnet sind. (3.4, 3.5)

Kontrollregel siehe *Übergangsregel*

Ladefakten

Das sind die Fakten, die im Initialzustand eines *Regelmodulprozesses* in seiner lokalen Faktenbasis vorhanden sind. (3.4)

Ladefaktensatz

Das ist der Name einer Faktenmenge (z.B. einer Datei, die die Fakten enthält), die beim Erzeugen eines *Funktions-Regelmoduls* durch den *Nachrichtenmanager* in die lokale Faktenbasis des Moduls eingetragen wird. (3.4, 5.2.4)

Metamodul

Metamoduln sind *Regelmoduln*, deren Faktenklassen-, Regel-, Attribut- und Operatornamen frei instantiierbar sind (gekennzeichnet durch Bezeichner in spitzen Doppelklammern << >>). Dadurch können solche Moduln beliebig interpretiert und in unterschiedlichen Anwendungen eingesetzt werden. (4.4.1, 4.4.2)

Modul siehe *Regelmodul*

Moduldienst

Das ist ein Regelprogrammstück, das eine gewisse Dienstleistung (Berechnung, Verwaltung,...) vornimmt. Moduldienste werden in der *SNA* jedes *Regelmoduls* spezifiziert. (3.4)

Modulinkarnation

Eine Modulinkarnation ist ein *Regelmodulprozeß*, d.h. eine unabhängig ablaufende Teilaufgabe des Gesamtprogramms. Von *Funktions-Regelmoduln* können beliebig viele Inkarnationen dynamisch erzeugt und abgebrochen werden. Von jedem *Datenobjekt-Regelmodul* existiert genau eine Inkarnation während der ganzen Dauer des Gesamtprogramms. (3.2.4, 5.2.4)

Modulkästchen

Wollte man alle Dienste eines *Regelmoduls* zusammenfassen, könnte man dazu ein einziges dreischichtiges *Fragekästchen* verwenden. Die Schicht 1 enthielte dann alle *Fragealternativen* des Moduls, die Schicht 3 alle *Antworten* auf alle Dienste.

Der *Übergangsgraph* der Schicht 2 wäre dann u.U. eine zusammenhängende Kombination der Übergangsgraphen der einzelnen Dienste. (3.6.2)

Modulklasse siehe *Modultyp*

Modulprozeß siehe *Regelmodulprozeß*

Modulschema

Modulschemata sind Algorithmen in nicht-regelbasierter Notation (z.B. in funktionaler), die in *Metamoduln* transformiert werden. Damit werden Programme oder Programmteile fremder Programmierstile für die Programmierung nutzbar gemacht. (4.4.2)

Modultyp

Als Modultypen sind *Funktions-Regelmoduln* und *Datenobjekt-Regelmoduln* möglich. (3.4)

mögliche-Antwort

Mögliche Antworten sind die in der *SNA* jedes *Moduldienstes* aufgezählten Faktenmuster, die vom Dienst als *Antwort* auf seine *Anfrage* gegeben werden können. (3.4)

Nachrichtenmanager

Der Nachrichtenmanager **Nman** ist die "Zentrale" jedes Programms aus parallelen *Regelmodulprozessen*. Er organisiert das dynamische Erzeugen und Beenden von *Funktions-Regelmoduln*, die *dynamische Ladefaktenzuordnung* und die Übermittlung von Nachrichten zwischen Regelmodulprozessen. (5.2.3, 5.2.4)

Nman siehe *Nachrichtenmanager*

Programmierte-Regeln

Das ist die Menge der vom Programmierer erstellten Regeln jedes *Regelmoduls*. Daneben gehören zu jedem Modul noch die *Standardregeln*, sowie alle evtl. aus *SNA* und *Übergangsgraphen* generierten Regeln. (3.4)

QUERY-Faktum

Dies ist das aus einer **sendquery**-Nachricht erzeugte Faktum, das vom *Nachrichtenmanager* in die lokale Faktenbasis des empfangenden *Regelmoduls* eingetragen wird. (3.2.4, 5.2.4)

Regelmodul

Ein Regelmodul ist eine "überschaubare" Regelmenge mit exakt definierten Frage- und Antwortschnittstellen (der *SNA*), die gewisse Dienstleistungen anbietet. Aufgrund des Schnittstellenmechanismus können umfangreiche Regelprogramme aus solchen Einheiten kombiniert werden, wobei die Moduln selbst unabhängig entwickelbar, modifizierbar und testbar sind. Durch Abbilden jedes Moduls auf einen *Regelmodulprozeß* ergibt sich ein System lose gekoppelter Prozesse, die Teilaufgaben unabhängig bearbeiten und, wo nötig, über asynchrone Nachrichten miteinander kooperieren. (3.4, 5.2.4)

Regelmodulprozeß

Ein Regelmodulprozeß ist eine *Modulinkarnation* eines *Regelmoduls*, die als selbständiger Programmteil unter Kontrolle des *Nachrichtenmanagers* arbeitet. (5.2.3, 5.2.4)

Regelsystemarchitektur

Das ist das in der Arbeit entworfene Konzept, *Regelmodulprozesse* lose zu koppeln, um sie parallel Teilaufgaben des Gesamtprogramms bearbeiten zu lassen. Weiterhin gehört dazu die Semantik der *sende-Aktionen* und des *Nachrichtenmanagers*, die Nutzung verschiedener *Modultypen* und das Einbinden einer *aktiven Faktenbasis*. (3.2, 5.2)

rekursiver Übergangsgraph

Das ist ein *Übergangsgraph*, in dem als (Sub-) *Fragekästchen* auch das umgebende *Fragekästchen* selbst vorkommt. (3.6.5)

Restriktion

Eine Restriktion verhält sich wie ein *Filterprädikat*. Da Restriktionen nur innerhalb von Nicht-Existenzbedingungen vorkommen können, kann man in ihnen auch auf die Attributvariablen der negativen Bedingung (zusätzlich zu den Attributvariablen aller Existenzbedingungen der Regel) bezugnehmen. Mit Restriktionen schränkt man eine Menge von Faktenmustern, die nicht existieren sollen, auf eine Teilmenge ein. (2.1)

Rückwärts-Fragepfeil

Das ist ein *Fragepfeil* von einem *Synchronisationsknoten* zu einer *Anfrage*, der einen Zyklus im gerichteten *Übergangsgraph* verursachen würde. Die Verwendung von *Rückwärts-Fragepfeilen* führt zu *iterativen Übergangsgraphen*. (3.6.4)

Sachregel

Das ist eine Regel, die einen Teil des Wissens einer bestimmten Domäne repräsentiert und nichts bzgl. Auswahl, Anwendung oder anderer Kontrollmechanismen für den Wissensausschnitt beinhaltet. (4.3.1)

Schnappschuß-Modell

Das ist eine Art des lesenden Zugriffs auf eine globale Faktenbasis. Ein *Regelmodulprozeß* verwendet den ''Schnappschuß-Lesedienst'' der globalen Faktenbasis bzgl. einer bestimmten (immer nur zu einer Faktenklasse gehörenden) Faktenmenge. Während der Übertragung der Fakten ist die zugehörige Faktenklasse zum Schreiben gesperrt. (5.2.2, Anhang A4)

Schnittstelle-nach-außen

Das ist die Menge der Dienste eines *Regelmoduls*. Zu jedem Dienst sind die *Anfrage* und die *möglichen Antworten* in Form von *typisierten Faktenmustern* spezifiziert. (3.4, Anhang A1)

Schnittstelle-von-außen

Die Schnittstelle-von-außen beschreibt bei jedem *Moduldienst* eines *Regelmoduls*, auf welche anderen Moduldienste sich seine Implementierung abstützt. Zu jedem verwendeten Dienst gehören Name und *Modultyp* des zugehörigen *Regelmoduls*, der Name des *Ladefaktensatzes* (falls nicht NIL) sowie die *Anfrage* an und die *erwarteten Antworten* von diesem Dienst in Form *typisierter Faktenmuster*. (3.4, Anhang A1)

sende-Aktionen

Das sind die 5 Aktionen **sendquery, sendanswer, stopquery, sendinsert** und **senddelete,** über die *Regelmodulprozesse* miteinander kommunizieren können. (3.2.4, 5.2.4, Anhang A3)

SNA siehe *Schnittstelle-nach-außen*

Standardregeln

Das sind die zu jedem *Regelmodul* standardmäßig dazugehörenden Regeln, die die Reaktion auf eingetragene *ANSWER-, QUERY-, STOP-, INSERT-* und *DELETE-Fakten* bestimmen. Sie können individuell verändert werden. (3.2.4, Anhang A3)

Start-Knoten

Das sind die *Synchronisationsknoten*, zu denen Pfeile von der *Anfrageschicht* eines *Fragekästchens führen. (3.5)*

Start-Regel

Das ist die aus einem *Start-Knoten* erzeugte *Übergangsregel*. Sie wird durch Eintrag eines *QUERY-Faktums* in die Faktenbasis eines *Regelmoduls* aktiviert. (4.3.2)

STOP-Faktum

Dies ist das aus einer **stopquery**-Nachricht erzeugte Faktum, das vom *Nachrichtenmanager* in die lokale Faktenbasis des empfangenden *Regelmoduls* eingetragen wird. (3.2.4, 5.2.4)

SVA siehe *Schnittstelle-von-außen*

Synchronisationsknoten

Das sind die Elemente von *Übergangsgraphen*, zu denen *Antwortpfeile* hinführen und von denen *Fragepfeile* ausgehen. Das Vorliegen der durch die eingehenden Antwortpfeile bestimmten Antworten ist dabei die Vorbedingung, daß die mit den Fragepfeilen assoziierten **sendquery**-Aktionen abgesetzt werden. Aus jedem Synchronisationsknoten läßt sich eine *Übergangsregel* generieren, die genau dieses

"Sammeln von Antworten" und "Verteilen von Anfragen" synchronisiert. Bei *bedingten Synchronisationsknoten* werden die Anfragen noch abhängig von den Attributwerten der eingetroffenen Antworten verteilt. (3.5, 3.6.3, 4.3.2)

Systemarchitektur siehe *Regelsystemarchitektur*

Tabelleneditor

Das ist ein komfortabler, syntaxgestützter Editor, der in mehreren Fenstern mit Mausunterstützung die Erstellung der *Programmierten-Regeln* eines *Regelmoduls* in Tabellenform ermöglicht. (4.2, 4.3.1)

TIME-CATCH-Regel, TIMEOUT-Regel, TIMER-Regel

Das ist eine Regel, die nach einer bestimmten Zeit zündet, in der keine Regeln mehr zur Ausführung kamen, z.B. beim zu langen Warten auf die Antwort eines Submoduls. (4.3.2, 4.5.1)

typisiertes Fakten(klassen)muster

Das ist ein Faktenmuster, in dem zu den einzelnen Attributen noch der Typ, gemäß der Typensyntax aus Anhang A2, angegeben wird. Typisierte Faktenmuster werden in *SNA* und *SVA* von *Regelmoduln* verwendet. (3.3, 3.4, Anhang A2)

Übergangsgraph

Ein Übergangsgraph stellt den Ablauf eines *Moduldienstes* dar, der sich auf andere Dienste abstützt. Über (Sub-) *Fragekästchen, Synchronisationsknoten, Frage-* und *Antwortpfeile* wird dabei graphisch spezifiziert, in welcher Reihenfolge und unter welchen Vorbedingungen die Unterdienste (u.U. auch parallel) aufzurufen sind. Aus dem Graph lassen sich die *Übergangsregeln* zur Organisation dieses Ablaufs automatisch generieren. (3.5, 4.2.2, 4.3.2)

Übergangsregel

Eine Übergangsregel ist die Realisierung des in einem *Synchronisationsknoten* spezifizierten Sammelns von Antworten und Verteilens von *Anfragen*. Sie kann aus einem Synchronisationsknoten automatisch generiert werden.

2. In der Arbeit diskutierte Programmiersprachen, -umgebungen, -werkzeuge, Systemarchitekturen, Expertensysteme und Match-Algorithmen

Concurrent Smalltalk [Yokote/Tokoro 86]

Concurrent Smalltalk ist die parallelisierte Version von *Smalltalk-80*. In dieser Sprache werden Objekte als Prozesse modelliert. Das Nachrichtensenden kann (im Gegensatz zu Smalltalk-80) auch nicht-blockierend erfolgen. (5.3)

DADO [Stolfo/Miranker 84]

DADO ist eine (binär-) baumartig strukturierte Vielprozessormaschine der Columbia University (1984 mit 15 Prozessoren, danach mit 1023). Für die Maschine wurden von [Oflazer 84], [Gupta 84], [Ishida/Stolfo 85] u.a.m. verschiedene Algorithmen zur Verteilung partitionierter Regelprogramme entworfen und diskutiert. Mit diesen Ansätzen wurde Parallelisierung auf Mustervergleichs- und auf Regelebene angestrebt. (2.2)

DPS = Distributed Production System [Hsu 87]

In DPS wird das *RETE*-Netz von *OPS5*-Programmen auf mehrere Prozesse verteilt. Unabhängige ''rule-clusters'' können dann die Fakten von anderen clusters testen (remote condition test). DPS versucht damit die Beschleunigung von OPS5 Programmen durch Parallelisierung auf Teilaufgabenebene. (2.2, 3.1, 5.1)

FLAVORS [Moon 83], [Allen 84]

FLAVORS hat zwei Bedeutungen. Zum einen ist es der Name für eine objektorientierte Erweiterung von LISP. Zum anderen wird im FLAVOR-System selbst ein prototypisches Objekt als Flavor bezeichnet. Das entspricht in der Terminologie von *Smalltalk-80* einer Klasse. FLAVORS entstand am MIT im Zusammenhang mit der Entwicklung der dortigen LISP-Machine.

FRANZ-LISP [Foderaro 83]

Das ist ein LISP-Dialekt der Berkely Universität. Auf UNIX-Systemen ist er besonders in Universitäten und Forschungseinrichtungen weit verbreitet.

KATE [Fickas 85]

Das ist eine komfortable Programmierumgebung von *ORBS*, die vor allem die Katalogverwaltung existenter Programmteile bei Wiederverwendung und Kombination (reuse and tailoring) überimmt. (2.2, 3.1, 4.1)

MAPPS [Oshisanwo 87]

MAPPS ist eine Multiprozessorarchitektur der Waterloo Universität (Kanada; zur Zeit 640 Prozessoren), auf der Algorithmen zur Parallelisierung des *RETE*-Match-Algorithmus wie auch der Regelauswahl und Regelbearbeitung eingesetzt werden sollen. (2.2)

MOPSY = Modular OPS System [Surko 86]

In MOPSY wird ein größeres Regelprogramm in OPS 5 Moduln zerlegt, die mit Hilfe der UNIX-Tools MAKE, LEX und YACC übersetzt und zusammengebunden werden können. Ein "control-graph" beschreibt die benutzt-Relation zwischen den Moduln. Allerdings werden die notwendigen Aktivierungsregeln aus dem Graph nicht automatisch erzeugt, sondern müssen "von Hand" nachprogrammiert werden. (2.2)

ObjTalk [Rathke 86]

ObjTalk ist eine objektorientierte Programmiersprache, die an der Universität Stuttgart u.a. zur Erstellung wissensbasierter Mensch-Computer-Schnittstellen genutzt
wird. Zusätzlich zum objektorientierten (*Smalltalk*-ähnlichen) Teil können u.a.
Regeln an Objekte gekoppelt und Coreferenzen zwischen Objekten definiert werden.

OPS = Overall Production System [Forgy/McDermott 77]

OPS ist eines der ersten (wenn nicht das erste) vorwärtsverkettende Regelsystem,
das an der Carnegie-Mellon University unabhängig von speziellen Anwendungen
konzipiert wurde und das sich auch für größeren praktischen Einsatz als geeignet
erwies. In veschiedenen Varianten wie *OPS 5* oder *OPS 83* wird es heute vor allem
für Konfigurierungs- und Planungsaufgaben eingesetzt [McDermott 82], [Bocionek
88b], [SFB331_Bericht 88].

OPS 5 [Forgy 81] vgl. *OPS*

OPS 83

Eine besonders schnelle Implementierung von *OPS 5* (RETE als Code in
Maschinensprache).

ORBS = Oregon Rule-Based System [Fickas 85]

ORBS ist ein in *FRANZ-LISP* realisiertes Regelsystem der Universität von Oregon
mit i.w. *YAPS*-ähnlichen Eigenschaften. Gleichzeitig stellt ORBS eine Programmierumgebung dar, in der komplexe Regelprogramme aus wiederverwendbaren
"rule packages" kombiniert werden können (reuse and tailoring). (2.2, 3.1, 4.1)

ORIENT84/K [Tokoro/Ishikawa 84]

ORIENT84/K ist eine aus *Concurrent Smalltalk* entstandene, parallele, objektorientierte Programmiersprache. Sie dient dazu, den objektorientierten mit dem logik-
orientierten Programmierstil zu verbinden. Ein Objekt in ORIENT84/K besteht
daher aus einem "behaviour part" (das ist die Beschreibung von Instanzvariablen,
Vererbungsrelationen und Methoden, also der objektorientierte Teil), einem "knowledgebase part" (das ist eine Menge von PROLOG-Regeln und Fakten) sowie
einem "monitor part", der die Schnittstelle zum Objekt überwacht (Zugriffsrechte
prüfen, die prioritätengesteuerte Warteschlange verwalten, Methoden aufrufen und
Einträge/Löschungen sowie Deduktionen im "knowledgebase part" anstoßen). (2.2,
5.1, 5.3)

PAMELA = PAttern Matching Expert system LAnguage [Barachini 88a,b,c]

PAMELA ist eine OPS 83 - Abart der Firma ALCATEL (Österreich) für IBM-
PCs/ATs. Sie soll als Grundlage für zeitkritische Echtzeit-Expertensysteme dienen.
In PAMELA wird der *RETE*- Mustervergleichsalgorithmus i.w. durch Umsortieren
von Netzknoten und durch Zusammenfassen "ähnlicher" Knoten (node reduction)

beschleunigt. Zusätzlich werden Mechanismen zum asynchronen Eingriff in laufende Interpreterzyklen geschaffen, die die Konsistenz der Fakten auch bei **make-fact-** oder **deletefact**-Aktionen aus einer Interruptroutine heraus zusichern. (2.2)

PESA-1 = Parallel Expert System Architecture [Ramnarayan 86]

Pesa-1 ist eine mit schnellen Bussen realisierte Pipelining-Datenflußarchitektur, auf der eine verteilte Version des *RETE*-Mustervergleichsalgorithmus abläuft. (2.2)

Proto-R2 [van de Brug 85]

Proto-R2 ist eine prototyphafte Reimplementierung eines Ausschnitts des *R1*-Konfigurierers. Dabei wurden (nach den Erfahrungen mit den in *R1-Soar* verwendeten, "allzu allgemeinen" Problemlösungsmechanismen von Soar) wieder speziellere Methoden für lokale Suche und kontextabhängige Wissensableitung eingearbeitet.

R1 [McDermott 82]

R1, auch XCON genannt, ist ein in *OPS 5* implementiertes Konfigurierungsprogramm für PDP- und VAX-Computer. Es wird in großem Stil von DEC bei der Bearbeitung von Kundenaufträgen zum Erstellen der notwendigen Stücklisten und des Gehäuselayouts verwendet. Um die Wartungsprobleme bei den ständigen Änderungen und Erweiterungen von R1/XCON in den Griff zu bekommen, wurden neue Ansätze wie *R1-Soar*, *Proto-R2* oder *XCON-in-RIME* entwickelt, aber noch nicht allgemein eingesetzt. (4.1)

R1-Soar [Rosenbloom 84]

R1-Soar ist eine in *Soar* realisierte, prototyphafte Implementierung eines Ausschnitts des *R1*-VAX-Konfigurierers. Nachfolger von *R1-Soar* sind *Proto-R2* und *XCON-in-Rime*. (4.1)

RETE [Forgy 82]

RETE (lat. Netz) ist ein Algorithmus zur effizienten Lösung des Mustervergleichs in Produktionssystemen wie *OPS 5*. Dazu wird aus den linken Seiten aller Regeln eines Programms ein netzartiger Abhängigkeitsgraph als Internstruktur erzeugt. In den Knoten des Netzes "merkt" sich der Algorithmus, welche Teile welcher linken Seiten durch welche Fakten (bzw. welche Attributwerte) erfüllt sind. Regeln sind erfüllt, wenn ein Pfad im Graph vollständig durchlaufen werden kann. Einfügen oder Löschen von Fakten im Programm bedeutet dann nur noch (relativ) lokales Aktualisieren der Knoten, die eine Bedingung bzgl. dieses Faktums enthalten. (2.2)

RIME [Soloway 87]

RIME erlaubt die strikte Trennung von Domänen- und Kontrollwissen. Eine Aufgabe läßt sich dort in Problemräume zerlegen, die man hierarchisch anordnen kann. In jedem Problemraum werden Problemlösungsfunktionen angewendet (z.B. PROPOSE, ELIMINATE, APPLY, EVALUATE). Diese Strukturierungsmöglichkeiten ermöglichen eine bessere Modellierung sowie eine durchsichtigere Erweiterung oder Modifikation von Expertensystemen. Aus einem in RIME spezifizierten Programm wird schließlich *OPS 5* Code erzeugt. Zum Einsatz kam RIME für die prototyphafte Reimplementierung von *R1/XCON*. (4.1)

Smalltalk-80 [Goldberg/Robson 83]

Smalltalk-80, bei XEROX in den 70er Jahren entwickelt, ist eine strikt objektorientierte Programmiersprache. Ein Programm ist dort eine Menge hierarchisch organisierter Objekte, die über Nachrichten kommunizieren. Das Methodenprotokoll jedes Objekts ist damit der einzige Zugang zu dessen Dienstleistungen; Implementierungsdetails bleiben, im Sinne abstrakter Datentypen, vollständig verborgen. Neben dem objetkorientierten Programmierstil hat Smalltalk-80 auch die Techniken komfortabler Benutzeroberflächen mit Mehrfensterbildschirmen, Auswahlmenüs und Zeigeoperationen bahnbrechend beeinflußt und vorangetrieben.

Soar [Rosenbloom 87]

Soar ist ein lernfähiges Wissensverwaltungs- und Wissensableitungssystem, das neue Regeln aus Erfahrungen und Ergebnissen bei der Erfüllung von Zielen deduzieren kann. (Der Mechanismus heißt in Soar "chunking", da eine Regel als "chunk of knowledge" betrachtet wird.)

TREAT [Miranker 87]

TREAT ist eine Abart des *RETE*-Mustervergleichsalgorithmus. Hier werden allerdings nur Knoten für einzelne Bedingungen (alpha-nodes) gehalten und nicht die Verbindungsknoten **zwischen** den Bedingungen (beta-nodes). Letztere werden dynamisch in jedem Match-Schritt für die betroffenen alpha-nodes neu berechnet. Im Widerspruch zu [Miranker 87] erhält [Nayak 88] bei in *Soar* geschriebenen Programmen mit einem TREAT-Matcher immer schlechtere Laufzeiten als bei Verwendung eines RETE-Matchers. (2.2)

XCON siehe *R1*

XCON-in-Rime [Soloway 87]

Das ist eine in *RIME* geschriebene, prototyphafte Implementierung eines Teils des *R1*-VAX-Konfigurierers. Ziel war vor allem, die Erweiterung und Modifikation von R1 (jährlich ca. 50% betroffene Regeln) zu vereinfachen, um bessere und überprüfbare Konsistenz der Regeln nach Änderungen zu erreichen. (4.1)

YAPS = Yet Another Production System [Allen 83]

YAPS ist ein unter UNIX entwickeltes, *OPS*-ähnliches Regelsystem der University of Maryland. Als Erweiterung zu OPS sind i.w. beliebig strukturierte Fakten, Restriktionen in Nicht-Existenzbedingungen sowie beliebige *FRANZ-LISP*-Ausdrücke in Bedingungen und auf der rechten Seite von Regeln hinzugekommen. YAPS ist vollständig mit Hilfe des *FLAVOR*-package von *FRANZ-LISP* implementiert. Somit lassen sich regelbasierter und objektorientierter Programmierstil bequem kombinieren. (2.1, 3.1, 5.3)

A6 Stichwortverzeichnis